司馬氏內鬥、洛陽淪陷、饑荒橫行、劉淵崛起
從富麗皇朝到亂世廢墟，一步步走向崩塌的晉

著

晉朝權謀錄

―― 八王之亂與石勒崛起 ――

戰火遍地，再演三國！

司馬衷被廢 ✕ 石勒崛起 ✕ 劉漢割據……

一場皇族自相殘殺的內亂，如何將大晉帝國推向滅亡的深淵？

目錄

內容簡介

第一章

醜陋皇后玩完日　殘暴小人囂張時

  第一節　孫秀的陰謀…………………………………010

  第二節　賈后是這樣玩完的…………………………017

  第三節　司馬允離成功只有那麼一點………………027

  第四節　首富之死……………………………………034

  第五節　李特的機會…………………………………047

  第六節　司馬倫廢掉司馬衷…………………………054

第二章

昏庸殘暴倫終敗　野心奢華冏亦亡

  第一節　李特舉事……………………………………062

  第二節　亂世中的立場………………………………069

  第三節　司馬倫的最後日子…………………………076

  第四節　菜鳥也會作秀………………………………083

  第五節　腐敗的苦果…………………………………089

  第六節　司馬冏的長遠打算…………………………100

目錄

第三章
饑民流民到處鬧事　猛男掌權終難獨撐

第一節　絕處逢生 …………………………………… 112

第二節　靠忽悠創業 ………………………………… 120

第三節　李雄稱帝 …………………………………… 127

第四節　陶侃的坎坷 ………………………………… 132

第五節　獨抗「二王」 ……………………………… 140

第六節　冤案是這樣造成的 ………………………… 145

第七節　勝敗都意外 ………………………………… 150

第四章
戰火遍地　再演三國

第一節　失敗的政變 ………………………………… 160

第二節　劉淵的崛起 ………………………………… 172

第三節　兩個權力中心 ……………………………… 180

第四節　司馬越東山再起 …………………………… 189

第五節　大將風度 …………………………………… 201

第五章
司馬高層還在亂　劉漢朝中起血腥

第一節　司馬顒的臭棋 ……………………………… 208

第二節　司馬熾即位 ………………………………… 216

第三節　陳敏的死路 ………………………………… 220

第四節　猛男對悍將 ………………………………… 224

第五節　內部分裂⋯⋯⋯⋯⋯⋯⋯⋯⋯⋯⋯⋯⋯⋯⋯231

　　第六節　目標洛陽⋯⋯⋯⋯⋯⋯⋯⋯⋯⋯⋯⋯⋯⋯⋯240

　　第七節　政變反被政變害⋯⋯⋯⋯⋯⋯⋯⋯⋯⋯⋯⋯249

第六章
八王終於玩完　亂世還在繼續

　　第一節　機會不是誰都能抓住的⋯⋯⋯⋯⋯⋯⋯⋯⋯258

　　第二節　八王之亂劃上句號⋯⋯⋯⋯⋯⋯⋯⋯⋯⋯⋯264

　　第三節　洛陽淪陷⋯⋯⋯⋯⋯⋯⋯⋯⋯⋯⋯⋯⋯⋯⋯274

　　第四節　強人對決智者勝⋯⋯⋯⋯⋯⋯⋯⋯⋯⋯⋯⋯280

　　第五節　江東基業⋯⋯⋯⋯⋯⋯⋯⋯⋯⋯⋯⋯⋯⋯⋯290

　　第六節　猛男皇帝的風流事⋯⋯⋯⋯⋯⋯⋯⋯⋯⋯⋯294

　　第七節　葛坡對⋯⋯⋯⋯⋯⋯⋯⋯⋯⋯⋯⋯⋯⋯⋯⋯303

　　第八節　劉琨的失誤⋯⋯⋯⋯⋯⋯⋯⋯⋯⋯⋯⋯⋯⋯309

目錄

內容簡介

司馬炎死後，賈皇后擅權，順我者昌，逆我者亡，朝野震恐。司馬倫發動政變，廢掉賈后。八王之亂大戲，就此上演。司馬氏各路人馬，爭相上臺，你方唱罷我登場，一波未平一波又起，小人奸臣，作用其中，使得兄弟父子，自相殘殺。大晉天下，民不聊生，饑民成群，李特、張昌，相繼起事，割據一方。劉淵乘勢而起，再建漢國。之後，蠢材皇帝被毒而死，司馬熾即位，但回天無力，亂象如火如荼。正逢石勒崛起，歸順劉淵，中原烽火連天。面對群雄割據，司馬氏空有平亂之心，卻無平亂之策。司馬熾唯有把希望寄託在大名士王衍的身上。王衍誤國，為石勒所擒之後，投降求生，終被活埋，大晉王朝，大廈將傾。

內容簡介

第一章
醜陋皇后玩完日　殘暴小人囂張時

第一章　醜陋皇后玩完日　殘暴小人囂張時

第一節　孫秀的陰謀

這兩個小人物就是右衛督司馬雅和常從督許超。

這兩個人都曾當過太子司馬遹的部下，平時跟司馬遹混得不錯，常在心裡思忖著，要是司馬遹當上皇帝，成為全國第一把手，他們肯定會年年得到提拔，薪資會越來越高，日子越來越火紅。哪知，司馬遹卻突然被賈南風廢掉。這兩個傢伙呆若木雞，不但提拔的夢想全成了泡影，只怕人家還會秋後算帳，把他們當作太子黨的重要成員一個也不放過，就是從輕處理，估計這下半輩子也得在監獄裡過著，要是從重從嚴處罰，全族男女老少都得一起綁上刑場，接受砍頭的命運啊！

這兩個傢伙的腦子裡一閃出「砍頭」這兩個字，冷汗就沒辦法控制，覺得再在這個地方這麼消極混下去，人家的大刀就會猛劈過來，他們的腦袋就會很響地落地。兩人的眼睛一紅，血壓就飆升了起來，與其等人家的大刀砍過來，不如自己揮刀砍過去，即使不成功，死得也不那麼消極，於是就四處活動，聯繫其他黨羽，跟皇后黨戰鬥到底。

他們的職務不算大，手中的力量也很有限，要憑自己的力氣，跟賈南風戰鬥到底，那是雞蛋碰石頭，只怕戰鬥才開始，他們就到底了。司馬雅和許超絕對不是豬頭，他們跟很多人一樣，都知道賈南風的做法很不得人心，現在朝中到處都有她的反對黨。這些反對黨現在只是找不到一個帶頭大哥，無法形成一股倒賈力量。因此他們決定聯繫這些人，共同凝聚力量，只有這樣，才能跟賈皇后決一死戰。

他們找到的第一位同黨是殿中郎士猗，幾個人在一起，幾杯酒水一頓猛灌，就灌出一股豪氣和一股怨氣來，腦門子的熱度劇烈上升，馬上就提出「驅逐賈后，恢復太子」的終極目標。當然，他們仍然知道，光靠他們

第一節　孫秀的陰謀

三個人，仍然是那句話「泥鰍掀不出什麼大浪」。他們也跟劉卞一樣，知道要扳倒賈南風，就必須把實力派人物拉攏到位。現在朝中的實力派人物當然是張華。如果得到他的支持，做出逮捕賈南風的決定，估計很快就可以完成任務。但這幾個傢伙可不像劉卞，一有想法，就像吃了興奮劑一樣，信心滿滿地去找張華，屁股還沒坐穩，就把想法全吐出來，而是先對張華和裴頠進行了一番考核，知道這兩人雖然對賈南風也很不滿，但也僅僅停留在「不滿」這兩個字上，自己只想獨善其身，沒有其他想法。去動員這樣的人政變，跟去送死沒有本質上的差別。因此，他們只得把目光放到另一個人身上。

這個人就是司馬倫。

你不得不佩服這幾個傢伙的眼光。

司馬倫自從當了京官之後，聽從孫秀的建議，始終堅持「一心一意防備張華，全心全意巴結皇后」的原則，所有的人都把他劃到皇后派的中堅分子。可是司馬雅他們知道，這個司馬倫完全可以被拉進倒賈陣營的。他們認為，這傢伙又貪又有野心，而且手中又有軍隊，也是個實力派的人物。一般有這樣心態的人是最容易被煽動的。而且他們也知道，司馬倫現在最聽孫秀的話。孫秀這個傢伙又是個小人，小人是最喜歡鬧事的。

他們馬上請孫秀過來喝酒，在飯局上對孫秀說：「現在賈南風太囂張了，連太子都垮臺了。大家對她恨得要命。估計沒多久，就會有人跟她攤牌的。你想一想就知道，她有本事跟人家打到底嗎？到時，人家一定會將她的人馬來個一網打盡。司馬倫這段時期以來老是跟她不清不楚，天天跟那個賈謐、郭彰泡在一起，混得跟一家人差不多，很多人都以為他也參與了廢太子的事。到頭來，只怕他也逃不了關係啊！所以，司馬倫要是能看清形勢，站穩立場，果斷決策，在人家還沒有行動時，先走一步，把賈南風搞定，恢復太子的地位，以後可就什麼也不用怕了。」

第一章　醜陋皇后玩完日　殘暴小人囂張時

孫秀一聽，說：「你們這話很不錯。我幫你們轉告給司馬倫。」

這傢伙在做這件事時，絕不拖拉，跑回趙王府，連洗手間都不上，就在第一時間去找司馬倫。司馬倫也有個特點，就是不管在什麼時候，做什麼事——就是泡妞泡到一半，只要聽說是孫秀來了，就馬上跑過來看看孫秀有什麼事。

孫秀也不做什麼前言了，直接就說：「老大，機會來了。」

司馬倫說：「你說清楚點，是什麼機會？難道又是錄尚書事？」

孫秀滿臉是笑，說：「老大你也太沒志氣了，就個狗屁大的錄尚書事也叫什麼機會？」

司馬倫一聽，說：「難道是大司馬的職位？」

孫秀說：「我說老大，大司馬又算什麼。以前那個司馬亮不是大司馬？可那樣的大司馬跟死馬沒兩樣。你知道現在賈皇后他們的處境嗎？」

司馬倫說：「你孫秀有什麼說什麼，別拐來拐去的，我不是來答題的。賈皇后是什麼處境？誰不知道，現在皇后的處境好得很，連太子都搞定了。呵呵，孫秀，你建議我走賈家的門路算是走對了。我們得繼續走下去。」

孫秀搖搖頭說：「錯！再走下去，就是死路一條。」

司馬倫說：「你發暈了吧？」

孫秀說：「我絕對不暈。你只知道賈南風他們現在的權勢好像比天還大，愛整誰就整誰。其實現在天下人最恨的就是皇后黨。不要以為現在大家都在巴結她，其實大家都恨不能在心裡扁死她，只是沒有個帶頭大哥帶領大家而已。你想一想，現在賈南風他們幾個玩弄權勢的資本是什麼？還不是那個豬頭皇帝？手中其他力量都沒有。如果大家真的造起反來，皇帝能擋得住嗎？楊駿、司馬亮、司馬瑋事件接連發生，就充分說明，皇帝在

第一節　孫秀的陰謀

槍桿子面前也沒用，只有傻瓜才把他當最好的武器來使用。所以，人家說反就反，而且都反得很成功，成功得太乾脆了。現在賈南風其實也跟楊駿他們一樣，手中除了皇帝的公章外，沒什麼實力。人家一反，肯定能一反即成。」

司馬倫說：「你說的太正確了。那我該怎麼辦？不要巴結賈南風，去巴結其他人？可現在你說該去巴結誰好呢？難道要我去巴結張華？我現在明白告訴你，要是叫我去巴結張華，我絕對不幹。」

孫秀說：「老大你眼光高點行不行？為什麼老是想著去巴結別人。現在我是在策劃讓人家來巴結你啊！」

司馬倫一聽，這話又太正確了。為什麼以前不跟我說？老是讓我去巴結那個醜女人。我是什麼輩分？老子是她的爺爺輩啊！真是要多窩囊有多窩囊。

孫秀說，現在就是要在別人搞定賈南風之前，先把她搞定。

司馬倫一聽，倒抽了一口冷氣，啊了一聲，臉部肌肉扭曲了幾下，說：「老子拍板了。就搞定這臭女人。害得我巴結她這麼久，巴結得老子都快成為巴結專家了。」

司馬倫這傢伙也有幾個死黨，一個就是通事令史張林——張林的出身不太好，是三國時期那個土匪頭子張燕的曾孫，還有一個就是省事張衡。司馬倫決定搞定賈南風時，第一個想法就是要有個內應——不管跟誰作對，能在對方陣營裡發展個內奸那是了不得的。

在司馬倫就要下達進行政變的命令時，孫秀卻又說，老大，不要急啊！

司馬倫一聽，差點罵出來，你這個孫秀是怎麼搞的？難道還等人家搶先了我們再做？

孫秀說：「老大，昨天晚上我想了一夜。現在我們是藉著為太子平反

第一章　醜陋皇后玩完日　殘暴小人囂張時

的名義來推翻賈南風的。可要是成功了，我們就得真的讓太子當第一把手。太子可不是現任皇帝這個豬頭啊！他要是當了皇帝，我們能好過嗎？說不定，他還會說我們以前是賈南風的死黨，現在雖然幫了他的忙，他也會覺得我們是迫不得已才幫的，然後把我們劃入反覆無常之類的群體中，那可不是個好結果啊──如果太子厚道點，不處分我們還好，如果他不厚道，把我們幾個全拉出去砍死也是理所當然啊！」

司馬倫一聽，說：「這也是個問題。那就不政變了。」

孫秀說：「這件事不能放棄。現在我們要做的就是等待。」

司馬倫說：「老子現在發現你的腦袋有問題來了。你想讓我把賈南風等死？然後去撿便宜？這個想法不錯。可你要知道，我的年紀比賈南風大多少歲？老子能等到她先死去嗎？你別的算得很準，可這個小學生的算術就是不過關。」

孫秀說：「我可不是說要等到賈南風死去再撿便宜。我是要等到太子死去的那天再政變。」

司馬倫說：「太子死去？太子比賈南風更年輕。難道現在流行年輕人先死？呵呵，要是有這流行風潮那有多好啊！」

孫秀說：「是這樣的。現在怕太子的人不是你，也不是我，而是賈南風。賈南風現在最怕太子上來。要是太子一上臺，那他們就徹底玩完了。賈南風老早就想把太子整死，現在暫時沒辦法做到。我想，在不久的將來，她肯定把太子往死裡扁。呵呵，到了那時，老大你再挺身而出，說是為太子報仇，逮捕賈南風，那是合理合法又合算的大好事。那時你可不是我一個人的老大了，而是很多人的老大了。」

司馬倫一聽，手掌一揮，說：「好啊。孫秀，我發現你越來越優秀了。我就耐心地等待，其他事就交給你去辦了。」

第一節　孫秀的陰謀

　　孫秀說：「也不會等多久的。我現在就去想點辦法，讓賈南風早點把太子解決掉。」

　　從孫秀的這些計畫上看，就知道，這傢伙是在下一盤很大的棋，而且前面的這幾步是很成功的。

　　這傢伙不但將司馬倫看得清清楚楚，就是對賈南風也是一眼看穿，對當前形勢的分析也很到位。從這點來看，孫秀的腦袋確實很厲害，如果他的人格再崇高一點，胸懷再加寬幾圈，成為一個劃時代的大政治家是沒有問題的。可這傢伙光有個聰明無比的腦袋，人品卻不怎麼樣，因此，雖然抓到一個歷史性的機會，開始時分寸也掌握得很好，但不久就顯露出小人得志的嘴臉，幸福生活沒過幾天，就被別人一棍打死，丟進歷史的垃圾堆。

　　孫秀雖然勸司馬倫耐心地等待，可是他自己卻加快進行部署。他派幾個死黨到處去散布消息：金殿禁軍有人打算讓皇后和太子調換一下住宅。就是要讓賈皇后住到金墉城裡，讓太子住到皇宮。

　　孫秀知道，現在賈皇后經常派那些宮女穿著便衣，打扮成平民的模樣，到民間私訪——當然，她並不是想透過這個管道了解百姓的疾苦，而是想在第一時間知道人家對她的看法。所以，孫秀製造的這個八卦，並沒有在朝廷上宣傳，而是直接在社會底層散布。那幾位宮女雖然長得不錯，但也都是一群菜鳥，她們只把「皇后」、「太子」這幾個詞當關鍵字，只要聽到這幾個字，馬上就牢牢記住，然後跑回宮裡，向賈南風報告。

　　賈南風派這些便衣的目的，主要就是要打探關於太子的事。現在聽說很多人要為太子平反，而且居然要武力解決，不由得也怕了起來。賈南風是個政變專家，知道一旦被人家抓住之後的下場是很慘的。她雖然心狠手辣，可到了這時候，居然也只是「怕」字當頭，想不出別的辦法。

第一章　醜陋皇后玩完日　殘暴小人囂張時

　　孫秀估計這個八卦已傳到賈南風的耳朵裡了，就叫司馬倫請賈謐過來喝酒。

　　喝不了多久，果然就試探出賈氏集團果真在鬱悶中度過這幾天時光，連酒都喝得不開心了。

　　司馬倫就在飯桌上對賈謐說：「你喝酒怎麼一點也沒有以前的風度了？」

　　賈謐這傢伙的學問還算不錯，但別的能力卻一點都不行，聽司馬倫一問，馬上就把他們的擔心說了出來，苦著臉說：「要是太子真的成功了，我們就全死定了。」

　　司馬倫一聽，跟孫秀預料的一樣，好像是背孫秀起草的臺詞一樣，馬上就說：「這有什麼好怕的？為什麼讓他扳倒我們？我們為什麼不先搞定他？」──他可是一字不漏地背著孫秀寫給他的臺詞。

　　賈謐一聽，說：「我們先搞定他？」

　　司馬倫繼續背臺詞：「現在只是那幾個禁軍在商量解決我們，可他們還沒有聯繫到太子啊！反正現在太子還在我們的控制之中，乾脆先把太子殺掉。沒有太子，他們還能打什麼旗號？」

　　賈謐一聽，眼裡大放光彩，馬上跑回去找賈南風，說：「我今天去喝酒，喝出一個好辦法來了。」

　　賈南風問：「什麼好辦法？」

　　賈謐說：「現在這些想政變的人打的旗號就是太子。我們乾脆先讓這個旗號消失。看他們還打不打太子牌。」

　　賈南風說：「老早就想把他解決了。可是反對的人太多了，解決不了啊！」

　　賈謐說：「明的來不了，為什麼不來暗的？如果只有明殺才算殺人，天下還有『暗殺』這兩個字嗎？」

賈南風一聽，對啊！你不說我還不開竅。

這個女人一開竅，太子可就死定了，而孫秀也成功定了。

第二節　賈后是這樣玩完的

她這一次不找一堆大臣來了，而是只把程據找來。

程據曾經被她寵幸，但不久就被踢開了，近來已經呈半失業狀態，這時突然接到皇后召見的通知，馬上激動起來，哇！看來外面的帥哥還是比不上自己的。他決定要抓住這個機會好好地表現一下。

他興匆匆地跑到賈南風面前，賈南風卻一臉肅穆。他一看皇后這個神態，知道自己搞錯狀況了，忙問：「皇后有什麼事要交待？」

賈南風說：「幫我配製幾粒可以毒死人的藥來。」

程據不一會兒就把藥送給賈南風。

賈南風把孫慮叫來，對他說：「這是毒藥。現在交給你……」

孫慮一聽，嚇得差點癱軟下來。

賈南風說：「你放心，不是叫你吃下去的。是要你拿去送給太子吃的。你要等到太子死了才算完成任務。否則，你就把它吃下去。」

孫慮一聽，這個也算任務？如果叫我去搞定一個現任太子可能還不夠膽，可一個廢太子算什麼？比對付一個小偷還容易。馬上拍拍胸脯，保證完成任務。

他拿了毒藥，家也不回，直接跑到許昌，先去見劉振。劉振現在負責看管司馬遹。剛開始時，他覺得賈皇后把這個光榮的任務交給他，是對他

第一章　醜陋皇后玩完日　殘暴小人囂張時

的信任，更是皇后對他的重用。可是看了這麼久，覺得越來越枯燥，越來越鬱悶——天天在這個地方上班，跟司馬遹的門衛隊隊長差不多，一點不光榮啊！而且他也有耳朵，那些擁護司馬遹重新當太子的八卦天天也聽到，心裡也怕起來，再想到這個晉朝才多久，就接連發生了這麼多次的政變，誰對前途都不敢預測，說不定這個廢太子哪天真的把這個「廢」字脫掉，那時自己可就死定了。每天沒事的時候，腦子就老往這方面轉，轉得他都差點崩潰了，天天就盼望這個廢太子死了那多好，可是一看這個司馬遹天天在房子裡面又是練畫畫，又是研究預測學，身體還健康得很，要是比長壽，估計自己還比不過他呢！看來自己到死的那一天，都還在這裡陪這個廢太子。邊麼一想起來，自己雖然是看守，但一步不能離開這裡，本質上跟判無期徒刑沒什麼兩樣。

這時孫慮來找他，說是奉皇后的命令，要搞定太子。

劉振一聽，差點高呼皇后萬歲起來，對孫慮說，你去搞定他。我就可以回首都了。

本來，兩個人也想按照皇后的設想，把那幾粒毒藥偷偷放到司馬遹的飯裡，讓他吃下去算了。哪知，這個司馬遹被關在這裡之後，提高警惕，做什麼事都很小心謹慎，連飯都是自己煮的。兩個人試了幾次，毒藥都是拿在手裡，沒辦法放進飯裡。這才知道，這個司馬遹的聰明不是假聰明。

孫慮一看，這個任務不好完成，天天這樣拿著毒藥，對自己的身體也不大好，不如採取其他辦法。不是說不管白貓黑貓捉得到老鼠就是好貓嗎？不管用什麼辦法，殺死司馬遹就是好辦法。好像天下殺人的辦法不只是下毒吧？

他把這個想法跟劉振一說，劉振也同意。

劉振就把司馬遹轉到一個小院裡住，然後關起門來，不給他送吃的東

第二節　賈后是這樣玩完的

西，打算把他餓死算了。

可是幾天過去，一看，只見司馬遹在裡面還活得好好的。兩人不由得鬱悶起來，啊！都幾天沒給他東西吃了，居然還這麼生龍活虎，身體狀態比老子還好呢！難道他真的練成神仙了？

但兩人都不信邪，進行了一次全面調查，發現原來有個宮女每天都偷偷從牆上送飯送菜給司馬遹，生活品質比以前還高。

孫慮罵道：「可惡！我們的辦法也太含蓄了，一點不痛快，還是用直接的辦法好。」

他拿了一根搗藥的鐵杵，直接開門就進去。

司馬遹剛剛吃飽喝足，內急起來，正好在上廁所。

孫慮悄悄地跟了進去。

司馬遹發覺有人進來，還以為是哪位宮女替他送來手紙呢，正要說，我才剛剛蹲下來……

孫慮一邊在心裡說，我不是要你蹲下來，而是要你躺下來，一邊舉起鐵杵，對著司馬遹的頭，一棍猛砸。司馬遹哀叫一聲，就到他爺爺那裡報到了。司馬遹發出最後一叫時，才二十三歲。至此，司馬炎當年制定的遠景目標，到此全部流產，徹底畫上了可悲的句號。

孫慮丟下鐵杵，跑回去跟賈南風報告：任務完成。

司馬遹雖然是廢太子，按規定只能受平民待遇，但他的死，還是成為當時的重大新聞。大家都在看著，如何處理他的後事。

相關單位認為，既然是受平民待遇，那就按平民的規格埋葬即可。當然，這個看法肯定是受了賈南風的指示。

不過，賈南風卻在這個時候動了一下腦筋，覺得自己也該做點表面文

019

第一章　醜陋皇后玩完日　殘暴小人囂張時

章——反正司馬遹已經死了，自己的目的已經達到，現在是鞏固政治資本的最佳時機，為什麼不撈一把？否則，花這麼大的心機和精力搞定這個太子，也太不值得了，要讓他替自己帶來一點好處才行。她在暗示相關單位提出這個要求之後，馬上上書，說，司馬遹雖然反骨透頂，但到底還是皇帝的兒子，他可以不仁，但我們不能不義啊！太子的待遇免了，但還是讓他享受一下廣陵王的待遇，高規格把他埋了。司馬遹被確定為太子前，就是受封廣陵王。

大家當然同意。

賈南風以為自己玩了這一手很高明。哪知她的每一手都在孫秀的算計之中，她以為太子一掛，自己的威脅已經降低為零，現在可以大張旗鼓地風流快活了。

在她得意的時候，孫秀比她更得意。

孫秀馬上對司馬倫說：「老大，現在可以行動了。」

據記載，孫秀和司馬倫決定政變的當天，出現了日食，而且在中國地區都可以看得到。很多人都抬頭去看日食，卻沒有人把這個天象跟現實連繫起來。賈南風更加不關心這種天象——現在除了年輕的帥哥，其他的她都不關心。

司馬倫把右衛佽飛督閆和請來，把計畫告訴他。這個閆和也是賈南風的反對黨，聽說要搞定賈南風，當然沒話說。司馬倫跟他約定：以癸巳丙夜一籌，以鼓聲為應。即由閆和在宮裡打鼓為號，外面的人一聽到鼓聲，就全衝進去，見人殺人，不見人也要找人來殺。

孫秀的頭腦在這方面頗為嚴密，他覺得這件事如果得到張華他們的支持，那就更好辦了，就叫司馬雅去跟張華報告，說：「現在趙王已決定跟您聯手，共同剷除賈南風，為民除害。」可是張華到了現在還是堅持過去

第二節　賈后是這樣玩完的

的方針，堅持和稀泥原則一百年不動搖，表示不同意司馬倫的這個做法。

張華現在肯定知道，賈南風已經徹底喪失人心，要剷除她已經沒有什麼難度，可是他仍然不想出手，大概一來覺得自己老了，做事要保守一點，二來覺得司馬倫這傢伙人品太差，不宜跟他混在一起，還是讓他們狗咬狗一下吧，自己當觀眾，看好時機，該出手時再出手。

司馬雅看到他這個態度，馬上就罵起來：「人家的刀都砍到你的脖子上來了，你還想透過對話來和平解決？你就等著吧！」連張華招待他的飯也不吃了，甩手就衝出門去。

政變的具體時間是四月三日半夜，過程跟前幾次差不多，都打著豬頭皇帝的旗號，理直氣壯地勇往直前，衝進宮中。

司馬倫拿著假詔書「敕三部司馬」：「中宮與賈謐等殺吾太子，今使車騎入廢中宮，汝等皆當從命，事畢，賜爵關中侯，不從者誅三族。」這個詔書一出，恐怕大家都知道是假冒的，但誰也不去查證一下，而是集體表示擁護。

司馬倫一看，都說大家的眼睛是雪亮的，哪知大家也這麼容易上當，馬上又發第二道假詔書：開啟宮門！

軍隊早就在門外等待。這些士兵也跟其他士兵一樣，都是來自最底層的百姓，聽說今夜可以進皇宮，心裡那個高興就不用說了，個個懷著激動的心情，緊握鋼槍，隨時準備衝進去。這時大門一開，大夥就呼啦啦地衝了進去。

這次行動的前敵指揮官是司馬攸的兒子翊軍校尉齊王司馬冏。

司馬冏進宮之後，馬上在御道之南布防，然後帶著一百多人衝進後宮。那裡也安插了一個內奸──華林令駱休。駱休把司馬冏帶了進來，直接就找到皇帝。豬頭皇帝這時正在睡覺，看到這麼多人進來，而且還有他的堂兄弟，也不知道是政變，就打著哈欠跟他們來到東堂。

第一章　醜陋皇后玩完日　殘暴小人囂張時

司馬冏叫皇帝書面通知賈謐進來。

宮中弄得這麼熱鬧，賈謐居然一點察覺也沒有，一看到詔書，馬上就聽從召喚，連夜進宮。來到殿前時，覺得情況不一般，知道傳說中的政變已經發生，忙掙脫出來，狂跑到西廂那邊，叫姨媽娘娘救我啊！你一看就知道這傢伙也是個極品菜鳥，人家政變，矛頭指的就是他的姨媽娘娘。他的姨媽娘娘還能救他時，人家敢對他這樣嗎？

在他大叫救命的時候，一把大刀已經帶著一股寒風砍了過來，他的話才叫完，那顆腦袋也跟著落了下來。

司馬冏這時也來到皇后的寢宮。

賈南風這時也跟她的這個外甥一樣，不知道人家已經來找她算帳，突然看到司馬冏帶著士兵進來，大吃一驚，說：「你來幹什麼？」──我雖然大量收購帥哥，可從來不收司馬氏內部人士啊！

司馬冏只說了幾個字：「有詔收后。」

賈南風一聽這幾個字，馬上意識到，自己要玩完了。你們這幾個人哪來的詔書？說：「詔當從我出，何詔也。」她說了這幾個字之後，也不再說什麼，馬上跑到樓上，遠遠地對她的豬頭老公大叫：「老公啊，你的老婆就要被人家解決了。連老婆也顧不上，看來你不久也要自己廢掉自己了。」

可他的老公這時能救得了她嗎？司馬衷要是有這個能力，她會有今天嗎？

她叫了幾聲，聽不到司馬衷的回話，這才知道有個豬頭皇帝當老公，弄權很方便，作威作福很容易，養幾個小白臉風流快活也不用顧忌，可到關鍵時刻，被人家搞定也很容易。她這才知道，什麼叫雙刃劍了。

她轉頭來問司馬冏：「你們這次行動的倡議人是誰？」

司馬冏說：「司馬彤和司馬倫。」

第二節　賈后是這樣玩完的

　　賈南風一聽，原來老把司馬遹當主要對手，用全部精力去對付他，全弄錯了。那小子一天到晚只會做生意，當老闆，一點不玩政治，對自己有什麼威脅。只是自己感情用事，硬是把精力放在這個地方，真正的威脅是這些手裡有權有槍的老傢伙啊！看看這幾次政變，哪次不是這些人搞出來的？她在夜空中發出了一聲嘆息：「繫狗當繫頸，反繫其尾，何得不然！」。只是到了現在才理順這些關係，找到關鍵點，還有什麼用——除了乖乖當人家的俘虜外，別的什麼權力也沒有了。

　　逮捕了賈南風，意味著政變已取得徹底的勝利。政變高層連夜啟動司法程序，就地對賈南風進行處置：廢后為庶人，暫時在建始殿裡審訊。這個女人一夜之間從權力巔峰跌入人生最低點。政變指揮部接著下達了逮捕趙粲、賈午的命令，並把他們關進監獄，接著就在那裡把他們殺了。

　　最後，「召中書監、侍中、黃門侍郎、八座皆夜入殿」，準備就下一步的形勢討論一下。可那個尚書實在該死，接到這個詔書之後，居然懷疑是假的，乾脆現場打假，寫了一份沒有封口的報告，要求皇帝用「手詔」發個通知，增加一下可信度。

　　司馬倫一看，你這個師景是什麼意思？這傢伙剛掌權，才按自己的意思釋出第一個命令就卡住了，心裡很不高興，臉上布滿了殺氣：「你這個師景惹我不爽，老子就叫你去死。如果這時不露一手，這些人還要不服下去。」司馬倫馬上派人過去，不用宣布，直接就砍掉師景的腦袋，然後向全國釋出通告。

　　就這樣，全國最高權力就落到了司馬倫的手中。這傢伙想不到這個權力來得太容易了，傍晚做出決定，第二天自己就成了實際最高領導人，看誰不順眼，發個指示，就可以把誰殺掉——昨天自己還是個巴結專業戶，今天就有很多巴結專業戶來巴結自己了。

第一章　醜陋皇后玩完日　殘暴小人囂張時

　　司馬倫很滿足，即使在光線不夠的情況下，大夥也能清楚地看得出他那得意的神態。

　　孫秀卻還是不滿足。他覺得棋還可以下下去：最好能讓司馬倫當上皇帝。司馬倫當了皇帝，他自己是什麼地位？那可是全國第二把手。而且他比誰都清楚司馬倫菜得不能再菜，什麼也得聽他的。呵呵，到時，自己可是全國最有權力的人了，這些大臣小臣全都得巴結自己，看自己的臉色辦事，那才是超級威風。他馬上對司馬倫說，老大，革命尚未成功啊！

　　司馬倫說：「還不成功？那怎樣才算成功？」

　　孫秀說：「把豬頭皇帝也搞定，才算成功。老大你看，以後我們要天天對一個豬頭拜來拜去，有什麼意思。不如直接把屁股坐到那個座位上，讓別人來拜你不好嗎？」

　　司馬倫一聽，我的媽呀！到底是你的思路寬又廣。說來說去，司馬衷還是我的孫輩，又是全國有名的超級菜鳥，憑什麼要老子去拜他？現在老子腰間有骨質增生，痛得要命，每天還要拜他幾下，這不是要了老子的命是什麼？好，我同意你的意見。你說該怎麼辦？

　　孫秀說：「肯定也要做得合理又合法。不過，第一步得先把那幾個老傢伙拉下臺，掃清我們前進的障礙。」

　　兩人當場列出一份打壓對象的名單：張華、裴頠、解系、解結。這份名單都是跟他們意見不合的人。那時張華、裴頠是當權派，他們對這兩個老傢伙沒有辦法，現在倒轉過來，他們成了當權派，兩個老傢伙都得靠邊站，已經徹底喪失發言權了。而解系、解結這兩個兄弟，以前更是他們的死對頭，一天到晚沒事就告他們，幾乎成了狀告司馬倫和孫秀的專業戶。如果司馬倫和孫秀是別的人，這時為了更高的政治目的，也許會作一下秀，寬容一下他們。可這兩個傢伙都是小人中的菁英，哪能放過他們？名

第二節　賈后是這樣玩完的

單一列，就派人把他們抓起來，不管颱風下雨，都要把他們帶到殿前，直接進入司法程序，進行審問，讓他們欣賞一下自己的威風。

張華大概還沒有意識到問題的嚴重性，以為自己以前都做過準備，而且玩政治玩了這麼多年，官當了這麼大，連以陰狠毒辣出名的賈南風都讓他三分，估計這幾個傢伙他還是對付得了的，因此人家還沒有問他，他就來個先發制人，轉過老臉，對負責審問他的張林說：「你是不是想殘害忠良？」這傢伙還是很老辣的，一上來就先對人家扣頂帽子。如果是前幾天，張林一聽到這話，肯定會怕得要命。

可現在的張林不是以前的張林，而張華更不是以前的張華。以前的張華是張林的上司，而現在的張林是代表皇帝來審問的。他看到張華死到臨頭，還這麼囂張。啊，以前你威風，那是有底氣的威風，是有著雄厚權力基礎的，現在你的威風單薄得很，誰還怕你？何況，現在我是代表皇帝的，比你威風多了，馬上對他說：「卿為宰相，太子之廢，不能死節，何也？」

張華說：「那天在式乾殿上，我的話和奏章都還在，不信可以去查一查。」你一看這傢伙明顯是在走楊珧的老路，叫人把當天的會議紀錄保留下來，當做今天的護身符。當然，如果碰到個講點道理的人，估計他還真的可以沒事。可現在他碰到的是孫秀這樣的小人，而張林也是個口才很好的傢伙，看到他搬出這話來，想也不想，順口就追究他這件事的責任：「諫而不從，何不去位？」

張華一聽，老嘴巴一張，什麼話也講不出來。老傢伙這才發現，原來他兒子的眼光真的不錯，預言做得不但準確，而且精確，如果當時就辭去所有本兼各職，回家一邊打打麻將過日子，一邊很悠閒地面對這些人的你死我活，當當專業觀眾，說不定人家拚命之後，為了收買人心，又會請他這個「德高望重」的「老前輩」出來，即使不能掌握更大的權力，但出出鏡，講幾句話表示自己的存在還是可以的啊！可是因為一時頭腦發暈，錯

第一章　醜陋皇后玩完日　殘暴小人囂張時

估形勢，以為天下之爭，只不過是皇后和太子兩股勢力在大打出手，不管哪邊，他都可以擺平。哪知卻突然冒出司馬倫這第三股勢力，而且司馬倫是個根本不講道理的人，不管你有什麼理由，他都想把你的老頭砍下來。這才知道，以前老是強調穩定壓倒一切的政策，有時是不靈的，天天和稀泥，這些稀泥還是和不起來的。他以前可以拍板時，大權在握，要是聽從裴頠那些人的話，掌握好機會，他哪有今天？混官場都混到頭髮全白了，最後卻死在一群小人之手，實在也太不像樣了。可現實就是這樣，上天給你機會，你不珍惜，到頭只有死路一條。

這次廷審就這樣結束，當場宣判：對張華、裴頠、解系、解結這些反叛集團的首要分子都處以死刑，而且「夷三族」。

天亮之後，司馬倫擺足架勢，威風凜凜地「坐端門」，安排部署：遣尚書和鬱持節送賈庶人於金墉城──賈南風多次把人家送到這個地方，現在她終於也被送到這裡。誅劉振、董猛、孫慮、程據等；連司徒王戎也跟著受到牽連。這傢伙領著國家最高薪資，但終日清談，每天上朝參加什麼會議，通通加入「醬油黨」，從不發表自己的政見，因此也就沒得罪過什麼人，這時雖被列入張華黨的黑名單中，但又沒什麼把柄被人家拿住，因此也就跟很多官員一樣，被免職了事。還能活下來，繼續他的名士風流，開拓清談事業的新局面。

司馬倫一夜之間就把所有的老傢伙一舉搞定，朝廷上再也找不到一個有資格跟他對話的人來了，更沒有哪個有實力跟他擺譜的哥兒們跟他唱反調了，就開始按計畫把事業往更大更強的方向發展。這傢伙是司馬懿的兒子，智商跟他的老爸差了不知多少個等級，但他絕對是他老爸的粉絲，他的第一步，就是全盤向司馬懿學習：稱詔赦天下，自為使持節、都督中外諸軍事、相國、侍中，一依宣、文輔魏故事。這傢伙透過政變獲得最高權力，所以也認真總結了一番經驗教訓，認為賈南風他們之所以一夜之間被

剷除，連個負隅頑抗的餘地和時間也沒有，主要是沒有自己的武裝力量。因此決定擴大警衛團的規模到一萬人，全部署在他的府中，做他的保鏢。你一看這個思路，就知道這傢伙不但怕死，而且菜得不能再菜，跟以前那個諸葛誕沒什麼兩樣——如果人家真的要造你的反，一萬部隊就能擋得住嗎？這種人只有當黑社會老大的水準，絕對不能做「經國大業」的事。

他把一大群高官擺平之後，高層空缺就多了起來，於是，他把自己的親信都大大地提拔一下：子馥為前將軍，封濟陽王；虔為黃門郎，封汝陰王；詡為散騎侍郎，封霸城侯。孫秀等皆封大郡，並據兵權，文武官封侯者數千人。他自己又抄襲了楊駿的框架，同樣來個「百官總己以聽於倫」。

他覺得好過癮哦！

其實最爽的不是他，而是那個孫秀。

第三節　司馬允離成功只有那麼一點

大家都知道司馬倫的智商只不過比司馬衷高一點，而高的那一部分，只不過是在吃喝玩樂這方面上，能玩到今天這個分上，靠的全是孫秀。表面看，他是全國最有權的人，但一個不會駕馭大局的人有再大的權力也沒用。他還得靠孫秀幫他主持大局，什麼事也得聽孫秀的。孫秀現在是中書令，與司馬倫正式組成倫秀體制。當然，司馬倫雖然是孫秀的上司，但卻事事都得聽孫秀的。朝廷上的大臣們都是聰明人，每個人都知道，巴結孫秀比巴結司馬倫強多了，因此都跑到他那裡，送他好東西，幫他找美女，每天把世界上最好聽的話講給他聽，看到他自得意滿了自己也跟著得意。至於司馬倫，就天天在家裡泡妞、喝酒吧——孫秀吃肉，你喝湯是沒問題的。

027

第一章　醜陋皇后玩完日　殘暴小人囂張時

　　兩人安插自己的人馬之後，這才著手為太子平反：詔追復故太子遹位號，使尚書和鬱帥東宮官屬迎太子喪於許昌，追封遹子班為南陽王，封班弟臧為臨淮王，尚為襄陽王。

　　從這件事上看，就知道小人與君子的區別。如果兩人稍微有點政治頭腦，把眼光放得長遠一點，肯定會在第二天就辦好這件事。可這兩個傢伙卻急於加大力度提拔自己人之後，才做這件事，這就讓人覺得實在太膚淺，太小人得志了。

　　司馬倫和孫秀兩個人當然不會覺得自己是小人，他們自認為比誰都想做個合格的政治家、做個傑出的國家領導人，因此，在掌權的時候，也學習人家的做法，罷免一些不合格的官員，提拔一些「德才兼備」的人士，提高一點人氣。王衍就成了他們罷免的對象。相關部門報告：「尚書令王衍備位大臣，太子被誣，志在苟免，請禁錮終身。」司馬倫「從之」，很乾脆地就把王大帥哥踢下去，判了個無期徒刑，讓他到指定地點裡繼續進行清談事業。然後，兩個人也提拔了一些人才：以前平陽太守李重、滎陽太守荀組為左、右長史，東平王堪、沛國劉謨為左、右司馬，尚書郎陽平束皙為記室，淮南王文學荀嵩、殿中郎陸機為參軍。

　　哪知，那個李重卻不買他們的帳。他知道這兩個傢伙不是什麼好東西，現在雖然權勢熏天，誰都怕他們，但不久之後一定會走向死胡同，因此就向當年的司馬懿學習，推說自己病了，不能當公務員了。如果是別的人，看到這個報告，也會假惺惺地派人甚至親自去慰問一下──這也是個提高人氣的好辦法，反正提拔這些人，又不是想讓他們真的來掌權，而是要藉此來提高人氣，發揮的是政治花瓶的作用。可這兩個傢伙的腦袋沒有往這方面去想，看到李重居然不買他們的帳，這不是跟他們作對是什麼？又派了幾個面相凶惡的手下過去，直接就對李重說：「你到底來不來？你也是個讀書人，應該知道那句『敬酒不吃吃罰酒』的名言吧？不要讓老

第三節　司馬允離成功只有那麼一點

子跑來跑去的，想把老子累死你才高興？」

這幾個手下擺完下馬威之後，馬上跑回去報告。李重一看這個架勢就知道司馬倫和孫秀不放過他。他本來沒什麼病，可受了這個下馬威後，發呆了幾天，夜裡睡不著覺，還真的有病來了，而且這病的進展還真是凶猛，沒幾天就躺在床上，靠喝粥嚥湯維持生命。

在他艱難地在床上喝粥的時候，司馬倫的任命書就送了過來。

他沒有辦法，只得扶著枴杖出來拜受。可幾天之後，他連粥都不能喝了，呼吸聲越來越細微，最後終於徹底退出人生這個舞臺。

司馬倫雖然很菜，但也知道，現在他雖然站在幕前大喊大叫，好像全世界他的聲音最具權威性，但司馬氏的那些親王們手中還有很大的實力，如果不能把他們擺平，要是鬧起事來，可就不好解決了。當然，現在硬碰硬是不行的，得學一學諸葛亮「攻心為上」，把他們的職務晉升一下，從升官發財這個角度去滿足他們，認真貫徹一下「我們吃肉兄弟喝湯」的做人原則。因此沒幾天就任命曾經幫助過這次政變的梁王司馬肜為太宰，另外那個司馬允也給了個驃騎將軍當當。司馬允本來曾經跟司馬瑋一起聯手，在打倒楊駿的事件中，立了大功，可這哥兒們做人比司馬瑋低調，之後不再出風頭，所以雖然經歷了這麼多次風波，他的日子倒是過得越來越好。在司馬遹被廢掉的時候，高層就曾經做過讓他當皇太弟，也就是下一任領導人的決定，可因為有人反對，也就沒有成真——他也因此沒成為皇后派，又被司馬倫拉攏過來，官升幾級，待遇更是狂漲：以允為驃騎將軍、開府儀同三司，領中護軍。

司馬倫又發了一道聖旨，連同一瓶精裝毒藥「金屑酒」，派劉弘帶到金墉城，送給賈南風喝。前段時間，賈南風就是用這一招搞定司馬遹的，因此一看到劉弘叫她喝酒，就知道酒無好酒，死活不肯喝。劉弘後來用了強制手段，硬是讓她喝下去，當場看到這酒的效果果然不錯，只幾下就看

第一章　醜陋皇后玩完日　殘暴小人囂張時

到賈南風死在眼前。

　　司馬倫以為自己把司馬允大大地提拔了一下，他就會對自己忠心耿耿，從此變成他的死黨。哪知，司馬允卻有自己的想法。他不是司馬瑋，更不是司馬衷，而是一個「性沉毅」的好漢，在宮廷禁衛軍中很有人氣。而且他早就看得出司馬倫和孫秀都不是好人，認為這兩個傢伙遲早要拿他的皇帝哥哥開刀，哪天把他的哥哥踢下寶座，又是先到金墉城當暫住居民，然後一把毒藥毒死，因此就決定先做好準備，組建了一支祕密部隊。可這哥兒們沒有當年司馬師的那個水準，私人武裝力量還沒有準備好，司馬倫和孫秀就知道了。

　　這兩人想不到司馬允會這樣對待他們，就有點害怕起來，但硬來又不能，只得又玩弄那個老掉牙的招數「明升暗降」，用來對付司馬允：「轉允為太尉，外示優崇，實奪其兵權」。

　　司馬允一看到這個任命書，當然知道這兩個傢伙的用意，也來個「稱疾不拜」，不接受這個任命。司馬倫和孫秀一看，才當權幾個月不到，先是李重，現在是司馬允，老是裝病來塘塞自己，也太不給面子了。以前李重不給面子，我們把他一逼，不是讓他死翹翹了，現在你這個司馬允也學他？好，逼，繼續逼！

　　孫秀這一次派御史劉機過去執行這個任務，而且要兩方面下手：一面強迫司馬允交出驃騎將軍的印信來，一面當場抓捕司馬允的手下，還上書彈劾司馬允「拒詔，大逆不敬」。

　　孫秀以為這樣一來，司馬允肯定會乖乖地臉色發白，然後自認倒楣。哪知，司馬允從劉機手裡拿過詔書一看，你們可以騙別人，能騙我嗎？這是皇帝的字嗎？這幾個字全是孫秀的親筆題詞！

　　司馬允馬上憤怒起來，當場叫人把劉機抓住，拉出去斬了。這個劉機也是個強悍的角色，被抓了之後，居然能逃跑出去。司馬允就把劉機的兩

第三節　司馬允離成功只有那麼一點

個助手一起殺掉。

　　司馬允做完這些事之後，知道現在只有背水一戰了。他不像司馬亮那樣，做事扭扭捏捏大半天，也得不到個主意，而是早就預料到會有今天，因此府中有的是死黨，有的是槍桿子，當場發出號召：行動起來，打倒司馬倫孫秀！大家一聽，都拿起武器，跑了過來，跟他起事！

　　孫秀原來以為劉機這第一逼，就會把司馬允逼得神經錯亂，從今之後膽小如鼠，不久之後就跟李重一樣，走上一條「由病入死」的不歸之路，讓大家知道自己不是好惹的。哪料到司馬允不是李重，而是個一不做二不休的好漢。在孫秀還在得意的時候，司馬允已經帶著部隊高喊口號殺到司馬倫的相國府來了。

　　本來司馬允打算先到皇宮，把他的菜鳥哥哥保護或者是控制起來，然後發道詔書，撤銷司馬倫的一切職務，就可以收到立即的效果。哪知，部隊來到宮外時，那個尚書左丞王輿卻關起門。一來，宮門不是豆腐渣工程，能一衝就散，二來進攻皇宮，就會讓人抓到把柄，說他們造反。司馬允一有這個顧忌，只得罵了幾句粗話之後，帶領大家衝過去包圍相國府，打算直接跟司馬倫對決。

　　司馬倫本來就不是個打仗的料，而且根本沒有料到司馬允會突然採取軍事行動──司馬倫雖然在府中養有一萬個武裝人員，可你一想就知道，再怎麼精簡的部隊一到他的手下，戰鬥力都會大打折扣，而司馬允的戰士都是訓練有素的。因此，雙方剛開始接觸，司馬允就形勢一片大好。兩人接連打了幾仗，司馬倫的部隊「屢敗，死者千餘人」。而這時，「太子左率陳徽勒東宮兵，鼓譟於內以應允」，使得司馬允的聲勢更加隆重。他在承華門擺開陣勢，叫士兵們瞄準司馬倫，不要怕把他射成刺蝟！

　　司馬倫一看，啊！這麼多的箭飛來，比雨下得還大。幸好他手下有個忠心耿耿的主書司馬眭祕，這時腦子裡充滿了捨己救人的思想，看到老大

第一章　醜陋皇后玩完日　殘暴小人囂張時

縮成一團，馬上用自己的身體當肉體盾牌，「以身蔽倫」，結果來不及大叫幾聲「為老大而死，死得光榮」之類的話，就掛掉了。不過，司馬倫卻活了下來──如果沒有睢祕這個小人物，這麼捨己為人一下，司馬允這次政變就會取得徹底勝利，從此之後，司馬允就會成為司馬氏集團裡最強的人，以他的能力，主持大局，掌握這個歷史的方向盤，或許晉朝的局面會好一點。可是歷史的巨輪卻因為司馬睢祕的肉體一擋，又朝向更亂更暴力的方向轟隆而去。

這時，相國府裡的每一個角落都狼狽不堪。那些院子裡的大樹，都成為他們躲箭的首選目標，不管是戰鬥人員還是非戰鬥人員，都像受過嚴格訓練一樣，一律縮著身體，躲在樹後，滿臉惶恐地緊貼大樹。只一下功夫，每棵樹都中了幾支箭。戰鬥從早上六點，一直打到中午兩點，太陽已經升得老高，但司馬倫他們卻一刻也不敢離開大樹。

這種局面，任何人都已看出是一邊倒的局面。

如果沒別的因素干擾，恐怕司馬倫院子裡的樹再多再大，也支持不了多久的。

中書令陳准看到這個情況，馬上知道現在選擇司馬允，就是選擇美好的明天，決定擺明立場，堅決團結在司馬允的周圍，打倒司馬倫。他這時正好在司馬衷的旁邊，覺得自己光在心裡喊口號是不行的，得做點行動來表示一下。他對司馬衷說：「陛下啊，這麼老打下去也不是個辦法啊！都是陛下的員工啊，為什麼要這麼你死我活？依我看，陛下你也該派人拿著白虎幡去阻止戰鬥了。」你一看，就知道這個陳准是在欺負司馬衷是個菜鳥，才說出這樣的話。因為在場的人都知道，只有那個騶虞幡才有「和平使者」的功能，而白虎幡卻是督戰用的，前線將士看到這面旗幟，只會打得更猛、更積極，場面只會更刺激更血腥。可是司馬衷卻一點都不明白，一聽到這話，馬上就叫人拿出這面旗子，叫他們別打了，都超過吃中飯的時間了。

第三節　司馬允離成功只有那麼一點

　　陳准這傢伙只有欺騙豬頭皇帝的能力，卻沒有挺身而出的膽量和本事。如果他是個做大事的人，這時就應該由他自己出面，把這件事做得萬無一失。哪知，他卻只想當個動嘴巴的老爺，躲在宮中看美女，而是叫「司馬督護伏胤將騎四百持幡從宮中出」。這麼多人舉一面旗子出來，場面也還算不難看，可這個伏胤是什麼人，陳准卻一點都不了解，硬是把這個光榮而艱鉅的任務交給他。而他在接受這個任務時，正跟司馬倫的兒子司馬虔在一起。司馬虔這時也知道他的老爸已到了最危險的時刻，正愁沒辦法救老爸，急得就差把頭撞到牆上了，一看到伏胤接受了這個任務，兩眼馬上就光芒萬丈起來，立刻找到伏胤，代表司馬倫說：「富貴當與卿共之。」伏胤也不是什麼好人，一聽到富貴兩個字，眼睛就閃閃發亮。他現在的職務只是個司馬督護——這官的名字不短，但權力卻很小，薪資更是不高，連養家都有點勉強，做夢都想著富貴這兩個字，可是夢做了無數遍，富貴卻離他還是遙遠得很，這時聽到司馬虔親口對他這麼說，覺得富貴已經直逼而來了，當場就答應幫忙解決司馬允。

　　這傢伙也是個亡命之徒，偷了一份空白詔書拿在懷裡，就直奔司馬允的指揮部。

　　司馬允這時的信心正空前爆棚，越打越覺得上手，越上手心裡就越得意。人一得意就會變成粗心大意。本來軍事政變動刀動槍的，越到最後就應該越要小心謹慎，越要避免「功虧一簣」的事發生。可這哥兒們這時只看到司馬倫集團的首要分子都向烏龜學習，躲得屁都不敢出，心裡得意得很。他這時也犯了和張華同樣的錯誤，以為自己的敵人只有司馬倫，現在這個老傢伙已經被他扁得躲在大樹底下，要砍要殺，只是時間問題而已，哪想到還會有幾個隱藏的敵人。

　　於是，正應了那句「暗藏的敵人才是最可怕」的老話。

　　伏胤舉著白虎旗來到司馬允的指揮部。這傢伙懷著馬上要實現榮華富

第一章　醜陋皇后玩完日　殘暴小人囂張時

貴的偉大理想，一邊走，一邊高叫皇帝派我來宣布站在淮南王這一邊。

司馬允一看，都說我哥是豬頭，可在這大是大非面前還是清醒的。我這次真的得道多助了。皇帝這一出頭，老子的政治分量又大大地加了一筆。

有了這個想法，除了信心滿滿之外，腦子裡沒有其他雜念，更不注意安全防衛措施，馬上高叫，放伏胤進來。他本來是在車上現場指揮戰鬥的。當伏胤來到時，他滿臉笑容地下車來，迎接詔書。他以為，自己這一笑，肯定是會笑到最後，哪知，這一笑居然成了他最後一笑。

伏胤來到滿臉笑容的司馬允身邊時，突然抽出大刀，朝司馬允猛砍過去。

司馬允來不及啊一聲，腦袋就與身體分開，當場死掉。司馬允這一仗打得不錯，可居然沒有任命一個副手，連戰士放箭都是他直接下命令，這時司馬允一死，手下就全成了一群呆子。雖然有一大群中層領導階級，卻沒有誰宣布繼承老大的遺志，將戰鬥進行到底，馬上把伏胤抓起來，就地法辦，然後號召大家化悲痛為力量，猛攻司馬倫，為老大報仇──就連他的兩個兒子也是個個變成木頭一樣，看著老爸的腦袋在地面滾著，不做一聲。伏胤當場把司馬允這兩個菜鳥兒子司馬鬱和司馬迪一起殺掉。就這幾刀，司馬允集團在勝利在望的情況下，突然全面崩盤。

第四節　首富之死

司馬倫躲在樹後，都差不多癱軟成被踩了一腳的爛柿子了，哪想到現在居然又活了過來，重新掌握大權。這傢伙抹乾臭汗，調整好心情，第一步就是對司馬允集團進行報復，一口氣殺了幾千人。

第四節　首富之死

當司馬倫在大樹後面躲著司馬允狂射而來的箭頭時，孫秀不知躲在什麼地方，正在做什麼打算，可當司馬倫突然逆轉取得最後勝利時，孫秀又跳到臺前，全盤處理一切，動作乾脆得很。

經過這一次較量，司馬倫雖然勝得很偶然，也勝得實在難看，可再偶然再難看也是勝利，因此司馬倫和孫秀又更加威風了。孫秀在處置暴動人員之後，眼珠子一轉，馬上擴大打擊面。這一次，他的打擊對象跟司馬允集團一點也沒有關係。不過，這些人都是他的仇人。

他打擊的第一個人就是首富石崇。本來石崇是賈謐黨的核心成員，政治上與賈家保持高度一致，可在推翻賈家時，他們二十四友卻沒有受到牽連。這傢伙以為自己有這麼多錢，不管什麼事情，他都可以擺平的。哪知，這一次他就擺不平。這一次人家不要他的錢，而是要他的一個美女。石崇家裡有幾千名美女，把幾個美女當中秋月餅禮盒一樣贈送給人家，他是一點都沒有損失的。而且美女不是古董，越久越值錢，而是越嫩越可愛，要不斷更新換代，才有刺激。石崇有個愛好，就是喜歡在所有美女中評選一個首席美女。以前那個翾鳳就當了差不多二十年的首席美女。不過，現在她早退居二線，人們再也看不到這位美女的身影了。現在石崇家裡的首席美女就是著名的綠珠。

綠珠的著名，不同於翾鳳的著名。翾鳳是靠才情出名的，而綠珠的出名是因為她的漂亮和她的死。綠珠並不姓綠，而是姓梁，白州博白縣人。據說生得「美而豔」──否則，石崇是看不上的。其名字的由來很簡單：越俗以珠為上寶，生女為珠娘，生男為珠兒。不管怎麼樣，你只要生在這個地方，名字裡就有一個「珠」字。

那年石崇當交趾採訪使，其任務就是到交趾郡那裡出差。他在這一次「採訪」中，一面公款旅遊，一邊到處採花。我們至今不知道他這次採訪採出了什麼偉大成就來，但他這次的採花卻非常成功。他在這一次出差

第一章　醜陋皇后玩完日　殘暴小人囂張時

中，發現了美女綠珠。石崇一看到綠珠，馬上就口水直流，當場就決定要把這個美女弄到手。人家說，你把美女帶走可以，但也得給點經費啊，人家把一個美女養得這麼漂亮也不容易啊！

石崇一聽，還以為是什麼條件，不就是要錢？老子別的不多，但財富多是全國人都知道的。他也不是個守財奴，一見到美女，出手就很大方，當場就以「真珠三斛致之」。這麼多的珍珠換一個鄉下美女，誰還敢跟他競爭？

如果是別人，得了個美女，估計就放在家裡，自己享用。可這傢伙做事向來不低調，而且張揚得很，尤其是在財富和美女方面死要面子。還記得那個跟他比試的王愷吧？在財富方面把王愷比得連最後一點面子都丟光之後，還開展另外幾個比賽項目。王愷在財富方面比不過石崇，就說，錢財是身外之物，夠這輩子吃喝賭嫖就行了，再多又有什麼用。還是比其他的好。石崇一聽，誰怕誰？比就比。兩人這一次比試，還是從飲食方面開始：誰煮的豆粥快。

石崇先進行表演。

他請來很多客人，只吩咐一聲：上豆粥！不過片刻，服務人員就把熱騰騰的豆粥端了上來。在座都知道，豆粥要煮大半天才煮得熟的。可這一次石崇叫人煮的這一鍋卻跟煮普通的粥一樣。王愷一看，就知道自己做不到這一點，只得當場認輸。石崇說，老子還有絕活。

這個絕活就是冬天也可以給大家來一盤原汁原味新鮮的韭菜碎末。誰都知道，冬季是沒有韭菜的，而那時又沒有溫室。大家一聽，冬天都還能吃到新鮮韭菜？當然都跑過來開開眼界。王愷是死不相信的，這個石崇唬人也不能這麼誇張啊！現在還能吃到新鮮韭菜？估計只能吃到韭菜根。可當大家坐在那裡，服務人員把一盤綠瑩瑩的菜端上來時，每個人都聞到一

第四節　首富之死

股濃烈的韭菜味。連王愷也不敢說這不是韭菜。在石崇請大家動筷的時候，王愷只在一旁發呆。連續兩場，都是石崇在單方表演，王愷連場也出不了。直到第三場，兩人才算是同臺競技。這一次是比牛車的速度，看誰牛車的馬力大、速度快。當兩人把牛車帶到現場時，王愷一看，這一次該贏了吧！因為，不管從牛的個頭還是力氣上看，王家的牛都比石家的牛強一點。可一比賽下來，跑了差不多半天，王愷的牛車雖然發揮正常，可到頭來只能拿亞軍。弄得王愷也沒脾氣了。

　　他沒有辦法，就用錢來賄賂石崇身邊的人。那個人很愛財，一看到白花花的銀子，就什麼也說出來：「豆粥是這樣煮的，先把豆子弄熟，然後磨成粉，客人一到，把粥煮好，然後把豆粉放進去就成了豆粥。韭菜就更簡單了，就是叫我們幾個去挖來一堆韭菜根，搗碎後放在麥苗裡，就成了新鮮韭菜了。牛車是要一點本事的，就是駕駛員的技術強悍。在緊急時候讓車的重心偏向一邊，這樣牛跑得就快了。」王愷一聽，這個石崇做假的本事厲害，就再一次找石崇比試。石崇當然不知道，人家的情報工作做得很到位，看到王愷再比牛車，臉都笑歪了，這個傻子，如果比其他的還行，又來比這個？可一比之下，這回輪到石崇很囧很鬱悶地拿到銀牌！

　　石崇是個聰明人，馬上就知道王愷一定有臥底！這傢伙一氣之下，馬上找到可疑分子，一陣刑訊逼供，老虎凳加辣椒湯猛灌，那個出賣情報的傢伙最後受不了，一一招了出來。石崇大叫：「拉出去砍了。」這個人就是打死他也想不到，幾句話就要了他的腦袋。石崇對身邊下人們的殘忍是出名的。這傢伙請客的時候，一般都叫美女在旁邊勸酒。如果哪個美女不能勸客人乾杯，他就揮一揮衣袖，讓人把那個不稱職的美女殺了。有一次王導和他的哥哥王敦到石家作客，石崇同樣叫美女過來勸王家兄弟乾杯。王家兄弟都知道石崇的這個家規。王導本來酒量不行，但心地善良，怕美女被殺，因此，美女勸一次，他就喝一次，不一會兒就醉得不省人事了。王

第一章　醜陋皇后玩完日　殘暴小人囂張時

敦卻不管，老是推說這幾天痔瘡發作在吃藥，不能喝酒，不管美女怎麼努力勸他，他硬是將「不喝」兩個字堅持到底。石崇一連斬了三個美女。後來，王導責備他的哥哥。可是王敦卻說：「他殺自己家裡的人，關我什麼事，更關你什麼事！他家裡那麼多美女，殺也殺不完的。」

你想想，一個人做事瘋狂到這個地步，突然買到一個絕世美女，哪會不張揚一下？他馬上發出英雄帖，邀請一群哥兒們過來，聚集在他的金谷園。金谷園是石崇在洛陽西北修建的一座別墅，也是當時全國最豪華的別墅，二十四友常在這裡聚會，喝酒吹牛聊天，泡美女，全部免費，所以二十四友又稱「金谷二十四友」。二十四友齊聚，一看，哇！兄弟，你從什麼地方帶回這樣的美女？簡直漂亮死了。二十四雙色鬼的眼睛驚豔當場。

石崇哈哈大笑，手一揮。大家一看石崇這個老練的手勢，就知道還有精彩的節目。因為這夥人都是石崇的熟人，誰都知道石崇對美女的要求很高，不光臉蛋長得好看，還要求身材合格——這傢伙對這方面的要求特別嚴，他的標準就是在床前撒上沉香粉，然後叫美女踩上去，誰要是留下腳印誰就是不合格——平常做事業是一步一腳印，但到了這個地方，妳要是留下輕輕一腳，就得減肥。當然，這也只是外貌方面的標準，如果要得到石崇真正的喜歡，內在還得過關。這些人也是老手，只瞄一眼，就知道綠珠的外貌是沒話說的，現在石崇一揮手，肯定是表演的開始。原來這個綠珠還能吹得一手好笛，會跳舞蹈——其最精彩的舞蹈曲目就是〈明君〉。石崇讓她當場表演這個節目。綠珠確實讓石崇臉上有光。她在吹笛跳舞之後，還當場發表了自己的文學作品：

「我本良家女，將適單于庭。辭別未及終，前驅已抗旌。僕御涕流離，猿馬悲且鳴。哀鬱傷五內，涕位沾珠纓。行行日已遠，遂造匈奴城。延我於穹廬，加我閼氏名。殊類非所安，雖貴非所榮。父子見凌辱，對之慚且驚。殺身良不易，默默以苟生。苟生亦何聊，積思常憤盈。願假飛鴻翼，

第四節　首富之死

乘之以遐徵。飛鴻不我顧，佇立以屏營。昔為匣中玉，今為糞土塵。朝華不足歡，甘與秋草屏。傳語後世人，遠嫁難為情。」

這二十四友也是當時大大有名的文人，做夢也想不到這個從南蠻地區來的女子，居然還是個美女作家，不但知道王昭君的故事，還能寫出這麼好的詩來——如果王昭君活著見到這首詩，一定會大叫知音。二十四友還殘存在嘴裡的最後幾滴口水也全部清倉大拋售，毫無保留地流了下來。覺得石崇跟這個美女風流真的銷魂銷到骨頭裡了。這二十多條好漢都是當時全國人氣榜上的大紅人，見到綠珠之後，免不了到處為美女做宣傳、打廣告，不久綠珠的名字就紅了起來，而且這一紅，都成了歷史的一頁，至今我們都還知道歷史上有這麼一個漂亮美眉。石崇看綠珠人氣狂漲，臉上的笑容當然是全天候掛著，一刻也沒有掉下來。

可是這傢伙光會得意，光會發財，光會巴結賈家，卻想不到賈家雖然權勢大過天，才過不了幾天，賈氏一黨就讓人家一舉粉碎了，石崇的靠山倒得渣都不見。他更想不到，上來掌權的居然是孫秀這樣的流氓兼小人。他憑著手中的財富，可以不怕司馬炎，可以毫不客氣地把皇帝比下去而什麼事也沒有，可小人就不好對付了。

孫秀雖然出身卑微得跟乞丐差不多，與名士差了千萬里，但也像很多人一樣，知道石崇的金谷園是名士們的聚集地，知道石崇這傢伙的錢財就是數到手抽筋也數不完，更知道石崇有個讓全國男性的口水一起流下的綠珠。這時，他掌了大權，就決定好好地利用這一個機會，把綠珠弄到手。這傢伙知道石崇都五十歲的人了，政治上已沒什麼作為，早已屬於退休的後備人選了。他本來也只想要這個綠珠，其他的以後再說，就派了個人到金谷園裡找石崇說，聽說你有個叫綠珠的寵妾，可愛得要命，我們孫秀老大很想見見。你就讓她跟我回去吧！

石崇一聽，心裡就有了火氣，但也不便發出來，就玩了個花招：把全

第一章　醜陋皇后玩完日　殘暴小人囂張時

家的美女都集中過來，對孫秀的使者說：「你看看，哪個漂亮的你就要哪個回去。」

使者一看，兩眼傻了大半天，啊！原來美女全被石崇弄到這裡了，難怪找了那麼久也只能找到那個難看的女人做老婆！如果照他的意思，隨便領一個回去都是這輩子最大的收穫。可這傢伙傻了大半天之後，腦袋並沒有暈下去，還是記得孫秀給他的任務是要那個叫綠珠的美女，而不是隨便要一個美女回去的，就對石崇說：「哪位美女是綠珠？我們老大只要她。」

石崇是什麼人？是一個連皇帝都敢比下去的人，這輩子都威風了幾十年了，已經養成了目空一切的性格，今天把這麼多美女叫出來讓對方選一個回去，已經算是給對方足夠的面子了，哪知這傢伙一定要綠珠，心裡馬上就冒出一股火來，對使者說：「綠珠吾所愛。不可得。」態度堅決得像優質花崗岩。

使者沒有辦法，只能回去交差。

這個使者雖然是孫秀的死黨，知道孫秀是個不好惹的人，不過他還是有點良心的，回到半路後，又折了回去，對石崇說：「君侯博古通今，察遠照邇，願加三思。」這話是提醒石崇，孫秀這樣的人是不好得罪的啊！可石崇更加強硬，只說了兩個字：「不然！」

那個跑腿的知道石崇已不可救藥，自己也完成不了任務了，就灰溜溜地回去交差了事。

孫秀一聽，好啊！石崇你有錢，老子有權。現在讓你知道是錢大還是權大！

他馬上對司馬倫說：「老大，你還記得歐陽建吧？」

司馬倫當然記得，說：「哪能不記得？」

孫秀說：「這種勇於跟老大唱對臺戲的傢伙，為什麼還留下他？難道

第四節　首富之死

你覺得反對黨還不夠多？」

司馬倫一拍桌子：「說得有理！把這些人通通殺了。」

孫秀說：「那個歐陽建是石崇的外甥！」

司馬倫說：「一起法辦！」

孫秀要的就是這句話。

石崇過後也知道問題已經很嚴重，就找來歐陽建和潘岳，說孫秀要搞定他們三個人。

這兩個傢伙一聽，知道這個情報絕對準確——而且他們相信，即使沒有這個情報，司馬倫和孫秀也不會放過他們的。歐陽建得罪司馬倫的事，是大家都知道的——如果司馬倫能放過歐陽建這樣的人，司馬倫就不是這樣的司馬倫了。潘岳得罪孫秀，那是很久的事了。孫秀是琅琊人，而潘岳的老爸當年正好當琅琊內史，在那裡作威作福。潘岳當年還沒有當官，只是仗著老爸的權力，到處擺譜，最看不起孫秀，因此一有脾氣就打孫秀，沒脾氣也打孫秀。而且打得很不講人道——打翻在地後，還用腳猛踢幾下才罷休。後來孫秀當權，潘岳就慌了起來，老怕他報復，又盼望他的記憶不好，徹底忘記過去的一切，就試探問了一句：「孫老大，你還記得以前的事嗎？」孫秀說：「每個細節都還清楚得很。呵呵，用一個成語就是歷歷猶昨啊！」潘帥哥一聽，就知道自己離完蛋的日子不遠了。

三人就這樣成了司馬倫和孫秀的死對頭。他們知道司馬倫一夥絕對不會放過他們，因此就決定動員司馬允和司馬冏搞定司馬倫。哪知道，司馬允卻稀裡糊塗地玩完了。

而司馬允玩完之後，司馬倫讓孫秀負責全權處理司馬允的餘黨。

這傢伙大權在手之後，馬上宣布：石崇、潘岳、歐陽建奉允為亂，收之！

第一章　醜陋皇后玩完日　殘暴小人囂張時

　　當執法人員過來逮捕石崇時，石崇正在樓上摟著綠珠浪漫著。

　　石崇一看，對綠珠說：「我今為爾得罪！」

　　綠珠雖然是個美女，但感情豐富，而且很夠義氣，聽了石崇的話，心頭馬上就感動起來，動人的眼淚也跟著紛紛落下，說：「當效死於官前！」這個美女做事很果斷，這話一說，便當場落實，縱身一跳，從樓上跳了下去。石崇想不到美女當場兌現諾言，急忙伸手一抓，只抓到名牌服飾的一角。而綠珠已掉到樓下堅硬的地板上，美女變成一堆模糊的血肉。因為這事，後來這棟樓房還被稱為綠珠樓。據說綠珠家的院子裡有一口井，只要喝了那口井的水，生下的女孩一定長得漂亮。等綠珠一死，村裡的人知道後，都覺得，生美女有什麼好？美女活著的時候，都是讓有錢的人帶走，去當寵妾，本村男人的老婆都是人家看不上的女人，而且當完寵妾後，還被迫跳樓，死得很慘很難看。看來，還是不生美女的好，全村男人們馬上達成共識，決定用一塊大石頭把那口井封住。據說這個辦法很快見效，後來，雖有產女端妍美麗的，但七竅四肢都有缺陷。

　　石崇雖然知道問題很嚴重，但沒有想到形勢居然已經嚴重到無法挽回，他望著綠珠的屍體說：「吾不過流徙交、廣耳！」石崇以為這一次不過是被流放到南方而已，而且他知道那地方美女很多，也不用怕什麼啊──這種流放，對他來說只不過是變換一下風流快活的場所而已。可當人家把他抓過去後，他一看，這不是往東市方向走是什麼？東市是什麼地方？是刑場啊，是砍頭的專用場地！再看看押送他的人，個個殺氣騰騰，全是專業劊子手的表情，這才知道完了，這輩子徹底沒戲了。他長嘆了一聲：「奴輩利吾家財！」直到這時才知道，有錢原來也是一種禍害！那個押送他的人錢雖不多，但對錢卻看得透澈，對石首富說：「知財利害，何不早散之？」要是像比爾蓋茲那樣，老早就宣布把全部金錢都捐出去做慈善事業，人家還打你的主意嗎？石崇一聽，只得緊閉嘴巴，坐在車上，

第四節　首富之死

朝砍頭的專用場地而去。

到達刑場時，石崇看到前頭還有很多人，再認真一看，原來是潘岳一家。潘岳正跪在他的母親面前，不斷地懺悔：「我辜負了您的期望！」潘岳長得全國第一帥，雖然人品不怎麼好，但卻有孝敬父母的傳統美德，而且在生活中也是個好男人——潘岳十歲時就與他的老婆楊氏定婚，後來雖然被評為全國頭號帥哥，是美女中人氣最旺的男人，但卻從沒有跟楊氏有過家庭糾紛，更沒有跟老婆講過離婚兩個字。後來楊氏在元康八年掛掉，潘岳還拿起筆，情真意切地為這個老婆寫了一組〈悼亡詩〉。後世評論者下的評語是「纏綿悱惻、情真意切，是中國此類題材中最早的名篇。」由此可知，潘岳對他的老婆還真有感情。如果潘岳只安心把詩寫到頭髮白、把帥哥做到死的那一天，不加入什麼金谷二十四友，不參與這些政治，不到這個不但骯髒而且驚險的官場上混，而是老老實實做他的名士，到處遊山玩水，把風流事做絕，把文章寫絕，估計也不會有今天——他母親也常語重心長地提醒他，但他總以為老媽不懂時局，因此總是當耳邊風。這時才知道老媽雖然詩寫得不好，學問也不高，八十歲還認不出八十個字，但她以前的那些教導卻十分正確，因此就在刑場上對他母親懺悔，希望在被砍頭之前，讓那顆頭多給老媽叩幾個，也算是彌補一下。石崇對他叫了一聲：「想不到你也有分？」

潘岳抬起他滿是淚水的臉，對石崇看了一下。這傢伙與其他那些朋友，曾經長期在石首富那裡吃喝玩樂，混吃混穿，過著全世界最幸福的生活，因此每人都曾為石崇題過詩。潘岳當然也不例外。他這時，突然記起他寫給石崇的詩來，對石崇說：「今天我們真的是『白首同所歸』。」

石崇一死，樂壞了很多人。他家裡的那些美女，不再擔心不會勸酒而被殺了。

當然，最高興的還是孫秀。

第一章　醜陋皇后玩完日　殘暴小人囂張時

　　他在斬完石崇和潘岳之後，馬上下令沒收石崇的全部財產。

　　而司馬倫覺得司馬允死得太早，沒讓他處置一下，心裡很不爽，就把司馬允同母生的老弟司馬晏抓起來，要判個死刑。所有的人都知道，這個司馬晏除了跟司馬允是兄弟之外，其他什麼關係都沒有，在政治上跟司馬允沒什麼關聯，更沒有參與過政變，現在被抓實在是太冤枉了，如果還被拉去砍了，這個冤枉就更大了。光祿大夫傅祗首先不同意這麼處理司馬晏，其他人也跟著講幾句公道話：「老大啊，司馬晏是什麼人大家都知道。我們做事也講點道理吧？」

　　司馬倫雖然豬頭，但也知道大多數人反對的事，你要是硬堅持下去，以後就不好辦──至於不好辦在什麼地方，他當然不清楚。他只是覺得當了老大，有時應該聽一下大多數人的意見才像老大。不過，抓了這個司馬晏，馬上又毫無理由地放掉，好像又太沒意思了。最後，司馬倫就把司馬晏貶為賓徒縣王──理由嘛！誰叫你的哥哥叫司馬允？如果你的哥哥是司馬倫，或者是孫秀，現在提拔你還來不及呢！現在你知道了吧，哥哥選錯了，同樣沒有好下場。

　　司馬倫雖然被司馬允搞得恨不能變成駝鳥一樣把頭鑽進土裡才逃得性命，但過後又沒有了危機感，每天繼續喝酒泡妞，把一切事務交給孫秀去辦。孫秀卻不一樣，他一天到晚睜著眼珠子，這也觀察那也觀察，看看到底還有誰把不滿寫在臉上──他永遠不相信，現在朝中的人對他們都沒有意見。

　　沒幾天，他就看出司馬冏臉上的不滿越來越濃厚。

　　孫秀的眼光確實不錯。司馬冏因為在打倒賈氏集團時，衝鋒在前，皇后派的幾個罪魁禍首都是他拿下的，是立了大功的，可到頭來只封了個游擊將軍，心裡超不爽。司馬冏也跟其他人一樣，心裡一不爽，那種不滿的

第四節　首富之死

神態就像陽光一樣打在臉上，讓人家看得很清楚。當然，那些賣菜賣果的人看得再清楚也不會有什麼事發生。可孫秀一看清楚，故事情節馬上就激烈地展開。

孫秀知道這個司馬冏還是有很大的資源的，如果讓這人不滿也是件不討好的事，而且如果讓他留在京城，那就等於是讓危險留在身邊，因此就決定又玩個明升暗降的花招，提拔司馬冏為平東將軍，辦公地點設在許昌，以後司馬冏不要老到京城逛商店、泡美女了。許昌那裡也有名牌服飾、紅燈區的美女也漂亮，你就在那裡玩了。這傢伙以為把司馬冏調走，就像遠離毒品一樣，自己遠離了危險，哪知這一招，不但埋下了禍根，而且讓這個大禍提前爆發。

孫秀在覺得已擺平了司馬家的所有強人之後，認為該走下一步棋了。這下一步棋就是讓他的權力更大一點，頭銜更隆重一點。當然，他想加大自己的頭銜，得先想辦法把司馬倫的頭銜做大做強。他首先建議司馬倫加「九錫」。

大家一聽到「加九錫」這三個字，腦子裡馬上冒出曹操的光輝形象。接著，馬上又意識到：這不是篡位奪權是什麼？只有大野心家才有這個要求啊！大家知道，晉朝又再度處於一個關鍵的十字路口，要是掌握不好方向，後果就難說了。因此你看我，我看你，很長時間裡，誰都不發言，弄得現場沉悶得要命。後來，劉頌打破這個可怕的沉悶，說：「以前，漢獻帝替曹操加九錫，後來，曹操的後代又把這個光榮稱號轉移給司馬家。可見，這個稱號一出現，都不是什麼好現象。以前，周勃、霍光的功勞算大了吧？可他們也沒有要求享受這個待遇啊！我認為，腦袋清楚的人，都會盡量遠離這個待遇」

大家一聽劉頌居然在這個時候唱反調，手心裡都冒出汗來了。因為所有的人都知道，孫秀是什麼人都敢殺的傢伙。

第一章　醜陋皇后玩完日　殘暴小人囂張時

孫秀還沒說話，劉頌的敵手張林覺得搞定劉頌的機會已經來了，馬上對孫秀說：「我要揭發劉頌。這傢伙是張華他們的死黨，早就應該處理了。現在把斬劉頌這個任務交給我吧，保證完成使命。」

哪知，孫秀今天的心情有點特別，脾氣突然變得反常起來，腦子也比以前清醒了很多，說了一句難得的有眼光的話：「以前殺張華他們的時候，人家對我們已經很反感。所以，現在不能再殺劉頌，以免招惹更大的反彈。」

張林聽了這話，知道解決不了劉頌了。孫秀還把劉頌的職務轉換了一下，從吏部尚書提拔為光祿大夫，硬是表現了一下自己的胸懷。不過，他是不會把劉頌的意見當意見來聽的，依然按自己的意圖，讓皇帝下詔：加倫九錫，復加其子荂撫軍將軍，虔中軍將軍，詡為侍中——連幾個兒子都一起加封，讓司馬倫大大地高興一場。司馬倫一高興，孫秀也就有好果子吃了，下令「加孫秀侍中、輔國將軍，相國司馬、右率如故。」

司馬倫被司馬允扁了一下，覺得原來相國府裡只有一萬部隊，力量不夠強悍，戰鬥力太薄弱，就又繼續奉行擴軍政策：增相府兵為二萬人，與宿衛同，並所隱匿之兵，數逾三萬。這傢伙以為每天有三萬部隊保衛自己，誰還能動他的一根汗毛？

當然，提拔自己的親信之後，司馬倫還想拉攏一下本家的強人。因此又來個政治體制改革，把司徒變為丞相，讓司馬彤擔任。哪知，這個司馬彤雖然不是什麼好人，卻也知道司馬倫這麼搞下去，走的是一條必死無疑的康莊大道，誰跟他混在一起，以後誰倒楣，因此，堅決不接受這個任命。司馬倫和孫秀一看，哼！這個司馬彤你以為你是誰？你不接受，這個職務就推銷不出去了？

兩人也不想想，司馬彤是什麼人？這哥兒們可是比他們還貪的傢伙，是個在利益面前，從不講禮貌的人，這時居然不甩這個肥缺？除了他突然

神經錯亂，變成百分之百的傻子外，那就是有別的想法。而如果這樣的人對他們產生其他想法，後果如何，就不用說了。

可是孫秀雖然聰明，腦袋的靈敏度很高，但只把司馬肜定位在低智商的群體之中，居然沒有進一步地把這傢伙的一貫思想和作為深刻地剖析一下，然後來個對症下藥，防備一下。而是只顧讓心情高興下去，玩自己的權術。孫秀是司馬倫的核心謀士，都還這個樣子，其他人更是覺得這個天下已經是他們的天下了，現在的任務就是去享受幸福生活，盡量擠出時間去喝酒、泡妞，努力開發享樂專案，不斷發現新刺激，哪還有心思去管別的事？孫秀這時也替自己的兒子孫會撈到了個好處，就是透過司馬倫，讓他這個長得只有賈南風才可以匹配的兒子當上駙馬爺，專門泡皇帝的女兒。你大概還不知道孫會那個長相吧？據說，醜得要命，史書上的描述是「形貌短陋，如奴僕之下者」——去當最底層的奴僕才合格的相貌。如果是別的皇帝，看到這個人不當場狂吐、把去年的東西都嘔出來，然後叫人拉下去讓他從地球上消失才怪，哪能讓他當自己的乘龍快婿？可司馬衷能有什麼話說？一聽司馬倫說：把你的女兒嫁給孫會。司馬衷只有同意，沒有反對意見。據說孫會當時正雄糾糾地在洛陽城西買馬，人家把這個消息告訴他時，他當場震驚得差點發暈：你沒有說錯吧？就老子這個相貌，能泡得了公主？這世界還真的是什麼事都能發生。

第五節　李特的機會

大概孫秀也覺得自己集團裡人才太稀缺了，得提拔幾個有用之才的地方官到中央來，讓這些人也變成自己的死黨，壯大一下自己的力量。因

第一章　醜陋皇后玩完日　殘暴小人囂張時

此，下詔徵益州刺史趙廞為大長秋，以成都內史中山耿滕為益州刺史。這傢伙只看重趙廞是個人才，卻沒有調查一下對方的底細。他更想不到，自己想要重用一下人才，居然等於捅了一個馬蜂窩，攪出一個大亂子來──這傢伙實在也只宜做小人，偶然想做一下好人，也把好事做成壞事。原來趙廞是賈后的姻親。他一接到這個調令，首先想到的不是提拔，而是要把他調過去，然後處置他。

如果是別人到了這個地步，估計來個最後撈一把，然後掛印跑路。可這個趙廞卻在「甚懼」之後，硬是讓頭腦冷靜下來，把形勢進行一次全面深入地分析，得出一個結論：晉朝已經走向了一個無法扭轉的混亂局面。混亂時期，做什麼最有利？答案就是武裝割據，擁有自己的實力，手上要是有成千上萬的槍桿子，那比當中央高官強多了。以前三國時期就是這樣，在天下大亂的時候，官位比曹操、孫權、劉備他們大的人多得跟天上的星星一樣，可官大有什麼用？最後不是全被這三個人搞定？

這傢伙這麼一想之後，馬上認為，當人家員工，照人家的指示辦事，不如自己闖蕩，開自己的公司。當場決定把四川盆地當根據地，自己當老大，努力開創一個新局面。他把孫秀給他的那張委任狀丟進垃圾桶裡，然後開啟糧倉，給那些逃到那裡的災民和難民們大吃幾餐。這些難民一看到有吃的，個個都叫「趙廞萬歲」，馬上成為他手下的力量。

到了這時，李特終於登場亮相。你已經知道，李特早在前些年就已經在難民中做了大量的準備，已經把這些民心凝聚到他們身上，早已成為這些難民們的精神領袖。李特早就樹立當一方老大的偉大理想，只是還沒有找到機會，點燃導火線而已。這時看到趙廞帶頭割據，知道機會已經向他們猛砸過來了。原來，這個趙廞跟他們是老鄉，因此，他們一跟趙廞接上頭，就得到趙廞的信任。趙廞看到李特兄弟不光是他的老鄉，而且還是個大大有能力的傢伙。起義最需要的就是人才啊！這樣，李特很快就成了趙

第五節　李特的機會

廞最親密的戰友和最得力的助手，成為四川盆地裡最有話語權的人之一。

李特這些年來，帶著這些饑民，沒什麼正當工作，都是靠打劫過日子。現在跟趙廞拉上了關係，背後有堅強的後盾，膽子就更大了，順著強盜的邏輯，把打家劫舍的事業做得更大更強起來。趙廞居然不干涉。弄得四川盆地上的原住居民都把他們恨得要死。

趙廞的死對頭耿滕看到這個情況後，就向中央告趙廞的狀：「流民剛剽，蜀人軟弱，主不能制客，必為亂階，宜使還本居。若留之險地，恐秦、雍之禍更移於梁、益矣。」耿滕的分析和預言都沒有錯，但現在孫秀的目光只定位在首都那丁點大的地方，首都穩定，他就覺得安全，別的地方再亂也沒他的事，因此耿滕告狀也白告了。

而且，這個耿滕做事又不嚴謹，本來偷偷摸摸做的事，應該嚴加保密。哪知，沒幾天就讓趙廞知道得一清二楚。本來趙廞就已經不甩中央了，你告到中央已經完全沒用，倒是白白讓人家知道你原來想解決人家。趙廞知道這個消息後，馬上就起了剷除耿滕的念頭。

他沒接受中央的提拔，因此，仍然是這個地方的第一把手，仍然是耿滕的上司。就是在政通人和的年代，一個上級要修理一個手下，都不是什麼難事，何況現在這個朝政亂得像雞窩的時期，一個上級要搞定個部下，根本小事一樁。

趙廞馬上耍了一個花招，派人去通知耿滕，說中央任命你為益州刺史，請你過來完成交接任務。這時，耿滕是成都內史。成都內史的辦公地點在成都少城，而益州刺史的辦公廳是在成都太城，都在成都城內，一個緊急通知，一下子就可以傳達到那裡。趙廞還把這個交接儀式做得十分隆重，派出官員和軍隊一千多人，組成一個龐大的隊伍，去迎接新長官上任，把成都市弄得很熱鬧。

049

第一章　醜陋皇后玩完日　殘暴小人囂張時

耿滕高興得很，這傢伙以為自己告狀成功，告出成果來了，覺得當官是個宜早不宜遲的事，馬上決定去接管州政府，呵呵，老子馬上就是益州地區的第一把手了，權力跟當年的劉備一樣。這傢伙只顧沉醉在獲得權力的快感上，卻沒有花點時間去想想，現在叫他過去的是什麼人？是趙廞啊！趙廞是什麼人？趙廞可是那個全年三百六十五天、每天二十四小時從不缺勤的殺人放火、打家劫舍專家李特的後臺啊！這樣的人最不怕的就是殺人，最精通的業務也是殺人啊！

他的功曹陳恂很冷靜，對他說：「現在老大跟趙廞的矛盾已經到了不可調和的地步。老大要是進城，肯定中招。不如先觀察一下形勢，再走下一步。而且還要叫各縣組織起來，說是要嚴防那些不明真相的難民的動亂。而且，西夷校尉陳總不久就要到來，還是等他一下。我覺得還待在這個地方太危險了，還是撤到犍為，西渡江源，以防趙廞啊！」

後來的事實證明，陳恂的這個分析和建議，絕對正確。

可是耿滕現在心裡只裝滿了馬上升官的激動，覺得陳恂在這個時候說出這樣不吉利的話，不罵他一頓已經不錯了，哪能聽他的話，背著包袱、帶著家小到處人心惶惶地流竄。好好的刺史不當，卻是當流浪漢？不是豬頭勝似豬頭。誰要是再有這個話，不要跟我說。誰想跟老子到州裡當官的跟上來。

大家一聽，當然都跟在他的屁股後面，共同展現著興高采烈的神態，向州政府方向高歌猛進。這些人都做著官職更上一層樓的大夢，哪知卻已經大步邁進趙廞的陷阱裡，等待他們的是錚亮的兵器。

路程很短，只走了不一會兒，就進入太城。

在他們進入太城西門時，趙廞一聲令下：「殺！」

耿滕的隊伍這才知道，陳恂預料的果然不錯。陳恂預料的不錯，但他

第五節　李特的機會

們卻錯了，而且大錯特錯。眼看人家的大刀朝他們的頭上砍來，只得拚命抵抗，但再怎麼拚命也只是把命拚掉。趙廞大叫：「誰砍到耿滕的頭，就賞誰銀子！」他這麼一鼓勵，大家都努力往耿滕所處的位置殺過去。耿滕做點告密的事，也許還算在行，可打群架、上戰場，卻是大大的外行，不一會兒，那顆頭就不見了。

耿滕一死，其他人有的就繳槍求饒，有的就四處亂竄，跑得路都不見。

戰鬥結束時，只剩下那個料事如神的陳恂——這傢伙腦袋聰明，知道事情發展肯定是以人家武力解決而告終，因此就躲在安全地帶，等戰鬥一結束，他才隆重登場。他把自己的雙手反綁起來，一邊做個可憐狀，一邊又裝出慷慨激昂的表情去見趙廞，堅決要求讓他辦完耿滕的喪事，盡一盡員工的責任和義務，然後再處置他。

趙廞一看，這個陳恂長得很弱小，但夠義氣，我佩服的就是這樣的人，這個耿滕居然有這樣的死黨。真是像那個詩人寫的那樣「縱做鬼，也幸福」了。馬上答應了他的要求，而且不再追究他的責任。

趙廞解決完耿滕之後，就著手對付那個西夷校尉陳總——這傢伙大概很崇拜那些老闆，人家當了董事長，才可以叫「王總」、「趙總」，他直接就把名字叫「陳總」了。

這時陳總已到達江陽，而且已經知道趙廞殺了耿滕準備叛亂的消息。可他卻沒一點表示，好像這個消息跟他無關一樣。他的主簿趙模對他說：「州政府和郡政府發生這麼大規模的流血衝突，估計這個亂子還將深入下去。老大應該加快進軍速度，盡快到任，等掌握到更大的軍權後，討伐叛軍，誰敢對你怎麼樣？」可陳總卻不把趙模的話當一回事，繼續走走停停，像觀光旅遊團一樣。

沒幾天來到南安縣時，有人向他報告：「老大，我們的先頭部隊已經

第一章　醜陋皇后玩完日　殘暴小人囂張時

跟趙廞軍接觸了。怎麼辦？」

趙模又嘴皮發癢起來，向他建議：「拿出可用資金，向民間招募勇士，組織敢死隊，準備跟趙廞戰鬥。如果這就打敗趙廞，我們就可以奪回益州，立下大功。如果打不過，我們順青衣江撤退，一點事也沒有。老大，你就聽我這一次吧。」

可陳總能聽他的話嗎？他要是聽趙模的建議，他還是陳總嗎？

他對趙模說：「你不要把人家想像得那麼壞。趙廞殺耿滕，完全是兩人合不來的結果。誰叫耿滕動不動就告趙廞的狀，人家不生氣才怪呢！趙廞跟我一點過節都沒有，以前見面，都笑呵呵地打招呼呢，對我禮貌得很，我為什麼要去打他？這種事老子不幹。」

趙模一聽，原來陳總的思考只停留在這個層面上，再不動之以情，改變他的想法，後果就會很嚴重，於是他繼續勸說：「趙廞叛亂的跡象已經很明顯，連傻瓜都可以看得出來了。你一定要明白啊。他現在沒有宣布獨立，是要等得到你的人頭建立威信後再宣布的。你想跟人家和睦相處，可是人家不會放過你啊！」他一邊說，一邊還流出眼淚。

但陳總卻不相信，說：「問題哪有這麼嚴重？凡事不要只往壞的方面去想，也要往好的一面想啊！」

部下看到陳總到了這個時候，居然還說這樣的話，都知道問題已經太嚴重了，知道再跟這樣的人走下去，等於往死路上前進，便都逃得一個不剩，只剩下陳總和趙模兩個人站在那裡，孤單得很。

陳總這才覺得怕了起來。這傢伙也是個十足的呆頭鵝，心裡一怕，卻不跟著逃跑，反而玩起小孩子的遊戲來，全身臥倒再四肢一縮，躲到草叢裡。

趙模到了這個時候倒把不怕死的精神表現出來，穿上陳總的衣服，拿

第五節　李特的機會

起武器，高喊口號，跟趙廞的軍隊戰鬥到最後一刻！當然，以他一個人的力量，這最後一刻很快就到來。

趙廞殺死趙模之後，一驗屍，發現不是陳總。趙廞馬上下令，就是挖地三尺，也要把陳總挖出來。

你一看就知道，這個陳總躲藏的功夫也是菜得不能再菜了。這個命令才下不了幾秒鐘，就被人從草堆裡「拔出蘿蔔帶出泥」一樣地拎了出來。

趙廞問也不問，大叫一聲：「斬首！」

陳總就這樣窩囊地成了無頭鬼。

事情的發展跟趙模的預料果然一樣。

趙廞殺了陳總後，馬上宣布公司開張大吉，任命自己為：大都督、大將軍、益州牧。然後「署置僚屬，改易守令」。原來那些領晉朝薪資過日子的公務員，一接到他的通知，都用最快的速度跑到他那裡，轉換身分，當他手下的員工。誰不想當趙廞的員工，誰就去當閻王的員工！

這時，李特的弟弟李庠率妹婿李含、天水任回、上官昌、扶風李攀、始平費他、氐苻成、隗伯等四千騎歸廞。這批人一加入，馬上就成為趙廞集團裡立場最堅定的死黨！趙廞馬上任命李庠為威寇將軍，封陽泉亭侯，直接進入決策層。然後叫他負責徵兵。這個地方，到處是流民，而李氏兄弟一直是這些流民的精神領袖，這時他們出面一號召，流民們馬上高叫「響應號召，應徵入伍，保家衛國」的口號，前來投奔，不到幾天就徵到一萬多名新兵。

趙廞高興得要命，馬上派李庠帶著這些新兵，在北部布防，斷絕南下的道路！

第六節　司馬倫廢掉司馬衷

轉眼就到了新的一年。這個新年對司馬氏來說，肯定可以算是極不平凡的一年。

先不說趙廞在四川盆地上的表演 ── 事實上，司馬倫和孫秀也根本管不了趙廞的事。這兩個傢伙現在只要求首都的穩定壓倒一切，別的地方，問題再大也都來個擱置處理，他們只是按自己的目標大步前進。他們的目標就是把司馬衷拉下馬，讓這個豬頭當上廢皇帝，然後司馬倫接任，成為全國第一把手。

這兩個傢伙經研究後，認為，推翻司馬衷還是需要一個理由的 ── 雖然大家都知道他是個傻子，完全沒有能力帶領百姓，但人民的思想僵化得很，封建得要命，都覺得這個豬頭是真命天子，誰也動不得 ── 否則，亂了這麼多次，人家老早就把他解決掉了，還輪到他們來搞定？兩人討論了幾天，覺得腦殘不能成為讓司馬衷下臺的理由，那就只有玩個小花招 ── 而且這個花招小兒科得不能再小兒科了。居然叫那個牙門趙奉出來說：「昨天夜裡，我做了個夢……」

這個姓趙的傢伙算什麼人物？你做夢有什麼奇怪。你什麼也沒有，你想得到的，也只有做夢了。因此，他剛說的時候，誰也不理他。但孫秀卻說：「你做了什麼好夢？」

趙奉說：「我夢見宣皇帝很嚴肅地對我說：『司馬倫應該當這個皇帝！』」

大家一聽，這才知道趙奉的夢原來是早有預謀的夢，是最有影響力的夢。司馬倫和孫秀就憑這個夢，把豬頭皇帝拉下馬，誰敢說這個夢沒意義，就說明誰的腦袋有問題！誰支持這個夢，誰的前程就光明。

孫秀看到大家對趙奉的夢沒有意見，知道這事成了。他又暗示了一下，

第六節　司馬倫廢掉司馬衷

他們的死黨馬上活躍起來。最活躍的是司馬望的孫子司馬威。這傢伙現在的職務是散騎常侍，近來覺得司馬倫的行情很看漲，就主動加入司馬倫陣營，表示堅決聽從司馬倫和孫秀。司馬倫把最光榮的任務交給了他：負責去收繳司馬衷的皇帝大印，並為司馬衷撰寫辭職書！司馬威拿到皇帝大印後，交給尚書令奮滿，然後由奮滿「持節」代表皇帝把這個大印送到司馬倫的手中，讓司馬倫的屁股坐到那張龍椅上，算是完成了新舊皇帝的交接儀式。

為了確保安全，還讓左衛將軍王輿、前軍將軍司馬雅帶領一批軍容整齊、滿臉殺氣的士兵來到大殿上，讓皇宮禁軍的指揮官們宣布禪讓的經過，要求他們堅定立場，全力擁護新皇帝。這麼一宣布之後，果然像他們預期的那樣，沒有誰出來講一句反對的話。

擺平了宮中之後，司馬倫叫張林帶部隊駐防皇宮的各個城門，終於徹底控制了皇宮。

這一切完成之後，司馬倫坐著皇帝的專車進入皇宮，宣誓就任晉國的第一把手，莊嚴地宣告，晉朝從今天起，翻開新的一頁，從此歷史進入一個嶄新的紀元。在新的一頁翻開的時候，大赦天下，並改元建始。下臺皇帝司馬衷從華林園西門出宮，移民到金墉城裡，由張衡看守。

自從金墉城正式使用以來，先後有楊芷、司馬遹、賈南風在裡面當家作主，但結果都是不得好死。現在輪到司馬衷進來，很多人都以為，豬頭皇帝的傻日子也不長了。

哪知，司馬倫在第二天卻又來個大創意：尊帝為太上皇，改金墉曰永昌宮，廢皇太孫為濮陽王。司馬衷居然可以在那裡重新做人、再次過上幸福新生活。估計孫秀認為，這個司馬衷就那個智商，能搞什麼小動作？別人就是想教唆一下，他也沒有能力配合。與其去虐待這樣的豬頭，落個難

第一章　醜陋皇后玩完日　殘暴小人囂張時

聽的名聲，不如讓他吃好喝好穿好，讓他一路傻到底，還可以賺點好名聲，就乾脆讓他當個太上皇，把皇帝的生活享受到死的那一天。當然，司馬倫本來是司馬衷的叔祖輩，算起來，司馬衷還是他的孫輩。讓一個孫輩當他的太上皇，有點不倫不類。可這個社會還有那麼多講究嗎？你要是講究，那你就不要篡位。連這件事都敢做了，其他的還怕什麼？

司馬倫在擺平司馬衷之後，馬上提拔他的親信們：立世子荂為皇太子，封子馥為京兆王，虔為廣平王，詡為霸城王，皆侍中將兵。以梁王肜為宰衡，何劭為太宰，孫秀為侍中、中書監、驃騎將軍、儀同三司，義陽王威為中書令，張林為衛將軍。如果只提拔了這些人也算不了什麼──人家都當皇上了，連司機都帶過去，提拔一下幾個親信也是可以理解的。可是司馬倫實在提拔得太過頭了，居然宣布：只要是他的親信，都可以提拔，而且全部破格錄用。史書上的描述是：「其餘黨與，皆為卿、將，超階越次，不可勝紀；下至奴卒，亦加爵位。」連軍隊中的普通士兵也有了爵位，成為貴族。弄得每一次朝會，都「貂蟬盈坐」。你知道這個「貂蟬」吧？這個「貂蟬」跟三國時的那個美女貂嬋無關，而是等於一張入宮的通行證。那時有個制度，有資格入宮去晉見皇帝的人，帽子上都要繡個蟬形的圖案，然後還要再懸掛一條貂尾，表明你是個有特權的人士。具體做法是：侍中的貂尾在左側，而散騎常侍的在右側。本來侍中和散騎常侍的人數也不多。可現在司馬倫為了表示自己親信的數目多、規模大，居然讓這個數目有九十七人之多，每天在宮裡進出，比進公共廁所還自由，熱鬧得很。當時人家就說：「貂不足，狗尾續！」這六個字，後來人們又加以濃縮，就成了「狗尾續貂」這個成語──司馬倫的這個做法，別的積極意義都找不到，但卻為我們貢獻了一個成語。

他又覺得，現在不是過去，過去為了自己的一點利益，可以不管別人的感受，現在是皇帝了，皇帝要有皇帝的樣子。要把皇帝當好，就得爭取

第六節　司馬倫廢掉司馬衷

一下民心。這傢伙在這方面也走楊駿和司馬亮的老路，就是覺得只有大量提拔官員，毫無原則地升官加爵，才能獲得民心，才能讓這個屁股在龍椅上坐得一百年不動搖。於是馬上下詔，年內「天下所舉賢良、秀才、孝廉皆不試，郡國計吏及太學生年十六以上者皆署吏；守令赦日在職者皆封侯；郡綱紀並為孝廉，縣綱紀並為廉吏」。這個詔書一發表，各級政府當然馬上貫徹到底。由於公務員編制突然猛增，工作人員加班也無法完成手續，印信也來不及做好，為了提高工作效率，就因陋就簡，「以白板封之」，很多人就成了白條貴族。更要命的是，領薪資、吃皇糧的人太多，「府庫之儲，不足以供賜與」。

在這場史無前例的大規模封賞活動中，大多人都笑歪了嘴巴，只恨這個司馬倫為什麼到現在才出來篡位？你要是早一點當皇帝，我們可就早一點享受啊！

不過，還是有人心裡覺得害怕。平南將軍孫旂現在就是一臉憂愁。孫旂人品不差，但生的兒子孫弼卻沒繼承他的人品。這孫弼跟他的幾個堂兄弟孫髦、孫輔、孫琰，老早就成為孫秀的哥兒們，他們很堅定地認為，孫秀一定發達，跟在他的屁股後面沒有錯。這四個哥兒們為了表示自己跟孫秀跟得態度堅決，跟得立場堅定，就翻來族譜，說跟孫秀五百年前是一家，既然五百年前是一家了，現在為什麼不做一家人？

孫秀覺得這個創意不錯，答應了這個要求。這時，孫秀發達了，果然沒有忘記這四個哥兒們，讓他們都當上將軍，封郡侯，而且把他們的老爸孫旂也順便提拔成車騎將軍、開府。這個孫旂還是有一點眼光的，看到孫秀這麼胡來，知道肯定是玩不了多久的，自己的子姪們傍上這個重量級人物，過不了多久就會跟孫秀一起倒楣，而且這個楣一倒，那是全家一起被砍頭的事啊！他就叫他的小兒子孫回去勸說這幾個傢伙，要他們跟孫秀保持一點距離——現在遠離孫秀，就跟「遠離毒品、珍愛生命」一樣啊！可

第一章　醜陋皇后玩完日　殘暴小人囂張時

這幾個哥兒們將軍當得正過癮，哪能聽進這些話？孫回把情況報告老爸。孫旂一聽，知道孫家完了，最後大哭了一場。

孫秀現在雖然只是個中書監，職位不會排在司馬肜他們幾個的前面，但他手中的權力卻是最大的。因為，現在的司馬倫已完全甘心接受他的擺布，聽從他的教唆。只要他想做的，司馬倫從不干涉，而司馬倫想做的，他不答應，也做不到。司馬倫下的詔書都要經過孫秀的審稿，如果孫秀認為不宜用這個口氣，他就當場修改，而司馬倫除了「你看著辦」之類的話外，別的什麼也不說。更誇張的是，孫秀自己就準備了很多空白詔書，覺得急用的時候，拿筆過來，直接寫上，根本不給司馬倫過目一下。而且這傢伙當權之後，好的習慣沒學到一點，倒是把小人「出爾反爾」的做事風格表現得十分到位，早上的決定，吃完中飯上了一趟廁所回來又改掉，那是常有的事。至於官員的任命，更像是在玩遊戲一樣，某人剛接到任命書，還沒有到新單位報到，新的任免又來了，弄得官員職務的變遷就像流水一樣，極不穩定。你想想，一個政府這樣運作，能運作下去那才是怪事。而且司馬倫透過政變奪權，所有的親信，沒一個具備遠大的政治眼光，全是一群只看眼前利益的傢伙。這些人在搶奪利益時，花招多得像天上的星星，手段惡劣得不分上下，而且心裡永遠得不到平衡，老覺得自己立了這麼大的功勞，才得了這麼一丁點利益。這是一種容易出事的想法。

張林就嚴重存在這個想法。這傢伙覺得，那天政變要不是老子親自指揮子弟兵，嚴格守住各個城門，嚴禁不法分子進入皇宮，事情能這麼順利嗎？可現在政變成功了，就只當了個衛將軍，又不能開府，每天都得拎著公文袋去別的地方上班，太沒有面子了——那個孫旂是什麼人，我們政變時，他在什麼地方？可現在不但當車騎將軍，而且還能開府！這傢伙這麼一比，覺得自己原來吃了大虧，這種生活實在沒意義了。

張林是個頭腦簡單的人——如果頭腦稍微好用點，也不會一直跟著

司馬倫。他認為，現在只有把孫秀扳倒，他才有出頭的日子。在這個時候，任何人都知道，扳倒孫秀不是一件容易的事。可張林卻以為，孫秀沒什麼可怕，不就是一個小混混嗎？再發達的小混混也是小混混。以前老子擺平的小混混多著呢！當然，他也知道，孫秀是司馬倫的頭號親信，首席智囊，要是向司馬倫告狀，那事情多半流產。因此，他選擇了司馬倫的兒子也就是現任太子司馬荂，他寫了一封信給太子：「秀專權不合眾心，而功臣皆小人，撓亂朝廷，可悉誅之。」你一看，就知道這傢伙的頭腦超級簡單，想搞定朝中最有權力的人，也不做個調查，拿出幾條證據，直接就要求「可悉誅之」，誰會聽你的話？你要是有這樣的發言權，你現在還用過這樣的生活嗎？

司馬荂接到這信後，只在信上簽了一行字：呈老爸閱示！

這一行字其實等於把張林送上斷頭臺。

司馬倫閱示之後，順手又批：請孫秀處理！

孫秀一看，想把老子「悉誅之」。老子不殺你殺誰？馬上對司馬倫說：「老大，你看看，張林能留下來嗎？」

司馬倫一看孫秀的臉色，馬上知道孫秀的意思了，當場命令相關部門：收林，殺之，夷其三族。做得乾脆俐落，一點不留尾巴。

張林的尾巴割得很乾淨，但孫秀知道司馬氏那些強人的尾巴卻還長得很，尤其是齊王司馬冏、成都王司馬穎、河間王司馬顒這幾個傢伙，個個都掌握著很強大的兵權，誰也動他們不得。如果這幾個傢伙哪天心裡不舒服起來，要收拾他們可不像收拾張林這樣容易。

但孫秀知道，如果不想辦法收拾這幾個人，他就有被收拾的可能。

在他有這個想法的時候，一場更火爆的爭鬥已經開始！

第一章　醜陋皇后玩完日　殘暴小人囂張時

第二章

昏庸殘暴倫終敗　野心奢華岡亦亡

第二章　昏庸殘暴倫終敗　野心奢華冏亦亡

第一節　李特舉事

孫秀雖然做事不計後果，但也知道，要擺平司馬冏他們是件很困難的事，而且不到最後時刻，是不能硬碰硬的——這是政治小人們特有的一個共性，平時靠搞小動作，使下三濫手段，躲在陰暗處，不斷地把這個對手搞定，把那個對手擺平，但最怕把事情放到臺面上，與你面對面地交鋒，而是虛與委蛇，玩弄扯皮手段，找準時機，突然出手，一把將你往死裡扁。

孫秀為了對付這幾個強人，做了一次深入的思考，但思考之後，還是找不出一個一下搞定他們的辦法，就只好玩持久戰了。他用中央的名義，「盡用其親黨為三王參佐」，採取的是蠶食的辦法，一來監控他們的行動，二來找準時機，把他們的大權奪下來——總之安排了臥底，動起手腳就方便多了。他又怕司馬冏他們反感，就「加冏鎮東大將軍，穎征北大將軍，皆開府儀同三司，以寵安之」。讓他們都享受國家一級官員的待遇，應該滿足了吧？

在孫秀努力想辦法對付三王時，趙廞集團也在醞釀著發生大變化。

本來李庠他們是來投奔趙廞的，趙廞對他們也是信任得不能再信任了。

李庠也跟他的哥哥一樣，打仗是一把好手，而他手下的部隊又全是跟他們一起入川的流民，因此，趙廞集團中的軍人都成了他的粉絲。

趙廞一看，這好像不大妥，軍人都成了李庠的粉絲，自己還有什麼實力，估計沒幾天就被他們架空成了光桿司令。趙廞有一個特點，就是疑心重——他本來就因為懷疑孫秀要搞定他才造反的。只是因為一時糊塗，才讓李家拿了兵權，這時有時間把事情的經過反思一下，就覺得自己做了個很傻很天真的事，心裡越來越鬱悶。

第一節　李特舉事

　　跟很多事情的發展一樣，每到關鍵的時刻，硬是有一兩個手下的人出來發言，在雙方的矛盾中撒幾把催化劑，使得矛盾更加突出、時機更加早熟。趙廞手下的長史杜淑、張粲看到老大一臉的鬱悶，馬上就猜出老大鬱悶的原因，覺得這是巴結的好時機，就對趙廞說：「將軍起兵始爾，而遽遣李庠握強兵於外，非我族類，其心必異。此倒戈授人也，宜早圖之。」趙廞一聽，當然覺得很有道理，但要搞定李庠，也得找個機會，至少也要找到一個罪名啊！

　　而李庠還在很傻很天真地守衛著邊關，並不知道趙廞現在正想盡辦法要解決他。他跟李特一樣，老早就樹立一個偉大的理想，因此，投奔趙氏之後，就努力幫助趙廞擴張勢力。趙廞的事業成功了，功勳章裡也有他們的一半啊，也算有成就感了。他覺得趙廞就當一個大都督，也太沒有志向了，要當就當皇帝——你看那個司馬衷是什麼人，都可以當皇帝當了這麼多年，你趙廞雖然長得不算相貌堂堂，從那張臉上找不到一丁點皇帝的毛孔來，但智商肯定比豬頭皇帝強多了，光憑這一點，你也可以當上皇帝了。否則還造什麼反？歷史上造反的人多了去，還沒見過誰拚掉老命去造反，只想當個大都督的。

　　他直接就把這番話跟趙廞講了。

　　他以為，趙廞一聽到他的這個建議，馬上就會舉雙手表示贊同。

　　哪知，他的話還沒有打上句號，那兩個長史就在邊上對趙廞說：「老大，你知道這小子的話是什麼話嗎？是大逆不道的話啊！說出這個話，就是死罪！」

　　趙廞的腦子雖然不是很好，但這時也轉得很快，一聽這話，馬上就知道，機會來了。呵呵，就用這罪名把李庠砍掉。現在我也知道什麼叫「欲加之罪，何患無辭」了。當場命令，把李庠抓起來，然後「引斬之，並其子姪十餘人」。

第二章　昏庸殘暴倫終敗　野心奢華罔亦亡

　　你一看趙廞處理這件事的手段，就知道這傢伙成不了大事。本來沒有根據地懷疑一個有用的人才，就已經沒有做大事的風範了，而在處置李庠時顯得沒一點技巧，更沒有一點大局觀。你想想，人家為你賣命，只一句勸你當皇帝的話，就一刀砍死人家，以後誰還會跟著你？而且更要命的是李庠的兩個兄弟李特、李流正帶兵在外。李特可是比他這個老弟更有能力啊！你殺了他的弟弟，他會放過你嗎？你再看看你的那兩個長史，背誦一下「非我族類、其心必異」這類的成語，那是很有水準的，做你肚裡的蛔蟲、讓他們去迫害幾個能人也是很稱職的，可你叫他們對付李特，他們能對付得了嗎？如果是曹操之類的人物，在他決定剷除李庠這類人時，肯定會做過周密的部署，把他所有的兄弟都集中起來，通通排隊砍頭，徹底消除後患。而趙廞只搞定李庠一家，卻並沒有對李特他們做什麼動作。當然，他殺了李庠之後，心裡也考慮到李特會受不了，就派人去對李特說：「庠非所宜言，罪應死。兄弟罪不相及。」這種只有傻子才相信的話，李特他們能相信嗎？趙廞又覺得這幾句話就讓李特兄弟不計較這個殺弟之仇，好像不大可能，就又提拔了他們一下，讓他們當督將，說繼續帶你們的兵，放手去做。

　　李特當然會繼續帶他們的兵，而且還把他們的兵帶到綿竹，不接受他的約束。這傢伙本來老早就樹立遠大的理想，好不容易等到這個機會，準備跟趙廞對抗一番。哪知，局面還沒有開啟，這個趙廞卻先來個清黨運動──你要是清別人，那是你的事，可現在你一個招呼也不打，就殺了老子的兄弟。這樣的人能合作嗎？只怕再合作下去，第二步他就殺了自己。因此，李特更打定反叛的主意了。

　　這時，趙廞那邊的麻煩還沒有結束。他的那個牙門將許弇覺得「牙門將」這個官有點難聽，不如當巴東監軍好，就向趙廞提出：「老大，我不想當牙門將了，我想去當巴東監軍。」趙廞還沒有表態，那兩個長史卻搶先

第一節　李特舉事

發表意見，堅決不同意他這個要求。這兩個長史大概透過李庠事件發現，趙廞對他們的話很順從，連李庠那樣有勢力的人他們都可以搞定，你這個牙門將算老幾？

哪知，許弇不是李庠，一聽到兩人的話，又看到趙廞遲遲不開口，估計這官升不成了，這個牙門將恐怕要當到門牙落下的那天都還掛在自己的頭上，就生氣起來——本來，以他的地位，不管如何生氣，後果一點都不嚴重。可現在他的生氣不是一個牙門將的生氣，而是把自己的生氣升格為殺人犯的生氣。這可是人命關天。

他生氣之後，馬上大叫一聲，抽出大刀，也不管趙廞就在前面，向兩個長史砍過去。那兩個長史只預料到趙廞會聽他們話，卻沒有料到許弇會要他們的命，一個也躲不掉。

兩人被殺之後，他們的手下也衝過來，高喊為老大報仇，把許弇也砍了。

本來，這三個人都是趙廞的死黨，對他最忠心，哪知只在一天之內就這樣你殺我，我殺你，搞得一個不剩。你想想，事業才剛剛起步，地皮才那麼大一塊，不夠劉翔跑半天，部隊還掌握在李特兄弟的手裡，外面又有晉朝的包圍，內部卻出現這樣的爛事，這個趙廞能活得下去嗎？人家一看他這個窩囊樣，就知道這傢伙的事業就像很多藝術節一樣「開幕等於閉幕」，只怕不等人家討伐，自己就先玩完了，因此，對他也不抱什麼幻想了。如此一來，人心就徹底地渙散。

趙廞當然不甘心，馬上讓剛上任長史的費遠和蜀郡太守李苾以及督護常俊帶一萬部隊到綿竹的石亭駐防，想切斷北方的道路，防備李特。

可這幾個傢伙實在太菜，根本不是李特的對手。

李特知道他們進軍的消息後，就祕密吹響了集結號，偷偷集中了七千人，連夜偷襲費遠的部隊。費遠他們從沒見過陣仗，更沒有想到戰爭居然

第二章　昏庸殘暴倫終敗　野心奢華罔亦亡

還有夜襲這一招，一點防備也沒有。李特的部隊衝上來，大量使用火攻，一下就把費遠的軍營燒了個七零八落，士兵們除了哭叫著找路逃命之外，誰也沒有抵抗，整個部隊被人家一把火燒得「死者什八九」。

李特首戰告捷，知道趙廞的部隊實在太容易欺負了，馬上決定向成都進軍，與趙廞作最後一戰，徹底把姓趙的扁死。

本來，李特以為這最後一戰，可能要消耗一些成本。哪知，趙廞的黨羽們菜得令人目瞪口呆。李特的部隊才衝到城下，還沒有發出總攻開始的命令。負責軍事指揮的費遠、李苾及軍祭酒張微，接到情報後，也不召開個軍事會議，做一下戰鬥部署，而是集體跑到城門下面——那些守在城門邊的士兵還以為老大們來指揮他們打仗了，都讓路給他們。哪知，這幾個傢伙直接就來到門邊，看到城門緊閉，二話不說，拔出大刀，砍掉城門，趁夜逃得路都不見。

其他人一見，馬上向費遠學習，爭著向城外逃跑。

到了這時，趙廞也知道自己的事業已經進入尾聲，再在成都城裡待下去，結果只有等李特過來砍他的頭了。便帶著老婆孩子找了條小船，順江而逃，一直逃到廣都。這傢伙慶幸自己逃脫了李特的魔掌。哪知，他逃脫了李特的魔掌，卻逃不過他的警衛人員。那幾個警衛人員到了這時，也知道趙廞大勢已去，他們也已經變成失業人員，不如趁早搞定趙廞，多搶幾個銀子，因此，就從保鏢變成殺人犯，把趙廞一家解決掉。

李特不費一槍一彈就進入成都，成為四川盆地的第一把手。這傢伙到底是靠打劫起家的，手下全是職業強盜，這時進城，馬上就把本業開展得轟轟烈烈，在成都城裡大顯身手，搶得老百姓渣都不剩。而李特還裝模作樣，把趙廞的罪行編冊，派人送到首都，向中央彙報。這傢伙知道，以他現在的實力，還不可能跟中央抗衡，所以得了便宜之後，還賣一下乖，表

示自己是在為國除害、為百姓謀幸福的，以後堅決服從朝廷。

孫秀他們雖然沒什麼遠大理想，向來只把目光重點投入首都的穩定，但四川出了這樣的事，他們還是要過問一下的，因此，就任命羅尚為平西將軍兼益州刺史，帶著督牙門王敦、蜀郡太守徐儉、廣漢太守辛冉等率領七千部隊開進四川盆地。這個羅尚在頭腦百分之百的清醒時，還算個人才。他在趙廞造反的時候，就向中央寫信，說：「廞素非雄才，蜀人不附，敗亡可計日而待。」從這幾行文字裡，我們可以知道，羅尚對趙廞這個傢伙一眼看穿到底，老早就預料到他會自己把自己玩完，建議中央不用派什麼部隊過來，只坐著等待勝利的消息。後來事情的發展果然跟他預料的一樣。孫秀他們看到他這麼厲害，乾脆就把平定四川的任務交給他算了。

李特對羅尚的到來也有點心裡發毛，怕自己不是他的對手，再加上現在他才剛進成都，腳跟還在搖搖擺擺，實在不宜跟羅尚這樣的人對抗。李特雖然長得很猛男，但碰到問題時，並不讓屁股決定腦袋，而是認真地思考對策。他經過研究之後，決定向羅尚妥協一下，等時機成熟再作第二步。李特是一個等待時機的高手，他早在進入四川的時候，就樹立了偉大理想，然後就把這個理想藏在心底，等到時機成熟才舉起旗幟，成功地推翻趙廞，當上了四川的頭號領導人。

李特認為這個羅尚雖然頭腦不簡單，但那是在清醒的時候不簡單，得讓他糊塗一下。因此，他就派他的弟弟李驤帶著一群禮儀小姐高舉「熱烈歡迎羅尚將軍蒞臨四川指導」、「向羅尚將軍學習、致敬！」，列隊歡迎羅尚一行。

羅尚一看這個場面，真的激動人心，腦袋開始有點發暈。李特知道，如果光靠這個歡迎儀式就可以弄暈羅尚的那顆腦袋，那是天下最天真的想法。因此，在熱烈歡迎之後，他們還「獻珍玩」。羅尚看到眼前這麼多閃閃發亮的珍玩，眼睛馬上跟著閃閃發亮。這兩雙眼睛一閃閃發亮，腦袋就

第二章　昏庸殘暴倫終敗　野心奢華罔亦亡

越來越發暈，也不想想，到底是什麼人送你這麼多的寶貝啊，人家送你這些寶貝到底是什麼意思？他盯著那一大堆珠寶，想著，把這些珠寶帶回去，估計可以娶到十來個小妾了吧？呵呵，十多個小妾同時珠光寶氣地在眼前輕盈地擺動，幸福啊！他當時幸福地笑了起來，當場任命李驤為騎督。

李特一看，第一步成功了，接著就來第二步，把這個羅尚繼續玩下去──只有把這傢伙玩暈，他們的前途才能光明起來。他們準備了大量的好酒好肉，帶到綿竹，讓羅尚的部隊大吃大喝，說是慰勞中央大軍。

王敦和辛冉覺得李特這麼做，有點不對勁，因此就對羅尚說：「李特這傢伙是搶劫專家，不是什麼好人，留下來對社會沒一點好處，不如在他見你的時候，一刀把他砍了。否則，後面的麻煩就不是一般的大了。」這個建議是非常正確的。

可上級一暈船，就有一個相同的特點，就是堅決拒絕採納正確的意見，硬是讓步伐邁進錯誤的深淵。羅尚這時也覺得這兩個人實在太杞人憂天了，不就是一個李特嗎？他能做出什麼大事來？他要是有這個膽子，還會這麼歡迎我們？我看他沒有這個膽子，要不他早就可以在慰勞我們的時候，在酒肉中動手腳，讓我們的士兵個個連槍也拿不住，那才難搞啊！可現在，我們的士兵全都安然無恙，個個還生龍活虎得很。

兩人見羅尚這個模樣，也不敢再勸下去了。

那個辛冉是李特的老朋友，對李特了解得很，看到羅尚反對採取行動，就乾脆去提點一下老朋友，說：「故人相逢，不吉當凶矣。」

李特本來就很敏感，聽到老朋友這話，心裡就更加不安。

到了三月，羅尚來到成都。

這時，汶山郡的羌人造反起來。

羅尚馬上派王敦去鎮壓。誰知這個王敦當當參謀，發表剷除李特的建議倒是不錯，但卻不是個打仗的料，帶著羅尚交給他的軍隊出發，才跟人家接觸，還弄不清仗是怎麼打的，就被一頓暴扁，最後命都丟在那個大石山區裡。

第二節　亂世中的立場

在四川這邊不斷地發生變數的時候，晉朝中央的亂子也大範圍的展開。

揭開這個大亂子序幕的就是司馬冏！

司馬冏早就對司馬倫和孫秀不滿，早就在心裡打算用武力推翻司馬倫的統治，只是覺得時機沒有成熟。而且因為孫秀對他的勢力採取蠶食的辦法，讓他也不敢大張旗鼓。正巧這時離狐人王盛和穎川人王處穆覺得晉朝已經腐朽沒落，是他們大展鴻圖的好機會，就公開招兵買馬，打造自己的勢力，準備反抗晉朝。這兩個傢伙確實有組織能力，才發出號召，當地的老百姓踴躍響應，每天投奔過來的有上萬人。

司馬倫再怎麼菜也知道這個亂子必須平息，他馬上派管襲去當齊王的軍司，帶兵去圍剿王盛和王處穆。司馬倫發了這個任命書之後，覺得自己太高明了。因為除了管襲是他的死黨外，部隊全是齊王司馬冏的人，不管仗打得如何，司馬冏的實力都會大大地損傷一下。

這個管襲是個會打仗的人物，而王盛這些手下雖然人口眾多，氣勢看上去很足，但都是剛穿上軍裝的農民，大碗喝酒、大塊吃肉起來，場面很壯觀，但打仗實在太業餘了，因此，雙方一交戰，管襲的職業軍隊只一仗就把那兩個造反傢伙的腦袋砍了下來，不費什麼力氣就平定了叛亂。在管

第二章　昏庸殘暴倫終敗　野心奢華冏亦亡

襲沉浸在全勝的喜悅之中時，司馬冏卻沉不住氣了。他知道，如果不馬上解決這個管襲，以後自己的部隊可就被司馬倫的親信全部接管了。他乘管襲得意的時候，突然下令將他逮捕法辦！

管襲雖然在打仗時，料敵如神，也知道自己的主要任務是為司馬倫監控這個齊王司馬冏，但這個勝利實在太能沖暈腦袋了，而且他做夢也想不到司馬冏居然這麼果斷，在這個時候就拿他開刀，因此連反抗的想法還沒有產生，就被一把抓過去，然後處死。

司馬冏砍掉管襲的腦袋後，馬上聯合豫州刺史何勖、龍驤將軍董艾結成聯盟，宣布對抗司馬倫。還派使者「告成都王穎、河間王顒、常山王乂及南中郎將新野公歆」，通告「四征」、「四鎮」以及各「州、郡、縣、國」，說：「逆臣孫秀，迷誤趙王，當共誅討。有不從命者，誅及三族。」

成都王司馬穎在接到通知時，覺得這事太大了，知道自己走到歷史的十字路口了，如果一步走錯，後果就會很嚴重，因此當場把鄴城令盧志叫來，研究一下。

盧志說：「司馬倫的做法太過分了，現在人們都恨他恨得要死。老大正好利用這一次歷史機會，收買人心，高舉打倒司馬倫的偉大旗幟，百姓肯定會團結在你的周圍。什麼事都可以成功啊！」

司馬穎一聽，血氣就升高起來，決定跟司馬倫對抗到底。他作了一次人事調整：以志為諮議參軍，仍補左長史。然後命令「兗州刺史王彥、冀州刺史李毅、督護趙驤、石超等為前鋒」，帶領部隊向司馬倫宣戰。這個消息一擴散，「遠近響應，至朝歌，眾二十餘萬」，成為一股強大的反倫力量。常山王乂在其國，與太原內史劉暾各率眾為穎後繼。

這時，新野公司馬歆還拿著司馬冏的那張文告，腦子一片混亂，不知如何處理才好。覺得跟司馬冏造反，有好的一面，也有不好的一面，而站

第二節　亂世中的立場

到司馬倫的一邊也是有利有弊。到了這個關鍵時刻，手下死黨的意見是最有效的。司馬歆有一個叫王綏的親信。這傢伙在司馬歆難以決策的時候，就跑了過來，對司馬歆說：「老大，你還費什麼腦筋？我幫你分析一下。趙王跟太上皇的血緣最親近，而且現在力量強大；齊王是什麼人？離太上皇的血緣遠得很，而且就那點實力，能做出什麼事來？我認為，還是跟定司馬倫有搞頭！」

司馬歆一聽，有道理。

他正要做出決定時，參軍孫洵當眾人的面大聲說：「趙王是什麼人？是一個篡位的野心家，大家都恨他恨得要死。在這個時候，還談什麼血緣關係？現在講的是正義和非正義！如果老大一定要站到非正義的立場，與百姓對抗，那就請投入司馬倫的陣營，我沒話說。」

司馬歆雖然糊塗，但聽了這話之後，覺得自己還是站在正義的立場上為好，因此，就同意加入司馬冏陣線。

另外一個親王河間王司馬顒的做法就太有戲劇性了。

本來，在司馬冏宣布起事的時候，前安西參軍夏侯奭就知道形勢對司馬倫已經不利，現在加入司馬冏集團等於買了最強的優質股，因此就放手發動眾人加入打倒司馬倫的陣營。沒過幾天，他就召集了幾千個人。他知道，光靠這幾千個民兵，是成不了大事的，因此就派人去聯繫司馬顒，請他出來當老大。

可是司馬顒這時還跟司馬倫在政治上保持高度一致，看到這個夏侯奭一個小小的前參軍居然敢來拉攏自己，也不回覆人家的信，直接派振武將軍張方帶兵過去，收拾這個夏侯奭。夏侯奭正眼巴巴地等來信，哪知卻等來對方的大軍？還不明白是怎麼回事，就被張方手到擒來，腰斬。

過不了幾天，司馬冏的使者來到。

071

第二章　昏庸殘暴倫終敗　野心奢華冏亦亡

司馬顒這時鐵了心做司馬倫的死黨，因此就把司馬冏的使者抓起來，並移交給司馬倫，接著派張方帶兵東下，準備為司馬倫戰鬥。可當張方帶著部隊，浩浩蕩蕩地開到華陰時，司馬顒得到情報，知道司馬冏和司馬穎的軍力很強悍，就怕了起來，馬上改變立場，成為司馬冏集團的一員，因此召回張方，宣布響應司馬冏的號召，旗幟鮮明、堅定不移地加入打倒司馬倫的陣營之中。

在這場運動中，如果一定要評出最倒楣獎，揚州刺史郗隆肯定穩獲這個獎項。司馬冏的文告發到揚州時，揚州的官員都表示擁護齊王的號召，齊心協力打倒司馬倫和孫秀。本來郗隆的內心也對司馬倫和孫秀沒什麼好感，可現在因為他的兒子和姪兒都在洛陽當官，怕自己這邊一喊口號，孫秀那邊就高舉屠刀，將他的子姪砍頭，那可是一點都不好玩。當時不知走了多少關係，跑了多少門路，花了多少錢，送了多少土特產，才讓這幾個下一代當上京官，哪知這京官還沒當上幾年，就碰上這事，弄得他不知如何是好，只是一臉菜色地面對大夥響應齊王的呼聲，卻做聲不得。他把手下都叫來開會商量這件事。主簿淮南趙誘、前秀才虞潭在會上首先發言：「司馬倫做的是篡位的勾當，百姓都很痛恨他。現在討伐他的部隊越來越多，我可以跟任何一個人打賭，這傢伙肯定玩不了多久就會徹底崩潰。所以，我們認為，在這個形勢下，老大想有搞頭，就得親自帶領精銳部隊一路打到許昌。這是上策。如果還想有點保留，就派幾個兄弟帶兵過去，到許昌跟人家的部隊會師，等勝利後，可以分到一點勝利果實。這是中策。最下流的做法就是騎牆政策，做個樣子在這個地方等待，看誰勝利在望就跟誰到底。」

郗隆還是一臉菜色地對著大家。大家看到上級都這個樣子，一點鬥志也沒有，心頭也涼了一大半，知道這會也開不出什麼結果來了，不等主持人宣布散會，就紛紛離開會場。郗隆在大家離開後，又叫別駕顧彥過來，

第二節　亂世中的立場

偷偷討論一下。顧彥說：「趙誘他們所謂的下策，才是上策啊！老大，你要清醒一點啊！」

這話很快地傳了出去，治中留寶、主簿張褒、西曹留承聽到之後，知道老大要是聽了顧彥的話，大家以後的日子可就不好過了，都跑過來找郗隆，問：「現在你決定怎麼辦啊？」

郗隆說：「兩個皇帝對我都有恩啊！我不能幫這個打另一個啊！我決定好好地看好揚州這個地方，當好這個地方的人民公僕。別的不去想那麼多了。」

這幾個人一聽，就知道郗隆想耍滑頭，玩兩面三刀的把戲。可這時候能玩這個把戲嗎？這個時候你的立場沒有表現出來，以後就有吃不完的苦頭。留承說：「老大的這個說法，我不贊同。這個天下本來就是世祖的天下，按道理就是由司馬衷來繼承的。而且他當這個皇帝已經當了這麼久，司馬倫卻硬把皇位搶過去，這是強盜行徑，一點道理也沒有。現在齊王順應民心，高舉義旗，就是用屁股去想也可以想得出，最後勝利是屬於誰的。老大要是不趕快響應齊王的號召，天天在這裡猶豫不決，推託來推託去，搪塞來搪塞去，現在的形勢可不是推託和搪塞可以過關的啊！只怕不過幾天，形勢一變，老大想保住揚州就難了。更不用說要當好揚州的人民公僕了。」

郗隆不是菜鳥，當然知道留承的話很正確，但心裡怕子姪們的腦袋落地，所以不敢採取行動，只想消極等待，讓時間來化解這一切。這時聽了留承的話，就又來個「不應」，要把菜鳥一路裝到底──不管你們怎麼說，就是不表態。這樣一直裝了六天，裝得大家都發起火來。

這時，參軍王邃鎮守石頭城。這傢伙的眼睛雪亮得很，知道司馬倫和孫秀是玩不下去的，又看到郗隆在裝傻，知道自己的機會來了，就旗幟鮮

第二章　昏庸殘暴倫終敗　野心奢華冏亦亡

明地表示擁護齊王的號召,大家一聽,就都往石頭城那裡投靠他。

郗隆這才知道裝菜鳥的嚴重性,急忙派人到牛渚那裡設關卡,要堵住人才外流,但哪能堵得住?

這些人團結在王邃周圍之後,就一致決定把郗隆搞定。這時,郗隆身邊已沒有多少人,人家大喊大叫衝過來時,只幾下就被打得遍地找牙,對方再暴扁一通,結果「隆父子及顧彥皆死」。王邃他們割下郗隆的腦袋,送給司馬冏。郗隆和顧彥本來想來個騎牆政策兩面不得罪,保住自己的性命,哪知到了這個關頭,最行不通、最不討好的就是這種政策。兩人非但討不到好處,反而成為最先丟掉性命的人。

還記得孟觀吧?他現在的職務是安南將軍、監沔北諸軍事。孟觀是個打仗的料,可對形勢的觀察實在太業餘了。在冏倫雙方展開你死我活的較量時,他居然沒有對雙方的力量進行評估,然後加以選擇,而是把眼睛投向遙遠的夜空,像個數星星的孩子一樣,看天相來做決策。他連續幾天望星空,覺得「紫宮帝坐無他變」,由此認為,司馬倫一定不會崩潰,因此就不理會司馬冏的文告,硬是把自己當成司馬倫的鐵桿爪牙,發誓保衛司馬倫。

雖然孟觀信心爆棚,認為司馬倫和孫秀會笑到最後,可是司馬倫和孫秀這兩個傢伙卻一點也沒有信心。一聽到三個親王已經聯合起來,高喊打倒司馬倫、扁死孫秀的口號,從四面八方向他們衝殺過來,不由「大懼」。這兩個傢伙玩陰謀詭計、利用職權對別人打擊報復很有經驗,可最害怕的是打仗。到了這時,兩人居然還想靠玩他們的拿手好戲來對付司馬冏:詐為冏表曰:「不知何賊猝見攻圍,臣懦弱不能自固,乞中軍見救,庶得歸死。」誰都知道,到了這個時候,你再怎麼詛咒人家,人家也不會按你的意志改變立場的。可這兩個傢伙卻以為自己這麼一宣傳,就會站在輿論的制高點,可以緊緊把握住導向的有力工具,民心就會被他們抓得牢牢的,

第二節　亂世中的立場

讓司馬冏好好享受一下眾叛親離的苦果，因此在想出了這個理由之後，馬上「以其表宣示內外」。然後再作軍事部署：遣上軍將軍孫輔、折衝將軍李嚴帥兵七千自廷壽關出，征虜將軍張泓、左軍將軍蔡璜、前軍將軍閭和帥兵九千自崿阪關出，鎮軍將軍司馬雅、揚威將軍莫原帥兵八千自成皋關山，以拒冏。遣孫秀子孫會督將軍士猗、許超帥宿衛兵三萬以拒穎。召東平王司馬楙為衛將軍，都督諸軍，又遣京兆王馥、廣平王虔帥兵八千為三軍繼援。

在做了這些動作之後，司馬倫和孫秀仍然不放心，仍然怕這些人打不過人家。兩人對手下的人沒有信心，便又把希望寄託到老天爺的身上，不惜放下泡妞業務，每天加班燒香祈禱，求老天爺保佑自己度過難關，還請來那些方士，在皇宮中大量宣讀咒語，想透過法術來壓制敵人——這兩個傢伙搞小動作搞得上了癮，以為用這個法術就可以在黑暗中把敵人搞定。兩人為了讓人相信老天爺是在幫助他們的，還導演了一場「天書」的鬧劇。這兩個傢伙打仗沒一點辦法，但裝神弄鬼倒很有創意，花樣多如牛毛。他們派人登上嵩山，然後身穿一件漂亮的「百鳥衣」，很酷很帥地走下來，下山之後，又很酷很帥地宣布：我在山上碰上了神仙王喬。王喬給我這張紙。呵呵，這紙上寫的是，司馬倫的皇帝位子穩固得很，誰也動搖不了的。可大家一看，那些字，全是人間字型，沒一點天書的味道。天書是什麼樣子？誰也沒見過，但大家都知道，天書是地面上這些吃香喝辣卻拉得很臭的男男女女都不認得的。你想想，到了這個時候，還玩這個來欺騙別人，除了成功地騙倒自己外，別人能相信這一套嗎？

但是，司馬倫和孫秀的實力還是很強悍的，而且手下的一些死黨也是很會打仗的。特別是那個張泓。

075

第二章　昏庸殘暴倫終敗　野心奢華冏亦亡

第三節　司馬倫的最後日子

話說張泓帶兵來到陽翟與司馬冏的主力對壘，就把氣勢洶洶而來的司馬冏痛扁一頓，使得司馬冏不得不向後退到穎陰一帶。張泓勝了第一場，當然不肯罷休，帶著部隊又壓了過去，繼續找司馬冏的主力決鬥。這個張泓雖然是個打仗的能手，卻不是個好統帥，再加上跟了司馬倫和孫秀這樣的老大，下屬中飯桶人物的比例太大，人心從來就沒有緊密團結過，平時勉強湊在一塊，相互利用，共同組成一個利益集團，也是互不服氣，到現在沒有翻臉，那是因為時間太短，還沒有發酵成熟的緣故。這些人最大的本事就是見風轉舵，這時一來看到司馬冏勢力大，二來更不願看到張泓成功，因此誰都不願配合他。

這樣一來，就只有張泓一個人在奮鬥了。

在張泓與司馬冏你死我活的時候，他知道，如果他的部隊這時衝上來，跟他一同作戰，把司馬冏再暴扁一頓，取得一次輝煌的勝利，絕對沒有問題。可他的部隊卻一點動作也沒有，只是在那裡當觀眾。而且更要命的是，孫輔和徐建這兩個傢伙的部隊居然在這個時候發生夜掠事件。

什麼是夜掠？傳說中的夜掠，是指軍營裡一種很變態的動亂。半夜裡，士兵們正頭枕著槍桿子做夢，不知誰突然在夢中大叫一聲，大家都像聽到口令一樣，齊唰唰跳起來，也不問是什麼事，更不分是哪一方的，個個舉起刀槍，見人就殺，見腦袋就砍，弄得軍營裡殺聲震天，誰也無法制止。據說，到了這個時候，只有用一聲巨響，才能把這些昏了頭的士兵弄得清醒過來。可是清醒後，該死的都死了，而且軍營裡早就亂成一團，哪還有什麼戰鬥力？

孫輔和徐建還沒跟敵人有過肢體接觸，部隊就發生了這個說也說不清

第三節 司馬倫的最後日子

的倒楣事件，知道自己不是打仗的料，再在前線待下去，只怕過不了幾天就會死翹翹的，因此就丟下這些倒楣的部隊，自己跑回首都，向司馬倫自首，請求寬大處理。當然，如果這兩個傢伙只是自首，然後把事情的真相描述一下，整個形勢也許還不會壞到哪裡去。可這兩個傢伙怕實話實說起來，孫秀會把他們一刀砍死，因此就編造了一個故事來蒙混過關。他們一見到司馬倫，就喘著粗氣說：「不得了啊！司馬冏兵力太強大了，而且都是訓練有素，打仗太專業了，連張泓都被他們扁死了。我們拚了老命才脫身回來，向你報告啊！」

司馬倫一聽，我的媽呀！果然不好辦了。這傢伙心裡怕了起來，但又不敢聲張，而是來個「祕之」，然後叫他的兒子司馬虔和許超趕緊帶部隊回來，保衛首都才是最要緊的。

這傢伙只是在皇宮裡聽那兩個傢伙的瞎扯，對戰場的情況卻一點也不了解。你想想，一個全國第一把手，在這個關鍵時刻，消息閉塞到這個地步，跟個死人還有什麼區別？

現在前線的真正情況是，張泓正率部渡過潁水，猛攻司馬冏的大營。如果這時司馬倫能做出一些安排，叫所有的部隊配合張泓，打敗司馬冏是沒什麼難度的。可是司馬倫現在已經根本管不了前線的事，只一味地在皇宮裡把「懼怕」的心情裝好裝滿。而前線那些將軍，該打仗的卻硬是不打，大部隊都高舉熱愛和平的偉大旗幟，繼續密切關注形勢的發展，一點動作也沒有。

司馬冏連吃了幾個敗仗，知道這個張泓還真不好惹，要是再跟他正面衝突下去，只怕還得刷新失敗的紀錄。這哥兒們腦子一轉，馬上就制定出了一個避強擊弱的戰術來，分兵去反擊張泓的側翼。張泓軍側翼部隊的主將是孫髦、司馬譚兩個傢伙。這兩個傢伙的本事比他們上司差多了，突然看到敵人猛攻過來，就慌了手腳，馬上就支持不住了，被司馬冏狠狠地扁了一頓。

第二章　昏庸殘暴倫終敗　野心奢華冏亦亡

張泓沒有辦法，只得停止進攻。

孫秀這時卻沒有抓住時機，重新整合力量，與司馬冏決戰，卻硬是繼續耍自欺欺人的花招，大力製造「破冏營，擒得冏」的輿論，還叫百官過來祝賀，而且強調大家都要把心情沉浸到歡樂的海洋之中，弄得首都城內到處是勝利的色彩。

不過，司馬倫方面還是取得了一次勝利。這次勝利是在黃橋取得的。原來那個司馬穎知道司馬冏把張泓部壓制之後，也帶兵開到黃橋。可才一開張，居然被孫會、士猗、許超打了個手忙腳亂，損失了一萬多人。這才知道，司馬倫雖然糊塗，可手下還是有幾個敢打硬仗、會打硬仗的死黨。

從這幾次戰鬥上看，我們也可以知道，司馬冏的部隊雖然人口眾多，消耗酒肉飯菜的速度很快，但戰鬥力並不很強，而且最高統帥也不是打仗的料。倒是司馬倫手下的張泓之流，帶的兵並不多，可仗卻打得很精彩，多次把敵人扁得找不著方向。如果司馬倫善於利用這幾個傢伙，發揮一下他們的作用，做他們堅強的後盾，取得最後勝利並非沒有可能。可是司馬倫實在太菜了──有個呆上司，部下的智商再怎麼高，最後也會變得跟上級一個層級。

司馬穎首戰告負，也跟很多手下一樣，怕了起來，想退到朝歌，保存一下實力。

司馬倫是個菜鳥，司馬穎也不是什麼聰明人。兩人的差距就在於最親密的死黨能力不在一個等級。司馬倫最親密的死黨是孫秀，除了壞事能做得徹底之外，別的沒一點本事。而司馬穎最親密的部下是盧志。盧志頭腦靈活，看形勢看得很準。他堅信司馬倫的大勢已去，這一戰雖然損失慘重，輸得有點難看，但整體實力還在，如果因此而喪失信心，那形勢可就不一樣，急忙跟王彥找到司馬穎，說：「今我軍失利，敵新得志，有輕我

第三節　司馬倫的最後日子

之心。我若退縮，士氣沮衄，不可復用。且戰何能無勝負！不若更選精兵，星行倍道，出敵不意，此用兵之奇也。」

司馬穎本來就是什麼都聽他的，這時當然同意了他的意見。

司馬倫聽到勝利的消息，馬上就得意地論功行賞，大力表彰孫會他們，讓三個傢伙「皆持節」。這幾個傢伙打了一場勝仗，得了這個榮譽，街頭小混混的本相馬上露了出來，先是你看不起我，我看不起你，只覺得天下老子第一。這樣一來，三人同時掉進「驕兵必敗」的惡性循環之中。這幾個傢伙連自己人都看不起，就更把司馬穎當成是手下敗將，垃圾一堆，最用心防範的不是敵人而是自己人。

他們根本沒有想到，司馬穎居然能聽從盧志的建議，在失敗之後，還勇於帶大軍向他們發起進攻。

這一次，雙方拚命的地點在溴水。一方是有備而發，一方是打無準備之仗，而且內部又難以協調，結果，孫會他們被扁得屁滾尿流，最後丟下部隊，自動當上光桿司令，跑得路都不見。

於是，「穎乘勝長驅濟河」。

在司馬冏和司馬穎大軍越來越逼進的時候，除了腦殘人士，都知道司馬倫和孫秀最後的日子已經來臨，要是再不表明立場，以後肯定會被當作司馬倫的同黨來處理的。這些人都是政壇老鳥，最善於抓住對自己有利的時機，過著幸福的生活。這時他們知道，司馬倫和孫秀已經無路可走，沒什麼迫害他們的力量了，正是他們表態的最佳時機，因此就決定選個好時機搞定這兩個傢伙。

孫秀的情報工作做得不錯，很快就聽到這個風聲，心裡也害怕起來。這傢伙的腦袋本來很靈光，平時轉速也很快，但這時怕字一當頭，腦袋就全部凝固起來，其功能跟屁股沒什麼兩樣，不管怎麼擠也擠不出一個主意

第二章　昏庸殘暴倫終敗　野心奢華冏亦亡

來，一天到晚就躲在中書省的辦公室裡不敢出來，只怕一出現就被人家一刀砍來，那顆本來就麻木了的腦袋就會落地。

這時，孫會、許超、士猗這三個打了大敗仗的傢伙逃了回來，都到孫秀的家中報到，然後商量著如何度過難關。

幾個人討論了大半天，每個人都有每個人的觀點。有的主張，集中力量作最後一戰，怕什麼！有的主張，把這個皇宮一把火燒了，然後把那些不跟自己保持一致立場的人全部處死，再帶著司馬倫逃走，投奔孫旂、孟觀，東山再起。有的說，估計這仗也沒法再打了，不如收拾行李上船，順江而下到東海裡遨遊，也是件浪漫的事情。討論雖然很熱烈，但最後只有討論，卻沒有成果。

孫秀他們關在家裡激烈討論時，人家卻已經採取果斷措施了。

四月七日，左衛將軍王輿與尚書陵公司馬漼已忍不住了，「帥營兵七百餘人，自南掖門入宮，」三部司馬都積極響應，加入推翻司馬倫政權的隊伍。大家一起衝擊中書省，沒幾下就把正在舉棋不定的孫秀、許超、士猗一把捕獲歸案，審也不審一下，就一刀殺了，連那幾個本來跟孫秀八竿子打不著卻硬要去當孫秀一家人的孫奇、孫弼一起殺掉。

王輿屯雲龍門，召八坐皆入殿中，使倫為詔：「吾為孫秀所誤，以怒三王，今已誅秀。其迎太上皇復位，吾歸老於農畝。」這傢伙的這個詔書，跟某個貪官案發後的話差不多：請求司法部門再給我一個機會，讓我回鄉種田來回報社會和百姓。

司馬倫寫完這個詔書之後，被太監帶著「自華林東門出，及太子荂皆還汶陽里第」。

司馬倫一倒臺，在金墉城裡待了幾個月的司馬衷又迎來了他幸福的新生活。那些大臣們趕走司馬倫之後，在第一時間就派幾千人開到金墉城，

第三節　司馬倫的最後日子

開啟城門，迎接他出來，讓他重新登基。

司馬衷重新當上皇帝之後，釋出的第一詔書，就是把司馬倫和他的兒子司馬荂關進金墉城。司馬倫的另一個兒子廣平王司馬虔本來還帶著一支部隊，正急速從河北返回，要拯救他的老爸，可才一到九曲就知道老爸和哥哥已經從皇帝變成金墉城的第一把手，覺得負隅頑抗下去也沒什麼意思了，就丟下部隊，帶著幾個手下跑回家裡，自首了事。

這一次，司馬衷這個豬頭是由衷地高興起來，屁股還沒坐穩，就趕緊下詔大赦，而且還在詔書裡，號召百姓大吃大喝五天——這傢伙雖然被關在金墉城裡當廢皇帝幾個月，但智商卻沒有什麼長進，還像以前那樣很傻很天真。你想想，天下都亂成這個樣子，到處是饑民作亂，拿什麼來大吃大喝？這個有司馬衷特色的詔書其實是廢紙一張。

不過，有一點是必須的，就是把年號改為永寧元年。這個年號倒不錯，盼望以後要永遠安寧，可這樣的人當一把手，而且靠的又是幾個帶兵的哥兒們靠武力才得以重登帝位，權力基礎薄弱得不能再薄弱了，這個天下能永寧嗎？他才當上皇帝，馬上就得巴結司馬冏他們，派人帶著慰問金去慰問。

梁王司馬肜要求處死司馬倫。

司馬衷當然答應，在四月十三日那天，派尚書袁敞持節，帶著一瓶酒，來到金墉城，對司馬倫說：「司馬倫，今天你有個任務。」

司馬倫說，什麼任務？

小事一樁，就是把這杯酒喝下去。

司馬倫一聽，就知道這酒是什麼酒了。他當然不想喝，但他知道，如果他不喝這杯金屑酒，他的下場會更加難看。他接過酒，淚流滿面，之後把酒一口吞下去，然後一聲嘆息：「孫秀害我，孫秀害我！」這傢伙雖然做了很多無恥的事，做的時候一點不怕丟臉，可到了這時，他突然覺得臉面

第二章　昏庸殘暴倫終敗　野心奢華冏亦亡

很重要，內心很慚愧，覺得沒臉見人起來，就取了一張手帕，蓋到臉上，表示無臉見老爸於地下。他的那幾個兒子荂、馥、虔、詡都同時被逮捕，「皆誅之」。

殺了司馬倫之後，就是晉朝官場的一次大洗牌。原來接受過司馬倫任命過的官員，一概不能留任，通通被趕出衙門，老老實實地去做平民百姓，弄得「臺、省、府、衛，僅有存者」，政府部門幾乎沒有上班人員了。當天，成都王司馬穎來到洛陽，又過兩天，司馬顒也來到。倒是那個最初帶頭推翻司馬倫政權的司馬冏還在陽翟跟張泓決鬥著，不分上下。這個張泓確實是司馬倫的鐵桿部下，到了這個時候，還在死撐著──如果當初司馬倫重用這樣的人，估計他把這個皇帝做到死的那天都沒有問題。可他硬是把孫秀當作首席人才，什麼事都讓他作主，直到死的那天才知道用錯人了。

司馬穎派趙驤、石超帶兵過去支援司馬冏，共同對付張泓。

本來張泓的力量就很有限，跟司馬冏對峙到現在，已經很辛苦了，這時敵軍的援軍一到，哪裡還支撐得住？張泓的腦袋還是不錯的，知道再打下去，只有死路一條，因此馬上棄暗投明，保住性命才是人生第一要務。

張泓一投降，司馬倫集團徹底終結。那個曾經哭過他兒子的孫旂以及看天相的孟觀也被襄陽太守殺掉，「皆傳首洛陽」，並且夷三族。這兩個傢伙本來還算是個人才，而且也都知道司馬倫不是什麼好人，可一個卻因為兒子的做法而丟掉性命，一個卻去相信天上的星星，硬把自己當成司馬倫的死黨，最後落得這個可悲的下場。這兩個傢伙，死得有點不值得，但還不算冤枉。

六月二日，司馬冏才來到洛陽，正式揭開了司馬冏的時代。他來到洛陽時，並不是一個人進來，也不是只帶幾十個身邊的人進來，而是帶著十萬大軍雄糾糾氣昂昂踏著正步進來的。而且他還舉行了一場大規模的閱兵

式，聲望很快地狂漲起來。

　　司馬冏為了表示自己的權威，在他進入朝廷之後，又進行了一次大赦——司馬衷剛大赦不到兩個月，第二次大赦又接著下來，犯罪分子得加快作案步伐，才能滿足這個大赦的需要啊，否則監獄裡沒有在押人員，赦了也是白赦。

　　推翻司馬倫的三大力量，這時會師洛陽，共同執掌朝政。司馬衷只得做了一個人事安排，把以三大力量為首的功臣們大大地提拔了一次，而且是一次就提拔到位：詔以齊王冏為大司馬，加九錫，備物典策，如宣、景、文、武輔魏故事；成都王穎為大將軍，都督中外諸軍事，假黃鉞，錄尚書事，加九錫，入朝不趨，劍履上殿；河間王顒為侍中、太尉，加三賜之禮；常山王乂為撫軍大將軍，領左軍。進廣陵公漼爵為王，領尚書，加侍中；進新野公歆爵為王，都督荊州諸軍事，加鎮南大將軍。宣布齊王、成都王、河間王都擁有特殊待遇，每個人的府上都有四十個官員的編制。這三個傢伙都不是省油的燈，都知道槍桿子的重要性，因此，要配置這四十個編制時，多數都是武官，至於文官，只是「備員而已」，就是在那裡充數，屬於可有可無的人員。大家一看，都知道，三大派這麼搞下去，這個天下的亂子還沒有告一個段落。

第四節　菜鳥也會作秀

　　司馬冏一上臺，把司馬倫的同黨踢開之後，那幾個清談大王又露出頭來，被重新啟用：前司徒王戎為尚書令，劉暾為御史中丞，王衍為河南尹。

第二章　昏庸殘暴倫終敗　野心奢華冏亦亡

按理說，在推翻司馬倫和孫秀之後，如果由一個有能力的人執政，那麼晉朝從大亂進入大治也不是什麼難事。可是司馬懿的後代，人丁雖然旺盛，但不是呆子，就是混蛋，搞政變互相殘殺做得很徹底，就是生不出一個像樣的政治家。司馬冏雖然人氣很高，沒當權之前，表現得有模有樣，好像比他的老爸有魄力得多。可現在大權在手，頭就有點發暈，所作所為也開始與傳統的權臣接軌，表現得越來越沒有政治智慧。

新野王司馬歆準備回去的時候，司馬冏跟他同車去拜陵。

司馬歆這時也覺得司馬冏再這樣下去，對他個人不是一件好事情，就乘機對他說：「成都王是皇帝的親弟弟，這次他立下的功勞跟你差不多，所以，你最好讓他留在首都，一起負責日常事務。如果覺得他不行，最好就除掉他的兵權。否則，每個王侯手中都有這麼多的兵力，以後就不好說了。」

而在這時，另一輛專車上，司馬乂和司馬穎在一起。司馬乂這時已經有點看不慣司馬冏了，他乘機就挑撥司馬穎說：「現在這個天下本來是我們老爸的天下，你要好好保護啊！」這話在這個時候說出來，是很敏感的，而且這傢伙在說這話的時候，一點也不小聲，不知道被誰聽到，很快傳了出去，連掃街的清潔工都知道，每天一邊掃街一邊談著這事。大家一聽，都覺得又要迎來一個天下大亂的時代了。

盧志知道，司馬穎要是聽了司馬乂的話，跟司馬冏攤牌，勝算的把握很少，而且現在司馬冏的人氣狂漲，而司馬穎的名望還沒有打造出來，即使僥倖把司馬冏搞定，最後也混不了多久的，馬上就勸司馬穎以退為進，不要留在首都跟司馬冏一起混，而且是以母親的身體當理由，回到鄴城去，人家就會覺得司馬穎是個好人，人氣就會上升，就可以打造形象。而且現在朝中亂得很，也不是人待的地方，正好讓司馬冏一個人承擔這個責任，弄不好他就會玩完。到時，不想掌權都難。司馬穎的智商比司馬冏

第四節　菜鳥也會作秀

低得多，可他卻有盧志這顆腦袋做他的首席顧問，而且他也能聽進盧志的話。

在盧志的操作之下，司馬穎馬上寫了個奏摺，前一部分都是讚美司馬冏的豐功偉業，請求皇帝放心把大權交給司馬冏，讓英明的司馬冏代表皇帝帶領全國人民。然後，說母親有病，我不照顧誰照顧？我要回家去照顧老媽了。從皇宮裡一出來，也不回軍營，直接就跑過去謁太廟，然後下令當場開路，返回鄴城。一邊還派人送了一封信給司馬冏，以書面的形式向他告別。做得很有分寸，也很有風度。

司馬冏一看，這傢伙要搞什麼名堂？他一時也想不出，但總覺得司馬穎這麼做是有某種不可告人的目的的，所以馬上就追了過去，一直追到七里澗才追上。

盧志的操作是很成功的，也很有水準，而司馬穎的這次表演也很到位。

當司馬冏氣喘呼呼地趕到時，他連忙從車上下來，向司馬冏告辭。他死死牢記盧志的教導，見到司馬冏時，一定要加大力度演戲，要裝成天下最弱最可憐完全可混進弱勢群體行列的人。所以，他一見到司馬冏時，只是像劉備一樣，不斷地擠出淚水，讓淚水在臉上的覆蓋率達百分之八十以上，嘴裡不停地嘮叨著母親的病，別的一字也不提，好像現在他的身分只是一個孝子，而不是一個政治人物。

這傢伙的這次偽裝，成功地用淚水塑造了他的形象。當時的社會風氣就是這樣，誰能表現一下個性，誰的人氣就牛市沖天，狂漲不跌。那些吃飽沒事幹的人物評論家們，馬上就對他的這事津津樂道起來，他想不進人氣榜都難。如果沒有盧志操盤，他肯定會發起跟司馬冏的權力之爭，而且以他的能力和民望，未必是司馬冏的對手。

司馬冏這時也大力打造自己的權力基礎，重用了一大批有民望的新手

第二章　昏庸殘暴倫終敗　野心奢華冏亦亡

當自己的心腹，使得朝廷上到處都是司馬冏的黨羽。不過，司馬冏還是摸不透司馬穎的用意，總是覺得這傢伙不可能就這麼打退堂鼓。他知道，這傢伙是個大帥哥，但絕對不是聰明人，對權力的欲望並不比他低，可現在卻是在榮華富貴塞到手裡時，他硬是一觸手就像拿著燙手的山芋一樣，丟得很果斷很決絕。這可不是他做人的風格。司馬冏最後覺得，這個司馬穎肯定嫌官不夠大，獎賞不夠隆重才採取這個辦法的。他這個猜測算是對了一半——司馬穎確實是想掌握更大的權力，想讓職務更上幾層樓。可另一半原因司馬冏並沒有想到，那就是司馬穎的真正目的是想搞定他——先躲在一邊，緊盯他的動作，在他出現失誤的時候，突然出手，再取而代之。在一個亂得像一團麻、什麼都可能發生的政壇上，腦子居然忽略了這一點的人，能在這個世界上玩下去嗎？

司馬冏知道如果不擺平司馬穎，他的麻煩就會不斷，因此，又叫人去請他回到朝廷上班，當好大將軍、享受「九錫」的特權。

司馬穎卻只買了一半的帳，只當大將軍，卻辭退了「九錫」的待遇，理由嗎？一個國家哪有這麼多人享受「九錫」的待遇？你翻開歷史書，仔細找找看，什麼時候出現過兩個以上並列「九錫」？這種歷史紀錄最好不要勇於刷新。而且這九錫可不是說享受就可以享受的啊！當初我們的爺爺司馬昭都推辭那麼多次呢！難道我的功勞比爺爺的功勞還大？我覺得自己一點功勞也沒有。司馬穎在說了一通之後，卻列了一大批名單，說這些人在推翻司馬倫的過程中立下了汗馬功勞，請不要忘記他們。這名單上報之後，所列的人「皆封公侯」。這樣一來，司馬穎又大賺了一把人氣——司馬冏牢牢地拿著大權，提拔了一大批人，司馬穎卻只縮在鄴城，做出一副捨己為人的模樣，馬上就把司馬冏狠狠地比了下去——而司馬冏卻一點都沒有發覺！

司馬穎看到這一招很有效，便又上了個奏摺，稱：「大司馬前在陽翟，

第四節　菜鳥也會作秀

與賊相持既久，百姓困敝，乞運河北邸閣米十五萬斛，以振陽翟饑民。」還加班做了八千多副棺材，且讓他屬下的官員捐出薪資，做了一大批衣服，用來裝斂在黃橋大戰中死去的士兵，然後派人慰問烈士們的親屬；又徵來大片土地，用來埋葬那些為司馬倫戰死的將士共一萬四千人。司馬穎的這幾個動作，做完活人的文章，再做死人的文章，而且文章的內容涉及司馬冏、司馬穎、司馬倫的部下，可以說是處處掛角、面面俱到，這些活人和死人，全成了他利用的工具，而且在奏摺裡順便損了司馬冏一把：大司馬打的仗，我現在還幫他擦屁股啊——於是，一個甘為他人作嫁的光輝形象又出現在人民面前。

司馬穎的表面工夫做得很到位，司馬冏藉機又要提拔他，叫司馬衷派人去請司馬穎「入輔，並使受九錫」。這一次，盧志沒說什麼，司馬穎可能也有些動心。可因為他的心腹孟玖使小性子，說洛陽的天氣不如鄴城的乾淨，生活品質不如鄴城的高，不想到那裡生活，而且他的老媽也這麼說，司馬穎也就「辭不拜」。

在司馬穎不斷四處尋找資源加大力度打造自己光輝形象的時候，司馬冏居然又把一個機會送到司馬穎的手中。

司馬冏不知哪根神經發生了故障，處理司馬倫都已經幾個月了，如果是一個有胸懷的政治家，早就把這個事放到一邊。他卻還在深入追究這件事，而且追究到那個陸機的頭上來。他懷疑陸機是司馬倫那份禪讓詔書的槍手，也不去掌握一下證據，就叫相關部門把姓陸的抓起來，準備拉過去砍了。陸機是當時有名的大文豪，大名士，他一有什麼風吹草動，大家就都伸長脖子來看，一直看到頸椎炎發作還不願退縮。何況大家都知道，那份禪讓詔書是在王輿以及「八座」的監督下寫出的，跟陸機一點關係也沒有。司馬冏這一招純屬沒事找事之舉，在百姓面前製造了一個冤假錯案，給自己的臉上狠狠地抹了一道黑。

第二章　昏庸殘暴倫終敗　野心奢華冏亦亡

　　盧志馬上看出，司馬穎的大好機會又來了，馬上叫司馬穎去幫陸機申辯。司馬冏沒有辦法，只得把陸機放了出來。司馬穎乾脆一不做二不休，把好事做到底，說陸機是個好人，人才難得，應該重用，並推薦他當了平原內史，還推薦他的弟弟陸雲當清河內史。他在做這些事時，明眼人都已看得出，每個動作都是針對司馬冏的，都在不斷地挖著司馬冏的牆腳，讓司馬冏越來越難看。可是司馬冏卻只有被動地接受而沒有做出別的反應——有時被動並不可怕，可怕的是被動之後還不知道，而繼續被動下去。

　　不久，司馬冏又做了個致命的決定，封常山王乂為長沙王，遷開府，驃騎將軍。司馬乂老早就對司馬冏有意見，曾經勸司馬穎搞定司馬冏。而司馬冏還把大權交給他，讓他的權力和實力翻了一倍，成為司馬冏日後的掘墓人。

　　司馬冏最要命的事不是重用政敵，而是自己到現在還沒有得力的幫手，就連他自己的哥哥都在跟他作對。

　　這個勇於跟他作對的哥哥叫司馬蕤，封東萊王。這傢伙有個愛好，就是喝酒。他的喝酒可不是竹林七賢的那個喝法，喝完之後表演一下人為藝術，賺點人氣就得意了，而是一喝就醉，一醉就大發脾氣，大打出手，不把別人痛扁一頓，就覺得這酒是白喝了，醉也是白醉了。如果他喝醉之後，打罵一下自己手下，那也沒什麼，可他居然多次搞得老弟司馬冏下不了臺，於公開場合在司馬冏面前擺哥哥的架子，弄得司馬冏很不爽。後來，他又叫司馬冏給他「開府」。你想想，這麼一個小酒天天醉的人，能開府辦公嗎？開個二十四小時營業的酒樓，那還差不多。司馬冏就是再怎麼發暈，也不會發暈到把酒鬼哥哥提拔到這個地步。司馬蕤一看，你還掌什麼權？連兄弟都不拉一把，你還算是兄弟嗎？你不把老子當哥哥，老子也不把你當弟弟看了。這哥兒們跟很多酒鬼一樣，大腦被酒精一麻痺，就

什麼後果也不顧了，偷偷地抹黑司馬冏，說他是個大獨裁者，根本不把皇帝放在眼裡，還找來左衛將軍王輿，在酒桌上商量把司馬冏搞定！

可兩個酒鬼的密謀能密到什麼程度？搞定人家的初步方案還沒有敲定，就讓司馬冏知道得比他們更詳細。

司馬冏是什麼人？當然不會放過這兩個傢伙，馬上下令「誅輿三族」，至於那個哥哥，他當然恨不得生吃了他的肉，但礙著是親哥哥，不好在表面上做絕，就只下文「廢蕤為庶人」，並「徒蕤於上庸」。當司馬蕤被流放到上庸時，司馬冏的一道密令也來到上庸。司馬冏當然不會叫上庸的第一把手，看在他的面子上，好好招待這個哥哥，而是叫上庸內史陳鍾找個機會把這個垃圾哥哥解決掉。司馬冏以為這點手腳做得不動聲色，只有天知地知陳鍾知。可這點手腳實在算不得高明，人家聽說司馬蕤一到上庸就掛掉，就是用屁股去想，也會在第一時間知道是司馬冏下的手。這一招，讓司馬冏的人氣又降了幾個百分點──你想想，對一個酒鬼哥哥都耍這種小技倆，還算是君子嗎？連這點胸懷都沒有，還當什麼最高領導人？而且就這點小兒科水準，能玩得過敵人嗎？誰緊跟他屁股後面誰倒楣！

司馬冏才當了幾天權，就又走入幾個前任權臣的老路，把車子開進了那條翻車大道上！

第五節　腐敗的苦果

這幾個人不斷地替司馬冏暗中設定麻煩的時候，四川那邊的李特透過各種腐敗手段，已把羅尚的思想徹底腐蝕。羅尚再次印證那句「吃人的嘴軟、拿人的手短」的名言，只要李特有什麼要求，他都答應得十分爽快，

第二章　昏庸殘暴倫終敗　野心奢華冏亦亡

表現得很夠義氣──李特的預期就是這個效果！

正好中央發文要求原來流竄到四川的秦、雍兩州的難民們回到老家去，而且還派御史馮該、張昌兩人去負責監督執行。

李特知道這個情況後，馬上就覺得這事的後果對他們很嚴重。因為他們的支持就是來自這些飢寒交迫的流民。這些流民一拜拜，他們就成了光桿司令，偉大理想馬上就成為一堆泡沫。正好李特的哥哥李輔從略陽回來，說現在首都那邊麻煩越來越多，不要回去，就更堅定了李特不回老家的決心。他馬上派閻式跑到羅尚那裡，請羅尚不要太急，讓他們秋後再回去，同時，又拿了一大把現金當面交給羅尚和馮該。兩人的職務雖然不同，但對金錢的看法卻很類似。這時，看到這麼多現金，那一點做官的立場立刻從腦子裡蒸發了，當場就答應了李特的要求：秋後就秋後，呵呵，兄弟可要守信用啊，秋後一定要上路。

李特這種人如果生在別的時代，做了這些事，肯定會被當作禍國殃民的首犯來處理，可現在他非但一點事也沒有，依然帶著他的兄弟們在四川為所欲為，過著幸福美好新生活，而且中央那些上級因為身邊麻煩不斷，對他沒有辦法，還得討好一下他，說他在平定趙廞事件中立下了汗馬功勞，還發了委任狀給他：拜特宣威將軍，弟流奮武將軍，皆封侯。這對四川流民的帶頭大哥就這樣進入貴族行列。詔書還要求當地政府調查一下，那些跟李特一起搞定趙廞的有功人員，打算把這些人一起表彰一下。廣漢太守辛冉拿到公文後，覺得這個表彰很有搞頭，便想來個獨吞，因此就把公文藏起來，不據實向中央報告。可是公文可以藏起來，只有自己知道，但人家還是透過別的管道知道了這件事。其他人知道了這件事，當然都很生氣。弄得「眾咸怨之」。

不久就到了秋後，羅尚馬上就叫李特他們履行諾言，帶著那些流民回老家過冬，從今以後，在祖宗的地盤裡老老實實當良民，而且要牢牢記

第五節　腐敗的苦果

住,外面的世界也不比你們那裡精彩多少,不要一有點自然災害就來個背井離鄉,跑出來重溫流民生活。

可流民不是幾十個,天天集中在一個地方,而是數量巨大,散落在梁州、益州一帶,到處靠幫人打零工過日子,身上沒一分多餘的錢,況且很多人到現在還找不到工作,哪有什麼路費?聽說政府要把他們趕走,個個都不願意。他們把這個不願意反映給李特,強烈要求李老大再為大家出一次面,讓他們繼續在這個地方當流民。李特就叫閻式再去賄賂羅尚,說延期到冬季時再上路。

羅尚現在已經是職業腐敗官員,見到金錢就把臉面變成好好先生,平時擺出的鐵青面孔,也是為了創造收入而已,這時一看到人家送大禮來了,目的已經達到,按照他的本意,當然沒什麼話說——以前都同意延期了,再延期一次,也不怕發生八級以上大地震的。可在討論這件事的時候,「辛冉及犍為太守李苾以為不可」,只有別駕杜苾認為,可以延期一下。羅尚一掂量,辛冉、李苾這兩個傢伙可是實權派人物,如果得罪了他們,以後就不好辦事了,再加上要是自己受賄的事被他們捅出來,成為反腐大案來辦,那也不是一件好事,因此就同意了辛冉、李苾的意見:要求流民們秋後上路。他認為,如果再遷就這些破破爛爛的流民的要求,這個政府還有什麼威信。

閻式又去找杜苾,說明了如果現在強行遣返流民,後果會朝著「官逼民反」的方向發展啊!你想想,連路費都沒有,空著肚子能走那麼遠的路嗎?這成千上萬的流民可沒有這個特異功能啊!杜苾是個明白人,知道按現在這個狀況,這些流民確實無法馬上遣返回去,如果處理不好,還會釀成大規模的群體事件。而且這些鬧事的人除了一條命之外,什麼也沒有,屬於造反最徹底、鬧事最堅決的那一類人。他把這些意見拿到羅尚面前婆婆媽媽地陳述了一遍,可是羅尚卻說,天不會塌下來的。杜苾一聽,知道

第二章　昏庸殘暴倫終敗　野心奢華岡亦亡

羅尚就這個程度，已經沒有跟他混下去的必要了，就拍屁股閃人了。

辛冉也是個貪婪的傢伙。這傢伙做了這麼久的官，可因為是在窮地方主政，油水不多，所以存摺上的數字總是增長不快，做夢都想找個機會大發一把，不管做什麼事，都先想想，這個事到底有什麼搞頭。這時，要遣返流民了，他還是抱著要發一次財的想法。他知道，這些流民是有組織的，其中有很多帶頭大哥，而且這些帶頭大哥經常組織手下打劫，是流民中先富裕的那一部分人。這些人身上帶著很多金銀財寶，得想辦法利用這次機會狠狠地撈一把。最後他決定來個殺雞取卵，把這些有錢的流民殺掉，把那些錢放到自己的私房錢裡。

當然，他還記著自己是朝廷官員而不是職業搶劫犯，殺人搶錢不能用強盜邏輯，不找理由，而是要找到一件合法的外衣披到身上殺得合理搶得合法。他知道，這是個大行動，一個人是吃不消的，因此，先找李苾，把想法跟他一說，兩人馬上就這個問題達成一致，然後一起去找羅尚，說：「老大，這些流民在趙廞事件時，在成都城裡搶了那麼多天，把成都的錢都基本搶光了，犯下了滔天罪行。現在他們要離開這裡，決不能讓他們把這些錢財拿走啊！這些財富可是成都人民的血汗錢啊，是不義之財。我們應當設立關卡，對他們進行全身搜查，一個四川人民的銅板也不能讓他們帶走。如果不這樣做，我們這幾個四川的父母官對不起四川人民。」

羅尚是什麼人？一聽到財富、銅板之類的字眼，腦袋比誰都靈光，馬上傳令：梓潼太守張演於諸要施關，搜尋寶貨。

你是知道的，李特早就對這些流民洗腦，變成這些流民們的精神領袖了。而這次遣返事件中，李家兄弟又多次出面為流民們求情，而且李特又注重宣傳，每做一次，都要大力宣揚一番，弄得這些流民對他們只有感激，沒有別的想法，覺得李家兄弟是流民們的大救星，在為流民謀幸福，所以都自覺行動起來，跑到他那裡。

第五節　腐敗的苦果

　　李特馬上在綿竹大搞基礎設施，建了很多大營，用來收留不斷投奔的流民兄弟。他在收留這些流民時，還不斷地刺激辛冉，要求再放寬遣返的期限。

　　你想想，這種自斷財路的事，辛冉能答應嗎？好不容易才等到這種百年一遇的發財機會，誰放棄只能說明誰的腦袋剛剛被貴州驢猛踢了幾次。辛冉接到李特的要求後，大怒，你這個李特本身就是一個搶劫犯，現在混進公務員行列，又成了這些強盜的保護傘。要想把這些帶有黑社會性質的團夥打掉，得先把這個團夥的保護傘打掉。這傢伙只把李特當成流民的保護傘，居然沒有想到李特現在手握重兵，曾經攻進成都、完全是有割據能力的人物，實力甚至比他更為強悍，哪是說打掉就能打掉的？當然，他有打掉李特的想法並沒有錯，可他的做法實在太菜了，只是發了個通緝令，叫幾個手下到大街小巷裡到處張貼，跟那些牛皮癬廣告並列在一起，說誰要是抓到李特，就有重賞。

　　李特一見，馬上就發動一場清理牛皮癬廣告運動，叫手下把這些通緝令都揭下，拿回來，跟他的兄弟一起，把內容改為：「能送六郡之豪李、任、閻、趙、楊、上官及氐、叟侯王一首，賞百匹。」然後又貼到街上。要是把這些姓氏的人都抓起來，這些流民們基本上都要被抓了。

　　雖然你知道這是李特在嚇唬這些流民，但你更應當知道，底層的人是最容易被矇騙的。

　　當這些不明真相的流民看到這個通緝令之後，果然更加快了投奔李特的步伐，不到一個月，李特那裡已聚集了兩萬多人民。而李流也集中了幾千人。李家的實力在短時間內急遽膨脹。

　　到了這時，李特的力量雖然已很強大，但他還想做更充分的準備，因此，又派閻式去向羅尚求請，說准許他們延期。

第二章　昏庸殘暴倫終敗　野心奢華岊亦亡

羅尚已變得越來越沒有主見，在沒有辛冉他們在身邊的時候，想也不想，馬上就答應了閻式的要求。但閻式卻清楚地知道羅尚是什麼料子，知道他的這個承諾只等於幾句屁話，因此回到李特那裡時，就對李特說：「羅尚雖然容易擺平，可這傢伙手中沒什麼實力，說話已經不算話。辛冉他們的手中都有槍桿子，個個都強得很，已經完全不服從羅尚的指令了。我們一定要做好充分的準備，免得那幾個傢伙突然襲擊我們。」

李特說：「兄弟的話很對！」

他馬上著手把手下分成兩大部分，自己帶一部分守住北大營，李流帶另一部分守東大營，大量製造武器，號召大家提高警惕，隨時準備殲滅來犯之敵。

形勢的發展跟閻式的預料果然一樣。

辛冉和李苾認為，羅尚除了看到金錢時，腦袋會運轉之外，其他時候都跟一潭死水沒差別。一個流民遣返弄到現在也搞不定。李特現在越來越囂張，力量越來越雄厚。照這個勢頭發展下去，大家都得被李特搞定。看來必須以武力解決李特，也不用跟羅尚商量了。這兩個傢伙把羅尚當豬頭看，其實他們也不比豬頭高明多少。如果在李特還不成氣候時，決定用武力解決，倒是很有把握，可到了現在，李特已不是他們剛進入四川時的李特了，而是手下有幾萬武裝力量的李特。而且李特的這些部眾，雖然算不上訓練有素，但人心齊，個個都有拚死的決心，戰鬥力很強，他不找你算帳已經不錯了。

兩人做了這個決定之後，馬上採取行動，「遣廣漢都尉曾元、牙門張顯、劉並等潛帥步騎三萬襲特營」。羅尚知道這兩個傢伙對李特採取軍事行動，也把他對閻式許下的諾言拋到一邊去了，趕緊與這兩個部下保持高度一致，怕晚了一步，不好交差，忙派督「護田佐助元」。

第五節　腐敗的苦果

　　曾元他們雖然軍齡很長，當了多年的職業軍人，但從沒有實戰經驗，接到命令後，根本不講究什麼策略戰術，帶著部隊就衝過去。

　　當政府軍已衝到大營門口時，李特仍睡在大床上，不動聲色。等那些高聲大叫「活捉李特」口號的政府軍有一半衝進大營時，李特才一聲令下，已經全副武裝的流民們這才大叫著殺出來。曾元他們想不到李特居然還會玩這個伏兵之計，部隊馬上被人家全面包圍，這才知道問題已嚴重到不能再嚴重的地步了。幾個人除了慌亂之外，沒別的想法和動作，指揮系統當場癱瘓。好幾萬剛才還威武雄壯的正規軍就迅速淪為任人宰殺的弱勢群體。

　　大戰的結果，田佐、曾元、張顯的人頭全被砍下來。

　　李特還玩了個回扣的手法——當然，他並沒有因為獲得太多的戰利品，而是把田佐、曾元、張顯的人頭回扣給羅尚他們。

　　羅尚一見到這幾顆血肉模糊的人頭，就怕得要命。這幾個傢伙昨天還好好地在他的面前，拍著胸口，聲音洪亮地保證把李特的人頭丟到他腳下，哪知，現在擺在他眼前的卻是他們跟石頭一樣生硬的腦袋。他很緊張地對部下說：「本來這些暴民已經決定要往其他地方流竄了，都是辛冉他們亂來，弄得李特越來越強悍。現在怎麼辦才好？」

　　大家一看，有好處的時候，你有辦法得很，現在到了危急的時候，你就問我們怎麼辦？我們也不知道怎麼辦。大家都一臉菜色地看著他，嘴巴緊閉。大家一保持沉默，羅尚也不敢再開口，只能跟大家一起，很被動地來個走著瞧！

　　羅尚這邊全體員工都向菜鳥看齊的時候，李特那邊卻熱鬧得很。

　　李特打了個大勝仗，殺了幾個羅尚的高級員工，全體將士都沉浸在勝利的歡樂之中。他覺得現在這個官也太不夠氣派了，不如就做一個鎮北大

第二章　昏庸殘暴倫終敗　野心奢華冏亦亡

將軍。他當然不會一有這個想法就跑出去宣布，老子現在就任鎮北大將軍的職務，而是把這個意思扭扭捏捏地流露出來，傳給身邊的人，讓人家去提出來。李含馬上知道老大的意思，立刻組織一批流民，說：「李老大應該做個鎮北大將軍才像話。」大家一聽，誰還有什麼意見？李老大就是當皇帝大家也同意！

於是，這些流民就跑到李特那裡，說是代表六郡流民請求李特就任鎮北大將軍的職務，並且有代表皇帝任命這一帶的官員的權力，帶領大家走上勝利的道路。李特笑呵呵地答應了這個「要求」，並讓他的老弟李流當了鎮東將軍、號「東督護」，跟他一起指揮部隊。又任命他的哥哥李輔為驃騎將軍，弟李驤為驍騎將軍。所有兄弟都成了高級軍官。

李特當了鎮北大將軍後，馬上向廣漢進軍，找辛冉算帳。

羅尚雖然很生辛冉的氣，但到底是同一戰壕裡的戰友，眼看他在廣漢被人家暴扁，還是派「苾、費遠帥眾救冉」，讓人知道自己這個上司還是有點胸懷的。哪知，他很有胸懷，李苾他們卻沒有膽量。這幾個傢伙現在怕李特怕得要死，帶了部隊，卻不敢進軍。這樣，就只有辛冉一個在奮鬥了。

辛冉沒有辦法，只得帶兵跟李特硬碰硬。硬碰硬的結果是「屢敗」。而且他手下就那麼一點兵，經不起再「屢敗」下去了。辛冉沒辦法，只得找個空檔，虛晃一槍，衝出包圍圈，跑到德陽去了。李特就這樣占領了廣漢，馬上任命李超為太守。

李特知道，羅尚更容易欺負，因此，擺平了辛冉之後，就決定把矛頭對準羅尚，命令大軍發起成都戰役。

羅尚一接到報告，想不出別的辦法，只得寫一封信給閻式，說請他勸一下李特，看在以前的面子上，停止進軍吧，以後大家和睦相處，有酒一

第五節　腐敗的苦果

起喝，有妞一起泡。閻式以前多次代表李特跟羅尚打交道，羅尚以為是老朋友了，該幫一下他吧！卻不知閻式原來是李特手下最徹底的死黨，正是這傢伙勸李特不要相信羅尚的話，趕緊武裝流民，才鬧成今天這個局面。閻式接到羅尚的信後，寫了一封長信，嚴辭反駁了羅尚一頓。

羅尚這才知道，人家的賄賂是不好接受的，尤其是強盜給的錢財更不應該接受。但到了現在才知道，還有什麼用？只得硬著頭皮，向辛冉學習，跟李特硬碰硬下去，雖然有點被動，但總比束手就擒的好。

李特到了這時候，知道自己的事業已經壯大起來了，不能再像以前那樣，全軍上下全是匪氣，不管到什麼地方都打劫，弄得名聲很差，要是再這樣下去，不用玩多久，就玩到盡頭了。因此，一邊跟羅尚打仗，一邊整頓軍紀，一下就把全軍的作風整頓起來了，史上的記載是：特與蜀民約法三章，施捨振貸，禮賢拔滯，軍政肅然，蜀民大悅。已全沒有了一點強盜的影子了。而羅尚卻恰恰相反，一門心思只想著那幾個錢，而且性情越來越變態，四川老百姓視他為禍害。這樣的對抗，他的部隊再多，也打不過敵人。所以，跟李特打仗，幾乎每仗必敗。最後，這傢伙只得「阻長圍，緣郫水作營，連延七百里，與特相拒」。這個連營的規模差點刷新了劉備的紀錄。

雙方一直僵持到第二年的五月，羅尚已有點支持不了。河間王司馬顒才派督護衙博帶兵南下討伐李特，駐紮在梓潼，還派張微為廣漢太守，帶部隊駐紮德陽。羅尚看到上級派大部隊前來，當然也來個配套行動，「遣督護張龜軍於繁城」。造成多方向李特包圍的架勢。

李特卻看穿了這些人的本事，雖然大軍壓境，卻一點也不怕，派他的兒子李蕩去對付衙博，自己去攻擊張龜。張龜跟他的名字一樣，打仗的水準太低了，才一接觸就被李特打得跑了半天才弄清方向。李蕩在陽沔跟衙博打了一仗，衙博也被打得沒有一點方向感。李蕩一路打下去，弄得梓潼

097

第二章　昏庸殘暴倫終敗　野心奢華冏亦亡

太守也守不住城了，最後把城交給李蕩，連個移交手續也不用辦理，就跑得命都差不多丟了，而巴西丞毛植一看，你們一點也不爭氣，也怪不得我了。這傢伙乾脆投降，過程更簡潔，效率更高。

李蕩還是不放過衙博，繼續追擊。衙博到了這時，更加沒有鬥志，聽說李家的部隊來了，想也不想，馬上奪路逃跑。他手下的部隊沒了帶頭大哥，逃又逃不掉，就集體投降了。

李特打了一連串的勝仗，而且每一仗都大勝，心裡很高興，也很驕傲，覺得鎮北大將軍也不能滿足心理和形勢的需求了，就自稱「大將軍、益州牧，都督梁、益二州諸軍事」，成為當地最有實力的人物。

李特一時破不了羅尚的連營，就帶著部隊去進攻德陽。

德陽的太守張微並不像李特想像中那麼菜。在李特打過來時，馬上組織力量進行反擊，居然把這段時期以來威風凜凜的李特打了個遍地找牙，狠狠地嘗到了打敗仗的滋味，並乘勝猛攻李特的營壘，打算一戰把李特的頭拿下來。李特的兒子李蕩看到老爸被痛扁得變成了縮頭烏龜，趕忙帶著部隊急行軍去救老爸。他的部隊在蜀道狂奔之後，就跟張微的部隊碰上。李蕩是個猛男，雖然實力不及敵人，形勢很凶險，但卻能發揚不怕犧牲的大無畏精神，硬是跟張微死拚到底，居然把張微的部隊打退，救出他的老爸。

李特吃了這個敗仗後，膽量縮水了很多，「欲還涪」，要打退堂鼓。可李蕩和司馬王幸卻認為不能撤軍，兩人對李特說：「張微打了敗仗，比我們更加氣餒。我們正好乘勝追擊，一戰就可以把他往死裡扁。德陽就可以劃歸我們的版圖了。」

李特一聽，老子怎麼變成這樣沒志氣了？好，聽你們的，向張微的主力部隊殺過去，這才是老子的風格！馬上下令向張微發起總攻。結果跟李

第五節　腐敗的苦果

蕩預料的一樣，前幾天還威風得打得他找不著方向的張微，這時的表現實在太差了，一開打，李特父子根本不費力就把他的頭砍了下來，連同他的兒子張存也成了俘虜。李特這時表現得很有氣度，把張存叫來，說這是你老爸的屍體，你帶回去，找個風水寶地埋了，讓他以後保佑你們子孫萬代福多財多。這個實木棺材的錢也是老子出的。

李特占領了德陽，就任命騫碩當了德陽第一把手，叫老弟李襄駐守屯毗橋。羅尚以為李襄不會強悍到哪裡去，大概可以欺負一下，因此常派兵出來向李襄挑戰，可每次都被李襄打敗。後來，李襄覺得這個羅尚也太囂張了，老是過來騷擾，搞得他心裡也煩了起來，就決定也去騷擾一下羅尚，命令部隊向成都出發。

比起羅尚騷擾李襄的行動來，李襄進攻的規模隆重多了。他的部隊一衝到成都城下，就放火焚燒城門。而這時，李流又在成都北門外，大搞基礎建設，準備長期圍困成都。羅尚當然不會站在城頭當觀眾，看著李家兄弟的表演。他派出一萬多精銳部隊，向李襄反擊。李襄跟李流兄弟合作夾擊羅尚軍。你想想，在羅尚這樣的豬頭的領導下，再怎麼精銳的部隊交給他，最後也會變成業餘隊。雙方沒打多久，這支精銳部隊就被打得一敗塗地，結果一萬子弟兵出城，回來的時候只剩幾百個全身是血的傷兵。

另一個戰場，是李特跟梁州刺史許雄的對壘。這個許雄也不是什麼人才，雖然沒像其他人那樣做縮頭烏龜，不斷地派兵襲擊李特，可襲擊的結果是不斷地被李特打敗，弄得李特這段時間心情特別愉快。

第二章　昏庸殘暴倫終敗　野心奢華冏亦亡

第六節　司馬冏的長遠打算

　　在李特覺得很過癮的時候，司馬冏的行動也不斷地向野心家靠攏。他對權力的欲望越來越高，時刻想著如何才能把權力拿在手裡，拿到永垂不朽的那一天。而司馬衷這傢伙不但是歷史上最菜的皇帝，也是個很不走運的哥兒們，自己還很傻很天真地活著，兒子和孫子卻一個接著一個全掛掉了。如果是別人沒有繼承人，那也沒什麼，可皇帝沒有繼承人可是一件全國的大事啊！如果司馬衷的腦袋正常，他就會按照自己意思，從堂兄弟中找一個姪子來充當自己的兒子，然後讓這個兒子當他的繼承人，像那個曹叡一樣。可是司馬衷不是曹叡，一天到晚傻傻地活著，腦子裡從沒有過收一個養子的想法。如果他真的不願收個養子，那麼按照道理，他掛掉之後，就應該由他的老弟司馬穎接班當國家第一把手。

　　這個局面是司馬冏不願看到的。

　　司馬冏現在的心態也跟楊駿差不多，大權在手就不想放下。如果司馬穎當了皇帝，這哥兒們雖然不算聰明，但也不是個十足的笨蛋，肯定不會像司馬衷這樣還讓他掌著大權，在朝廷裡說一不二，而是會把權力收回，說不定在收回的過程中，產生不愉快，後果會很嚴重的。司馬冏在其他方面沒什麼長遠目光，但在這件事上，卻看得很遠。他沒過多久就想到了切斷司馬穎通往權力顛峰道路的辦法。

　　他找到司馬衷，請他收養清河王司馬覃。這個司馬覃才八歲，除了玩耍哭鬧之外，什麼也不懂，比司馬衷還好擺布。而且這小子是司馬遐的兒子，司馬遐也是司馬衷的老弟，讓司馬覃當第二梯隊，完全合理合法，司馬穎再怎麼說也不用怕了。

　　司馬衷要是有反對意見就不是司馬衷了。沒過幾天，也就是永寧二年

第六節　司馬冏的長遠打算

五月二十五日，司馬覃就從司馬遐的兒子變成司馬衷的養子，從清河王直接變成太子。而司馬冏也當上太子太師，以便從小就對這個太子施加影響。他覺得要長期掌權，就得從娃娃抓起。他還提拔了另一個司馬氏的人司馬越當上司空。

司馬冏做完了這些動作之後，就頭腦簡單地認為，老子的地位在這個神奇的國度裡，可以長治久安下去了。人一有這個心態，就容易墮落。本來司馬冏就沒有什麼遠大理想，心裡根本沒有要為國家為百姓當好這個執政官，而是一門心思地鞏固自己的權力，而鞏固權力的目的就是要讓自己好好享受，要喝全世界最好的酒，吃全世界最好的野味，泡全世界最漂亮的美女，讓全世界的人都仰視著他。

這時，司馬冏一鬆懈下來之後，馬上著手建構自己的幸福生活。這傢伙為了修建自己的府第，在洛陽城內進行了一次大規模的強行拆遷活動，最後把齊王府的面積擴建得跟皇宮差不多。這傢伙對自己的住宅，是越看越滿意，可人家看到這個情況，就知道這傢伙的政治眼光太短視了——當了這麼大的官，在政治上看不到兩公尺遠，就意味著政治生命甚至肉體生命也走不過兩公尺遠了。

嵇康的兒子嵇紹現在當了侍中，也是個多嘴人士，覺得司馬冏和司馬穎這兩個傢伙遲早會動起手來，就寫了一封信給司馬衷，說：存不忘亡，《易》之善戒也。臣願陛下無忘金墉，大司馬無忘穎上，大將軍無忘黃橋，則禍亂之萌無由而兆矣。這信雖短，但確實切中要害，把冏、穎目前的表現當成禍亂的根源——如果光這兩個兄弟亂一下，那也只是兩人之間的事。可現在這兩個傢伙掌握國家大權啊，他們一小亂，全國就會大亂。可惜，司馬衷是個傻子，你再怎麼分析得合情合理，他也是一頭聽人彈琴的老黃牛。

嵇紹仍不死心，以為司馬衷腦殘，那就勸一下司馬冏吧，要是能勸一

第二章　昏庸殘暴倫終敗　野心奢華冏亦亡

下這哥兒們，也算是標本兼治、把禍亂從源頭堵住，就又寫了一封信給司馬冏：「唐、虞茅茨，夏禹卑宮。今大興第舍，及為三王立宅，豈今日之所急邪！」勸他現在的重點不是擴建住宅，而是趕快制定一套改革開放、強國富民的政策來。

司馬冏接到這封信後，就向司馬炎學習，當面對嵇紹表示感謝，但卻連個標點符號也不採納。

司馬冏還有個愛好就是愛大擺飯局，請大批哥兒們喝酒泡妞，基本上不上朝，叫大臣們都到他的府上來，聽他的指示，向他彙報工作。齊王府完全代替了皇宮，這在當時是一件不得民心的事──以前曹操公開標榜「挾天子以令諸侯」，都不敢這麼做。更加糟糕的是，這傢伙既想當權，又不想日理萬機，因此，就大量任用自己的親信，而他的親信當中，不是菜鳥，就是小人。司馬冏對權力又非常敏感。殿中御史桓豹寫了一份奏章，按老規矩直接就送到皇帝那裡，事先沒有經過司馬冏齊王府的審核。司馬冏立即下令逮捕桓豹。他逮捕桓豹，仍然覺得氣不能消，最後叫人乾脆把這個沒與時俱進硬不把他放在眼裡的傢伙殺死算了。他要透過這一件事讓全國的人都知道，不尊重齊王司馬冏，就等於不要自己的性命。僅這一件事，人們就可以將司馬冏和殘暴兩字連繫在一起了。

大家看到司馬冏這個樣子，上書給他的人就越來越多了。

先是南陽隱士鄭方寫了一封信給司馬冏，對他說：「現在您一點也不懂得居安思危，全天侯都泡在酒桌飯局上。這種娛樂方式，實在有點過分了。這是您的第一失策。你們皇室的幾個人，本來是本家兄弟，應該帶頭在政治上保持高度一致才對，可現實情況不是這樣啊！這是第二個失策的地方。那些周邊的少數民族天天鬧事，群體事件的規模越來越大，可您卻一點不放在心上，硬是認為現在是和諧盛世了，這是第三個失誤。剛剛打了一場大規模的內戰，百姓的生活受到嚴重的影響，政府卻沒有進行一次

第六節　司馬冏的長遠打算

捐款救濟，民心一點也無法凝聚。這是第四個失誤。您當初起義的時候，說誰響應，勝利之後就重賞誰。可勝利這麼久了，也不見您表彰了多少人。這是第五個失誤。別的就先不說了。」

司馬冏認真地看過這封信後，很誠懇地對鄭方說：「呵呵，要不是你的提醒，我還不知道自己有這麼多的過錯呢！」這哥兒們誠懇地認錯之後，卻沒有一點改正的跡象。

接著，戶曹掾孫惠也上來表現了一下，寫信給司馬冏，具體而微地進行了一大篇說教，最後請司馬冏把大權交給長沙王和成都王，然後什麼也不做，回到封國去吃喝玩樂——你不是有這個愛好嗎？交權之後，就可放心地在娛樂場所大玩特玩，誰也不會對你怎麼樣。如果還是這麼下去，後果就不好說了。

司馬冏接過信之後，連個閱字也不寫，就丟到一邊。孫惠等不到回覆，知道司馬冏不把他的話當一回事，又知道這封信寫得太尖銳，再在這個官場混下去，就會混進死胡同，因此就到醫院裡要一張證明，說身體上很多零件已經壞掉，導致全身運轉遲鈍，不宜再當人民公僕了，就辭職回鄉。

司馬冏有一次，就這個問題跟曹攄討論了一次，說：「現在有的人勸我丟下權力，辦理退休手續，你覺得怎麼樣？」

曹攄馬上說：「老大是個聰明人，肯定知道物極必反這個詞以及這個詞的意思吧？現在老大的權力已到了巔峰，再下去就會跌到谷底。如果到了老大的這個地步，能拍屁股閃人，那是最最聰明的做法。」司馬冏一聽這話，就覺得耳朵不舒服，有點蒼蠅進嘴的感覺，差點狂嘔出來，哪能消化得了？

大家知道，再說什麼也沒用了，說不定惹得司馬冏生起氣來，那可不

第二章　昏庸殘暴倫終敗　野心奢華岡亦亡

好處理了。幾個膽子小的傢伙就開始為自己尋找後路。東曹掾張翰、主簿顧榮首先辭職回家，提前跟司馬岡劃清界線。張翰的理由很搞笑，說是想吃老家的大白菜、睡蓮粥和鱸魚！那個顧榮的水準跟阮籍差得很遠，可在這方面卻學阮籍學得很到位，天天放開肚皮喝得六親不認，也不去上班。長史說這傢伙只會喝酒，不會辦公，哪能讓他留在齊王府？就讓他去當中書侍郎。

　　另一個主簿王豹覺得自己在齊王府裡當差，看到司馬岡一天一天地走向深淵，得再勸一勸他，要他懸崖勒馬，以後自己也好過一點，就向他寫了一封信。他在這封信裡列舉了從元康時期以來，不管是楊駿這樣的外戚還是司馬亮這樣的皇室中人，或者是張華這樣的人才，一當上宰相，沒有一個能獲得好下場。這不是他們都沒有能力，而是已形成一種惡性循環。現在老大功勞比天還大，權力也比天還大，已經一腳踏進這個惡性循環裡了，再玩下去，還有什麼搞頭？你看看這個形勢：河間王司馬顒把關右當作老窩，成都王司馬穎霸占當年曹魏的基地，當作根據地；新野王司馬歆牢牢地控制著江漢之間的地區。這三個強人都是憤青，而且手裡都有槍桿子，把守在要害的地方。老大卻只在京城裡掌權，完全處於他們的包圍之中，這是很危險的。所以老大現在應該這麼做：把所有的皇室們都遣返封國，讓他們在封國裡威風得無法無天都沒有關係。然後以周朝的周召共和時期為榜樣，劃好勢力範圍，成都王主管北方的事務，首府在鄴，老大當南方的第一把手，「以夾輔天子」。這傢伙的這個分析，前一部分還是很不錯的，可這個建議就有點離譜了──人家周召共和當然做得沒有錯，可是司馬岡和司馬穎比得上周公和召公嗎？讓這兩個公子爺出身、只知貪權圖享受的人來劃江而治，恐怕這個南北界線還沒有劃好，這個國家就已經一分為二，到處是炮火連天了。當然，如果這麼做，也許司馬岡能多活幾天──但這麼多活幾天又有什麼用？

第六節　司馬冏的長遠打算

司馬冏在百忙中抽時間看了這封信之後，又用老辦法，回覆了一封信給王豹，說你的見解很有價值，對我的啟發很大。希望以後多提這樣的見解。王豹讀到這封表揚信後，一連幾天都沉浸在激動之中，覺得老大還是不錯的。

哪知，他的激動還沒告一個段落，厄運就對準他猛砸過來。長沙王司馬乂知道了這封信之後，覺得要是司馬冏照這個方案執行下去，以後他就得回到洞庭湖旁邊永遠住下去，到死都沒有抬頭之日，馬上就去找司馬冏，說：「老大，王豹那小子是在離間我們兄弟啊！這種人是什麼人？是居心叵測的人。居心叵測的人就應該拖下去打死。」

司馬冏雖然覺得王豹的話不錯，但又覺得司馬乂更不能得罪，就上書皇帝，說王豹挑撥離間，製造矛盾，是個不忠不義的人。結果，激動還沒到尾聲的王豹被拖下去，用皮鞭活活打死。王豹這才知道，前面那些人講幾句難聽的話，什麼事也沒有，自己這一多嘴，代價實在太慘重了。可現在知道了有什麼用？他只能恨自己投靠的老大太不像話了，因此在斷氣的時候，盜版了一次伍子胥的臨終語錄：「縣吾頭大司馬門，見兵之攻齊也！」

這個預言不久就成為現實。

很多人都以為，首先向司馬冏攤牌的肯定是司馬穎。

然而，揭開推翻司馬冏獨裁統治序幕的卻是司馬顒。

本來，司馬顒也沒有當這個先鋒的打算和膽量，但司馬冏卻硬是把他逼上這條路。

司馬冏認為，司馬顒原來是司馬倫的死黨，無論如何就是看他不順眼，因此，兩個人老是意見不合。

當然，他們並沒有直接大眼瞪小眼地槓上。

105

第二章　昏庸殘暴倫終敗　野心奢華冏亦亡

像幾前幾個突發事件一樣，點燃這個導火線的依然是個本來與大局無關的小人物。這個人叫李含。本來是在司馬顒手下混飯吃，是司馬顒的長史，後來司馬冏為了表現用人堅持「五湖四海」的原則，硬是把這傢伙提拔到中央當翊軍校尉。如果只是提拔，也不會有什麼事發生。可他又把梁州刺史皇甫商也提拔上來當軍事顧問，這個傢伙跟李含是死對頭。如果只有一個死對頭，一對一地互翻白眼，那也沒什麼。可李含的另一個死對頭夏侯奭的哥哥也在齊王府裡當差——李含當年曾經害死夏侯奭，因此兩人的仇恨可以說是血海深仇。李含又是個容易跟人家結怨，製造矛盾的專家，不久又跟齊王府的右司馬趙驤鬧了矛盾，互相看不順眼。

你想想，天天跟三個仇人抬頭不見低頭見，心裡是什麼滋味？

李含最後覺得再這樣下去，自己就會發瘋。他實在受不了這個折磨，最後決定離開這個地方。當然，如果他像別人那樣，辭去職務跑回家裡躲著，歷史就不是以後的這個歷史了。這傢伙只是從司馬冏那裡出走，然後又跑到老上級司馬顒那裡，對司馬顒說：「老大，你知道我帶什麼來了嗎？我是帶了皇帝的密詔來的。皇帝已經跟老大一樣，受不了司馬冏的擺布了。他叫老大趕快起兵，推翻司馬冏的統治。」如果司馬顒是個聰明人，肯定不會相信李含的話。因為司馬衷那樣的菜鳥，能有這個思維嗎？他那個腦袋能產生這種想法，他還會是司馬衷嗎？這個國家還會是這個局勢嗎？

司馬顒本來就不是個聰明人，而且又知道司馬冏對他很有意見，時時刻刻想抓個把柄把他搞定，因此，他寧願相信李含的話而不願意冷靜地想一想。

李含一看，不是說謊言要重複一千遍嗎？這個謊言才說一遍，老大就相信了。他馬上建議：「成都王司馬穎的功勞是明擺著的，可他卻回到他的地盤上，低調做人，現在人氣越來越旺。齊王算老幾？居然搶過皇帝親

第六節　司馬顒的長遠打算

弟弟的風頭去當老大，大家都恨他。老大，你可以傳密詔，叫司馬乂去解決齊王。現在司馬乂就那麼一點實力，肯定打不過齊王，最後就會被齊王殺掉。到時，我們就安這個罪名給齊王，起兵討伐，肯定能取得勝利。我們成功之後，就請成都王出來主持大局，天下就太平。這可是大功一件，誰先搶就到誰的手中啊！」

司馬顒一聽，好主意。遲早會跟司馬冏攤牌的。這個牌我不攤，他也要先攤，還不如搶在前頭，抓住主動權。

他馬上上書給皇帝，羅列了司馬冏的一大堆罪狀，並很囂張地宣布，已結集十萬大軍，跟成都王司馬穎、新野王司馬歆、范陽王司馬虓結成反冏聯軍，準備到洛陽會師。現在請長沙王司馬乂廢掉齊王司馬冏，讓司馬穎當百姓的帶頭大哥，接替齊王。

這傢伙在這件事上很講效率，馬上就一面「以李含為都督，帥張方等趨洛陽」，一面派人去請司馬穎一起出兵。

司馬穎一接到通知，哪還有什麼想法？當場就宣布響應號召，共同搞定司馬冏。盧志認為，現在不宜出這個風頭。可是司馬穎這回不把盧志的意見當意見了 —— 你想叫老子夾著尾巴到什麼時候？老子尾巴都被夾得發育不良，跟畸形尾巴沒什麼兩樣了。

十二月二十三日，司馬顒給皇帝的信送到洛陽 —— 說是給皇帝的，其實最後批閱並處理的是司馬冏。

司馬冏也跟很多人一樣，討伐別人的時候很有魄力，是說做就做，可當看到人家向自己公開叫板時，也是心虛得很，以前那個膽子不知跑到什麼地方去了。他是靠搞定司馬倫起家的，知道被人家搞定的下場是嚴重的，因此越想越覺得害怕，忙把大家集中起來，研究一下，如何應對目前的局勢。

第二章　昏庸殘暴倫終敗　野心奢華冏亦亡

　　大名士、竹林七賢小老弟現任尚書令的王戎不知是磕錯了什麼藥還是喝了什麼假酒，這時居然第一個發表意見：「老大立下了滔天大功，自己坐到了最高權力的位子上，可其他該賞的人，老大連一點表示也沒有，很多人心裡不服。現在兩位親王的兵力很強悍，恐怕很難擋得住。我建議老大乾脆丟掉這個權力，提前過退休生活，也許能度過這個危機。別的辦法，我也想不出了。」

　　大名士的意見才剛點上句號，司馬冏還沒有作聲，從事中郎葛旟已經大怒起來，厲聲駁斥王戎：「三臺納言，不恤王事。賞報稽緩，責不在府。讒言逆亂，當其誅討，奈何虛承偽書，遽令公就第乎！漢、魏以來，王侯就第，寧有得保妻子者邪？議者可斬！」這傢伙把沒有封賞有功人員的過錯全扣到三臺那裡，而尚書臺正是三臺中的一臺。王戎一聽，當場把大名士的臉色嚇得像一張廢紙。大家以為王戎這一次肯定逃不過一死了。王戎在驚嚇過後，也知道自己已經站在最危險的邊緣了。這傢伙很聰明，馬上跑到洗手間，假裝毒癮發作，一陣瘋癲之後，掉到糞坑裡。人家看到大名士落進糞坑，吃了幾口陳年大便，也就不再追究下去了，王戎這才免了一死。

　　李含帶的討伐部隊已推進到陰盤，先鋒張方帶的二萬部隊已抵達新安，並要求長沙王司馬乂向司馬冏進攻。司馬冏知道後，還沒有等司馬乂動手，就派董艾帶部隊去攻打司馬乂。你是知道的，司馬冏不是個打仗的料，在跟張泓對壘時，不管是天時、地利還是人和，都站在他的一邊，卻硬是打了幾個敗仗，最後還靠司馬穎的支援才拿下張泓。而且更要命的是，他不會打仗，手下也沒有一個指揮戰鬥的好手。在這個靠槍桿子決定命運的時期，不會帶兵打仗的人想玩政治，結果除了被淘汰之外，沒有別的下場！

　　這一次，他雖然搶了先機，應該說是主動權在手，可仍然抓不住司馬乂。

第六節　司馬冏的長遠打算

董艾還沒對上司馬乂，司馬乂就帶著一百多名隨從衝了出來，跑到皇宮裡，然後關起門來，當場帶著皇帝反攻大司馬府。董艾這傢伙的辦法實在窩囊，沒抓著司馬乂，就把部隊開到皇宮的西門，然後放火焚燒千秋神武門。雖然手下的兵不少，可硬是拿那幾道門沒辦法，那一把火也燒得一點不威不猛，僅夠指揮員們在冬天裡取一下暖。

司馬冏見硬攻不行，就發起政治攻勢，叫人執舉著騶虞幡到處大叫：「長沙王矯詔。」

司馬乂也不甘落後，跟著宣布：「大司馬造反！」

兩人一邊對罵一邊大打出手，把首都變成了殺敵的好戰場，使得洛陽城內「飛矢雨集，火光屬天」。

司馬乂為了表示自己是站在正義和合法的立場上，還把皇帝帶來示眾，讓司馬衷和大臣們都到東門亮相。當時東門的情形是：「矢集御前，群臣死者相枕」。兩人打了三天三夜，司馬冏的部隊被扁得頭也抬不起來。

司馬冏的長史趙淵看到這個形勢，知道司馬冏失敗已成定局，自己要是再跟他混下去，最後肯定會被當作齊王的核心黨羽來處理，因此得想辦法轉移立場。這傢伙一有這個想法，臉色突然一端，現在的最佳途徑就是臨陣倒戈。他馬上拔出大刀，先把司馬冏身邊的何勖殺掉，司馬冏到了這個時候，更是一點主意也沒有，眼睜睜地看著身邊唯一的死黨人頭落地，卻什麼動作也沒有。趙淵殺了何勖之後，就綁住老上級司馬冏，宣布齊王府已經無條件投降。

當司馬冏被押到殿前時，司馬衷看到這堂兄弟被緊緊地綁著，渾身發抖，低著頭在那裡一把鼻涕一把淚，覺得很可憐，就叫人放了他。可放誰殺誰，從來不是由他決定的。前幾天這個決定權在司馬冏的手裡，而現在

109

第二章　昏庸殘暴倫終敗　野心奢華冏亦亡

這個決定權在司馬乂的手裡。

司馬乂現在決定殺掉司馬冏，叫左右把司馬冏這個禍國殃民的逆臣拉出去，司馬冏被拉出去時，還轉過頭看司馬衷，盼望司馬衷突然開竅，救他一命，但司馬衷卻不再做聲。他繼續被拉出去，最後「斬於閶闔門外，徇首六軍」，而且，「同黨皆夷三族，死者二千餘人」。「囚冏子超、冰、英於金墉城，廢冏弟北海王寔。赦天下，改元。李含等聞冏死，引兵還長安。」

司馬冏從去年三月起事到現在，當權僅僅一年零十個月，就宣告八王之亂中的第四王徹底倒臺。司馬冏靠打倒司馬倫起家，其個人能力比司馬倫高了不止一個等級，但最後結局比司馬倫還難看——司馬倫雖然是個公認的菜鳥，但他還有幾個死黨為他支撐著，直到他的人頭落地了，那個張泓還在為他奮鬥。而這個司馬冏雖然天天請一大幫人在家裡吃吃喝喝，每天宴飲到天亮，但到頭來卻連一個死黨也沒有培養出來，更沒有一個有能力的手下為他戰鬥到最後一顆子彈、流盡最後一滴血。他最後落得了個被部下出賣，死於非命的下場。

司馬冏一玩完，八王之亂的第五王，也是八王之中最有能力的人開始隆重登場，把動亂推向一個新高潮。

第三章

饑民流民到處鬧事　猛男掌權終難獨撐

第三章　饑民流民到處鬧事　猛男掌權終難獨撐

第一節　絕處逢生

還得說說李特的故事。

這一年，也就是太安元年的春天，李特在把他的事業推向最高峰沒過幾天，就直線下滑，跌入谷底。

在這一年的正月，李特就展開春季攻勢，帶領部隊渡江向羅尚發起總攻。

政府軍的江防部隊看到李特進攻的勢頭很猛，而且士兵又人口眾多，估計無論如何也抵擋不住，因此就大聲一喊，大家一起丟掉武器，集體跑路。最後蜀郡太守徐儉也被快速感染，信心下降為零，向李特舉起白旗，把成都少城作為見面禮送給李特。

李特進入少城之後，立刻下令，禁止打劫，要改變想法，不要把自己當流民看待，要理直氣壯地認為自己是正規軍。是正規軍就得有正規軍的風度，就不得再做打劫的勾當。所以，他入城之後，「唯取馬以供軍，餘無侵掠，赦其境內」，流民游擊隊就這樣順利地轉型成正規軍，成了一支威武之師、正義之師。

李特在取得一連串的軍事勝利之後，又取得了成都少城，信心更上一層樓，就再也不把司馬家放在眼裡了，決定實施他勝過劉禪的偉大理想，在蜀地開闢他的新紀元——改元建初。李特長得雖然猛男一個，但辦事卻不太果斷——如果以前跟羅尚他們打來打去，你還打著大晉的年號，到頭來還可說是地方與地方之間鬧得不和諧、有點摩擦——雖然摩擦的程度很嚴重，但也算是內部矛盾，可現在改了年號，等於是公開向中央叫板，什麼退路也沒有了，卻又不敢建個國號，當上皇帝，成為真正的劉禪。從這方面上看，這傢伙的底氣仍然不足，不是個做大事的人物。

第一節　絕處逢生

　　當李特在少城中歡慶成都迎來新紀元的時候，在太城裡的羅尚知道再強硬地對抗下去，已沒有多大意義了，馬上派使者出來，跟李特談判，我們都打了這麼久了，該來個中場休息了吧？這一場算你贏了。

　　羅尚一開這個頭，蜀地那些原住居民也知道，四川的天下，已變成李特的天下了，便都集中起來，構築城堡，形成武裝力量，然後向李特歸附。李特高興得滿臉是笑。

　　可他笑了沒多久，就笑不出來了。因為，現在部隊人口越來越眾多，而口糧卻越來越少。軍中無糧歷來都是主帥的大難題。當然，如果李特手下有個像蕭何這樣的人才，這種難題也不算什麼。可現在要找到蕭何這樣的人比解決這個問題還要難啊！何況像李特這樣的組織，核心成員全是自己的兄弟，屬於家族企業，外來人才很難得到重用，所以除了有幾個打仗的好手外，其他方面的人才幾乎都是空缺。

　　李特為這個事傷了幾天腦筋，最後就做了一個決定——這個決定直接導致了他最後的失敗。他看到糧倉的糧食越來越少，而他的子弟兵們越來越多，知道再吃下去，過不了幾天，糧倉就會變成空倉。他就一咬牙，決定把全軍化整為零，分到那些剛投靠過來的城堡裡去解決肚子問題。

　　他的老弟李流看出這個問題的嚴重性，表示不同意：「那些城堡剛剛投靠我們，人心還沒有穩定，向我們表示忠誠，做的全是表面文章，其實沒一點向心力。我覺得，首先叫他們中的豪門大姓把子弟送到這裡來當人質，派兵保護起來。這樣，我們就完全掌握了主動權。」他說過之後，又怕哥哥不聽，就又與李特的司馬上官惇一起上書給李特：「納降如待敵，不可易也。」兩人這裡把受降提高到跟敵人打仗的高度來提醒李特。那個前將軍李雄也經常向李特建議，說李流的意見很正確。

　　李特接連幾天都聽到這樣的聲音，心裡就不開心起來，把憤怒大大地

第三章　饑民流民到處鬧事　猛男掌權終難獨撐

寫在臉上，對著反對的聲音大喝：「大事已定，但當安民，何為更逆加疑忌，使之離叛乎！」他也把這事提高到大政方向來，說已經決定了的事，誰也不能更改。大家看到老大的臉氣得一片烏黑，知道再多嘴下去，吃飯的傢伙就會被砍下來，誰也不敢再作聲了。

在李特分兵出去吃飯，把負擔下放的時候，晉朝的高層已經做出部署：遣荊州刺史宗岱、建平太守孫阜帥水軍三萬以救羅尚。宗岱任孫阜為先鋒，帶著部隊已經開到德陽。李特馬上叫他的兒子李蕩和蜀郡太守李璜帶兵去支援德陽。

宗岱和孫阜的勢頭很猛，兵力也足，那些剛投靠李特的地方武裝心裡就開始打鼓，個個都變成牆頭草。而李特居然看不出，還以為這些地方武裝現在已全部是他的手下了，個個對他忠心耿耿。

到了這時，羅尚的一個部下、益州兵曹從事任睿也看出機會來了，對羅尚說：「老大，機會來了啊！現在李特以為四川的天是他的天了，把兵力全分散，一點準備也沒有了。這正是搞定他的大好時機。我們馬上派人去聯繫那些地方武裝，同時向他發難，來個內外夾擊，他不死砍我的頭。」

羅尚說：「你這計謀要得。」馬上就派任睿「夜縋出城」，去找那些地方武裝，號召大家聯合起來，約定大家在二月十日同時舉事，從四面八方向李特進攻。

任睿確實是個人才，而且膽量也不錯，在完成動員那些地方武裝的任務之後，腦筋還拐了個彎，跑到李特那裡玩了一把詐降的陰謀詭計。李特這段時期接受投降已接受得有點麻木了，因此凡是投降過來的人，一概沒有一點懷疑，通通竭誠歡迎。他向任睿問太城中的情況──任睿正希望他這樣問，當時就說：「城中糧食都快吃光了。現在只剩下那些布匹之類

第一節　絕處逢生

不能吃不能喝的東西，一點用處也沒有。」這傢伙報告完畢之後，就向李特提出個要求，想回家看看老婆和孩子是不是餓得沒一點力氣了。如果是別的人，聽到他這個離開的要求，肯定會有所警覺，智商高一點的就會像周瑜對付蔣幹那樣，來個將計就計，讓他回去之後還上個大當。可是李特不是周瑜，當場很爽快地答應了任睿的這個要求。

任睿騙過李特之後，就大搖大擺地高調離開李特的大營，沒一點顧忌地又進入成都太城，把情況從頭到尾地向羅尚進行了彙報。

到了二月初，羅尚認為，搞定李特的時間已到，馬上組織力量向李特的大本營發動進攻。那些地方武裝一見，紛紛響應，攻擊李特。

李特這時只剩下滿腔的驕傲，身邊卻沒什麼力量，突然被人家一頓群毆，被打得連逃跑的路也找不到。戰鬥結束得很快，不一會兒，李特和他的兄弟李輔、李遠等幾個李氏的重要官員都被抓住，然後被砍下腦袋並當場火化處理，弄了個焚屍揚灰的下場。李特本來是個打仗的能手，而且又剛剛開啟局面，事業正進入高潮時期，手下的兵力也很多，如果擺開來打，只怕不久羅尚就會人頭落地。哪知這傢伙居然因為兵多而失敗，居然對一個跟他糾纏了幾個月的死對頭放鬆警惕，最後讓已苟延殘喘、生命完全進入倒數計時階段的羅尚猛砍一刀，犧牲得很冤枉，但不服氣你也得犧牲，玩你死我活的遊戲，玩完就完，不能重頭再來。

老大一天之間突然被扁得渣都不剩，那些流民部隊的信心也被打擊降到最低點，都懷疑仗不能再打下去了。

李流、李蕩、李雄趕緊出來收拾局面，把大家集中起來，退到赤祖。李流宣布接過李特的地位，當上大將軍、大都督、益州牧，駐紮在東宮。李蕩和李雄帶兵守住北營。孫阜在李蕩他們離開之後，向德陽發起總攻，結果生擒守將騫碩。德陽太守任臧退到涪陵，避開孫阜的鋒芒。

第三章　饑民流民到處鬧事　猛男掌權終難獨撐

羅尚揀了一次大便宜，短時間內取得兩連勝，敵人的第一號頭目也被打死得沒商量，信心直線上升，又派督護何衝、常深帶兵去攻擊李流，其他像藥紳之類的雜牌軍也跟著起鬨，要「宜將剩勇追窮寇」。

李流當然不會坐著等死，親自跟李驤帶兵與常深對決，叫李蕩、李雄去對付藥紳。這麼一來，李家的人手就有點短缺起來，沒誰去抵擋何衝。那個何衝一路無話，就直接向北營進攻。李家北大營的守將是氐族部隊首長符成和隗伯。這兩個傢伙跟李氏雖是同一民族的人，但因為不姓李，沒有受到重用，對李家的用人制度很不爽，覺得再跟下去，除了為他們賣命之外，沒有別的搞頭，而且現在政府軍的攻勢越來越強悍，正是棄暗投明、重新建功立業的大好機會。兩人這麼一想，不等何衝發起攻擊，就先舉起白旗，大聲宣告：我們是愛好和平的！

兩人以為自己這麼一宣布，這投降就大功告成，而且歷史經驗告訴他們，兩軍對壘的時候，最容易的事就是向敵人投降。哪知，他們這一次投降卻不那麼容易。因為，他們只記得自己現在是這座軍營裡的第一把手，卻忘記了另一個人。

這個人就是李蕩的母親。

他們只以為李蕩的老爸強悍，卻忽略了這位新任寡婦也是個厲害角色。在兩個人滿臉堆笑地舉著白旗的時候，李蕩的老媽羅女士，果斷地武裝起來，穿上軍裝，高呼「誓死保衛北大營」帶著身邊的人殺了出來。隗伯一看，原來是這個老女人。舉刀就砍，打傷了羅氏的眼睛。

羅氏的武力指數雖不怎麼樣，但這時抓狂起來，突然發飆，眼睛雖然血流如注，非但沒有退下半步，反而像吃了興奮劑一樣，更加發瘋地大喊大叫、大砍大殺，弄得隗伯大驚失色，拿刀的手也軟了下來，搞得投降過程也打了個大大的折扣。何衝雖然在外面加強攻勢，但進展卻不快。何衝

第一節　絕處逢生

心裡超不爽，裡應外合都還搞了這麼久，這算哪門子戰鬥？連著組織了幾次衝鋒，眼看就要攻破大營，正要鬆一口氣。哪知，突然背後喊殺連天，有人報告：大隊敵軍攻上來了。原來是李流他們已打敗對手，帶著大軍回來援救根據地。何衝哪是他們的對手？但又不得不打，結果被扁得鞋都找不到。這傢伙本來以為自己討了個大便宜，哪知這個便宜卻莫名其妙地轉換成滑鐵盧，差點連命都陪上了。符成和隗伯則帶著他們的黨羽，突圍出去，直接向成都逃跑。

這次李流集團能反敗為勝，依靠的居然是李特的遺孀。這個女人平時悄悄地躲在李特的背後，甘願當一個成功男人背後的女人，很本分地當好隨軍家屬，誰也想不到她身上的雄性激素居然這麼發達，在關鍵的時刻，突然挺身而出，浴血奮戰，為部隊贏得了寶貴的時間，挽救了李家！

李流帶兵乘勝追擊，又打到成都城下。

羅尚一見，只得又當縮頭烏龜，關閉城門。

李流在這一戰中，幾個兄弟通力合作，又挽回局勢。可李蕩卻在形勢大好的情況下，倒上大楣。這傢伙是個十足的好戰分子，一上戰場就不想下來，就想玩命地大砍大殺。這時在成都城門，他還是衝鋒在前，追趕著那些敗逃的敵人。哪知，這些人雖然在敗逃，但面對砍來的大刀，還是邊逃邊反擊一下。李蕩一不小心，居然被刺中一矛，當場跟在他老爸的屁股後面去見了老祖宗，死得一點都不值得。

這時，中央對四川方面的形勢也越來越重視，又派侍中「劉沈假節統羅尚、許雄等軍，討李流」。劉沈到長安時，河間王司馬顒知道這個劉沈是個人才，就把他留在自己的身邊當軍師，改派席薳頂替他的職務去跟李流戰鬥。從這件事上，我們可以知道，晉朝的中央權威已大大降低，否則，司馬顒就是打死也不敢麼做。這是在竄改皇帝的決定啊，定個欺君之

第三章　饑民流民到處鬧事　猛男掌權終難獨撐

罪也完全可以成立。可現在司馬衷非但連什麼叫欺君之罪都不知道，而且這哥兒們就是被人家欺負著一路生活過來的。他當上皇帝之後，主要工作就是接受人家的欺負。

李流雖然現在可以在成都城外對著羅尚大耍威風，但因為接連死了李特和李蕩，而向他們進攻的敵人也越來越多，心裡越來越鬱悶，覺得前景越來越黯淡，這麼一想，心情就更加灰暗。心情一灰暗，信心就狂跌。你知道，造反靠的就是超強的信心，靠的就是勇於發飆，勇於瘋狂。這信心一流失，路就沒法走下去了。

而在這個時候，他的妹夫李含也勸他，乾脆投降算了，把罪惡全推到死了的大哥父子身上，我們是不得不跟他們一起行動的，現在向朝廷表示改過自新，朝廷肯定會原諒我們的。他們一原諒我們，下半輩子要過個小康生活是沒有問題的，何必天天打打殺殺，連泡個妞都還要盡量縮短時間、加快速度。

李流一聽，覺得有道理。沒冤枉讓你當老子的妹夫。

李驤和李雄知道後，都表示反對，做造反追求的就是這種驚險刺激的生活，哪沒有一點風險？做什麼事都有個起起伏伏，哪能一遇挫折就自己申請破產、繳械投降？太沒志氣了吧？

可李流把兩人的話不當話，只是和李含商量著投降事宜。兩人經過商量，最後一致認為，這次投降一定要把真誠表現到位，要讓人家相信他們的投降是全心全意的，就決定把兩人的兒子送過去當人質。如果這樣做，誠意還沒表現出來，那天下就沒有誠意可言了。

李驤和李雄一見，知道再跟他們商量已沒有意義了，決定用行動來阻止他們的投降。而且，李含的大兒子李離也不贊同投降。李離現在是梓潼的第一把手，正把這個太守當得過癮，聽說老大和老爸已經決定向政府軍

第一節　絕處逢生

高舉投降的偉大旗幟，就拚命跑回總部，要勸阻他們。哪知，他快，人家更快。兩個人質已領了這個光榮而艱鉅的任務，早就出發了。兩個寶貝兒子已去就任人質這個職務，你再怎麼勸，看來兩個老頭也不會答應了。

李離退了出來，馬上就找李雄，商量著去偷襲孫阜的部隊。李雄說：「你的意見很對。可現在兩個老人家肯定不會同意啊！」

李離牙齒一咬，說：「他們不同意？我們就來硬的！」

李雄一拍大腿，說有道理。兩個人馬上出來對士兵說：「我們在這裡這麼久，做的都是什麼勾當？全是打劫。而打的是誰？搶的又是誰？全是本地的老百姓啊！本地人早就恨我們恨得要死。我們要是投降，手中沒了武器，人家想對我們怎麼樣就怎麼樣了。所以，現在只有齊心協力，拿起刀槍，去襲擊孫阜，把這個傢伙扁死，才是我們唯一的活路。」大家一聽，覺得這話是實在話，都表示支持。

兩人馬上就帶著部隊出發，直接奔襲孫阜的大營。

孫阜剛跟李流和李含簽定投降合約，而且手中又有兩個對方的寶貝當抵押品，心中覺得很得意，沒有別的想法，哪知李雄和李離卻帶兵前來攻打他？一時手忙腳亂，軍營中的紅色警報還沒有拉響，就被人家「大破之」。而恰在這時，荊州兵的帶頭大哥宗岱也走到人生的最後一步，不聲不響地在墊江玩了一把出師未捷身先死。先鋒打了個「完敗」，老大又說掛就掛，荊州的部隊覺得這次行動實在是一次倒楣的行動，不宜再打下去了，馬上宣布撤軍。

壓在李流身上的一座大山就這樣搬走。

李流他們狠狠地鬆了一口氣。這傢伙鬆了一口氣之後，對自己的行為深刻反省，覺得李雄太有才了，比自己厲害多了，就宣布，從今天起，軍事方面由李雄全盤負責，想打想不打，全聽他的，不用再來請示我了。從

第三章　饑民流民到處鬧事　猛男掌權終難獨撐

這點上看，這傢伙很善於自我檢討，胸懷也很寬廣，不但比李特更適合做第一把手，就是跟晉朝中央高層的那些傢伙比起來，在這方面也沒誰比得過他。

李流集團就這樣度過了一次關係到他們生死存亡的危機，在死了創始人李特之後，又在四川站穩了腳根。

第二節　靠忽悠創業

晉王朝中央高層還在為李流弄得頭痛不已時，司馬歆又在他的治內惹出麻煩。這傢伙現在的職務是都督荊州諸軍事，是荊州一帶的第一把手。這一帶也是少數民族聚居的地帶，本來就不是一個很好管理的地方。司馬歆上任後，就主觀地認為，只要法規嚴格一點，這些刁民就會怕得要命。哪知，他這麼一嚴格執法，人家迅速反感，到處在醞釀著要舉行群體事件，老百姓天天盼望陳勝、吳廣的出現。

義陽人張昌看到這個情況後，覺得做大事的機會已經到了，馬上集中了幾千人，準備向陳勝吳廣學習，來個揭竿而起。

交待一下張昌的履歷。

張昌原來是縣裡的小公務員，很有幾斤蠻力。當然如果只「武力過人」，而頭腦簡單，也成不了什麼大事，最多只是在單挑和群毆中多把人家扁幾下，出一下風頭而已。可這傢伙的腦袋很好用，不但精通那些八卦之類的預測學，還「好論攻戰」，也就是說愛好兵法，而且常在人家面前談這些事。結果就跟那個陳勝在「輟耕之壟上」發表的言論差不多，「儕類咸共笑之」，這話就是說，大家都把他當笑話，說他神經不正常。可他卻對自己

第二節　靠忽悠創業

的能力自信得很，認為自己「應當富貴」。他看到李特成功之後，信心就更上一層樓，決定也要起義。他不聲不響地砸爛自己的鐵飯碗，丟掉了公務員的帽子，「潛遁半年，聚黨數千人，盜得幢麾」，然後說是上級政府派他來徵兵去打李流，號召廣大愛國熱血青年要踴躍應徵入伍，居然做得合法合理。

在張昌還在進行前期準備，等待最好的時機時，荊州政府又幫他加了一把火。因為這時，中央下了個命令要求荊州馬上徵兵，去攻打李流。這個命令是正月初八發出的，因此又叫「壬午詔書」，而徵來的新兵也叫「壬午兵」。這些壬午兵聽說，馬上要去打仗，而且還要到很遠的地方去拚命，集體覺得不爽。可上級的要求很嚴，強迫大家馬上出發，而且要求所經之地，逗留五天以上的，二千石以上的官員通通摘掉烏紗帽回家種你的番薯。

你當然知道，這些地方官員對老百姓的死活是從來不會放在心上的，但對上級的話卻怕得要命，一聽說這工作做不好，個人的仕途就會被一票否決，都積極行動起來，第一把手親自出馬，下到第一線，催逼這些新兵勇敢地上前線。

這些新兵被逼不過，就不斷地逃亡，然後又自動的集合起來，開展打家劫舍的業務，成為專職強盜。

這時，江夏的糧食獲得大豐收。流民們得到這個消息後，都奔相走告，全跑到這個地方來找吃的，沒幾天時間，在這一帶找吃的人就有幾千人。

張昌一見，就在這些流民中拉攏，叫他們跟他一起舉事。這傢伙突然覺得自己這個名字不像個做大事的名字，就把名字改為李辰，然後在安陸縣通知流民們到石巖山集中。大家知道後，都響應號召，狂奔過去，跟李辰起義。

第三章　饑民流民到處鬧事　猛男掌權終難獨撐

江夏太守弓欽知道後，心想，想在老子的轄區裡鬧事，你們吃錯藥了吧？一群烏合之眾，算什麼。馬上帶兵過去圍剿。

哪知，弓欽只知道人家是烏合之眾，卻不知道自己的部隊也差不了多少，除了那身軍裝像個威武之師外，專業能力卻菜得不能再菜，菜得碰到哪支隊伍都可以被打敗的地步。雙方一接觸，弓欽的部隊就失敗在望，紛紛大叫：「不是我們無能，是敵人太厲害了！」

就連呆子也知道，現在的這些敵人其實是一點都不厲害的，而且這些敵人的這一仗是他們的處女作。

張昌看到政府軍原來就這個戰鬥力，信心馬上爆棚，帶著大家大喊大叫著向江夏郡的首府進軍。弓欽的政府軍早已被打怕了，看到敵人風風火火地衝過來，便都丟下武器，四處逃散。弓欽連小妾也不通知一聲，一口氣就跑到武昌，然後向司馬歆報告。請老大派精銳部隊過去，否則，後果很嚴重。

司馬歆派騎督靳滿帶兵再去討伐張昌。哪知，靳滿也不是什麼好料，帶著部隊開到前線，打了一仗，結果也被張昌打得遍地找牙，好不容易才找到個缺口，逃跑出去，回去向老大報告：「敵人太厲害。我打不過他們。」

張昌就這樣順利地占領了江夏，擁有了一塊根據地。這傢伙知道，要把事業做大，就得把百姓拉到自己的周圍，成為自己的力量。要拉攏百姓到自己的周圍，最有效的辦法就是利用博大精深的封建迷信，愚民得越徹底越有效益，因此又創作了一句謠言：「當有聖人出為民主」，然後叫人四處散布。謠言傳出之後，就著手去物色這個「聖人」。真正的聖人是千年一遇，可這種「聖人」大街上到處都是，隨便一揮手就可以抓到幾個。張昌沒花什麼功夫就找到了一個叫丘沈的人。你一看這個姓就知道這傢伙什麼背景也沒有，在社會上根本沒什麼影響力，是一個隨便拿捏的小人物。

第二節　靠忽悠創業

立這樣的人做掛名第一把手，是很好擺布的。

張昌找到丘沈之後，又玩了一把改名的把戲，對丘沈說：「從今天起，你不要叫丘沈了，就是你父母叫你丘沈，你也不要認。你現在叫劉尼，是漢高祖劉邦的後代。」丘沈做夢也想不到，自己這麼一改名，就變成了貴族的孝子賢孫。而且更大的好事還在後頭。張昌在改完他的名字之後，又宣布了一項最威風的任命書，說，劉尼，從今天起，你就是皇帝。劉尼一聽，這皇帝當得是不是太容易了？改個名就成了。早知道如此，十幾年前就改名字了。

張昌任命了皇帝之後，又任命自己做相國 —— 你當然知道，這個相國才是真正有權力的人。他叫人家接過劉邦的班，自己卻一把接過曹操的槍。這傢伙想，既然連皇帝都任命了，也得有個排場才像模像樣，因此就做了皇帝的大印，改年號為神風，還殺牛殺羊舉行了祭天祭地儀式，所有官員都穿上漢服，不服從他調遣的，就二話不說，全部處死，讓你們知道什麼叫「君叫臣死，臣不得不死」這個天下最硬的道理。大家看到這傢伙殺人沒得商量，當然都不敢反抗。

張昌看到謠言的作用確實比誠實好多了，因此就繼續深入地貫徹「手腳未動，謠言先行」的政策，再命令他的手下到處造謠：「長江、淮河以南的老百姓都已經造反了。現在司馬氏的軍隊就要開過來了。司馬氏已揚言，要把我們通通殺死，半個都不留下！」其實，江淮地區目前雖然說不上是和諧社會、形勢一片大好，但也還算穩定得很，除了張昌之外，別的地方連集體事件都很少發生。可當時資訊很不發達，消息傳播的速度並不比退休官員在河邊散步的速度快多少，所以誰也不知道本村以外的新聞。這時聽到這個謠言，誰也不敢懷疑。大家一相信這個謠言，結果就都自動組織起來，投奔到張昌的旗下，既算當兵吃糧，又可保住性命，覺得是兩全其美的事。其實全是上了張昌的大當。

123

第三章　饑民流民到處鬧事　猛男掌權終難獨撐

張昌一數，三萬人。幾句謠言就有三萬傻子跑過來，壯大自己的隊伍。這傢伙還親自設計了部隊的軍裝，個個頭戴紅帽，還用馬尾做假鬍鬚，弄得個個戰士都是長鬚飄飄，酷得很。

張昌一舉事，就立皇帝、改年號，跟晉朝中央的對立顯得更徹底、更純粹，因此雖然舉事的時間比李氏兄弟短得多，但中央政府對張昌卻更加重視，馬上由司馬衷簽署命令，派監軍華宏帶兵圍剿張昌。哪知這個華宏的官位雖然高，職權雖然大，可打仗的能耐也跟弓欽同一個等級，在嶂山跟張昌對壘，才一交手，就被張昌狂扁一頓，大敗而歸。

司馬歆趕忙上書：「妖賊犬羊萬計，絳頭毛面，挑刀走戟，其鋒不可當。請臺敕諸軍三道救助。」張昌做的那些行頭，還真把司馬歆嚇住了，要求中央命令其他各部全力支援他。

可是，現在的中央已不是原來的那個中央，拿指揮棒的只能指揮司馬衷，政令卻出不了洛陽。各地強人內鬥起來，各顯神通，精彩得很，可對外敵卻從不放在心上。雖然決策層裡的人很急，很想把張昌這個當代陳勝吳廣迅速撲滅，下了個命令：以屯騎校尉劉喬為豫州刺史，寧塑將軍沛國劉弘為荊州刺史。又詔河間王顒遣雍州刺史劉沈將州兵萬人，並徵西府五千人出藍田頭以討昌。

這個部署應該是沒有錯的。可是司馬顒是個歷來不理會中央的人，一心只想壯大自己的力量，除了想打進首都之外，別的地方都不想打。所以，當他接到命令時，看都不看，就扔到一邊，你們不危機，老子就要危機了。那個雍州刺史劉沈跟中央還是保持高度一致，帶著自己的地方武裝出發。可才來到藍田，司馬顒就跑了過來，奪掉了他的兵權，把他帶來的部隊全收編到自己的部隊裡。

現在只有劉喬帶著自己的部隊駐紮在汝南，劉弘及前將軍趙驤、平南

第二節　靠忽悠創業

將軍羊伊屯宛,對抗張昌。張昌這幾天習慣了打勝仗,很有信心地認為,不管敵人派誰來,都是來送死的,都是做運輸大隊長,替他送武器來的,所以只派了部將黃林帶兩萬人去攻打豫州。

政府軍方面在豫州前線的指揮官是劉喬。這個劉喬名字雖然不怎麼響亮,但能力絕不是弓欽、靳滿之流可比的。他看到黃林帶著一群奇裝異服的人毫無秩序地衝殺過來,心情一點不緊張,帶著部隊迎上去,叫兄弟們,只管大砍大殺,不用去想別的。你們要是不砍他們,他們就會把你們砍死。就這麼簡單。

黃林部隊的人數雖然眾多,但卻被劉喬擋得死死的,一點進展也沒有,知道遇上高手了,再打下去,會輸得更慘,只得宣布退兵。

劉喬保住了豫州,可是司馬歆這邊卻倒了大楣。

這個司馬歆也是司馬氏少數的強人之一,原先跟司馬冏走得很近。哪想到沒過幾天,司馬冏就被人家打成反動集團的頭子給砍了腦袋。司馬歆現在最怕的是司馬乂要清算司馬冏的餘黨。他在家裡怕了幾天之後,猛拍了幾下腦袋,最後想出一個辦法,就是再去投靠成都王司馬穎。現在司馬穎的人氣是司馬氏中最旺的,連司馬乂都怕他幾分,不管大事小事都派人去請他點頭之後才釋出。

可誰都知道,司馬乂也不是什麼好人,也是個貪權的傑出人物,對司馬穎做的這個姿態,完全是秀出來的,沒過多久,兩人的蜜月期就悄悄地宣告結束。司馬歆跟司馬穎拉上關係時,司馬乂就更加生氣。這時,司馬歆要求中央政府允許他出兵打擊張昌時,司馬乂居然說,不就是幾個不明真相的人在鬧嗎?沒什麼大不了的事。先觀察觀察。硬是不讓司馬歆採取軍事行動,沒有直接把張昌消滅在萌芽狀態,弄得張昌的實力一天比一天大起來。

125

第三章　饑民流民到處鬧事　猛男掌權終難獨撐

　　後來，司馬歆的從事中郎孫洵看不下去了，就對司馬歆說：「老大，你好歹也是個方面大員，手裡有權也有槍，負責這個地方的維穩，該不該出兵，你完全有這個權力。至於請示上級，那也是做做樣子，一般是一邊請示一邊派兵去打的。老大要是再等下去，張昌的力量就會更大，到時再出兵，不知是我們收拾他還是他收拾我們啊！到了這個關鍵時刻，你一定要心中有數。」司馬歆一聽，有道理。馬上對自己的權力重新定位，決定親率大軍與張昌決一死戰，一來立點功勞，二來也鍛鍊一下自己的軍事能力──在這個社會混下去，而且要混得好，別的能力可以缺乏，但軍事能力不能缺乏──司馬冏就是因為不會打仗，才會沒幾天就被拉下馬。這是個靠槍桿子說話的年代。

　　在他磨刀霍霍準備帶著他的威武之師、正義之師出發時，王綏又說：「那個張昌是什麼人？以前不過是一個縣級的公務員，現在再怎麼囂張也只是個土匪的頭目，派個部將過去，把他捉拿歸案不就行了？哪能讓老大親自出馬？老大你也要講究一下身分啊！」

　　司馬歆一聽，覺得又很有道理。堂堂皇家的強人之一，哪能去跟一個匪首面對面地對決。他這麼一要臉，一講身分，就待在城裡過著貴族生活，把張昌事件來個擱置處理。哪知張昌卻一點不怕他的身分，在取得幾連勝之後，帶著大軍浩浩蕩蕩地殺向樊城。

　　司馬歆這才帶兵出來，也不管身分不身分、臉面不臉面了，決心痛扁這個張昌一次。哪知，才一交手，司馬歆部隊的戰士一看到張昌部隊的妖模鬼樣，都以為碰上一群有特異功能的人了，個個都嚇得四散而逃。司馬歆看到指揮員並沒有照他的命令衝上前，為國殺敵，而是四散逃跑。他這才知道，打仗這個學問很深奧，不是你的身分越高貴就越能打的。眼見大家跑得路都不見，他這才想起，他也該跑路了。可事實證明，他打仗的能力很低，而他逃命的能力更差。才跑不了幾步，就被敵人追上，一刀砍過

來，堂堂皇家強人司馬歆連一句遺囑也沒有，就在戰場上光榮犧牲了。

司馬乂在接到司馬歆的死訊之後，這才發出詔書，任命劉弘接替司馬歆的位子，當鎮南將軍、都督荊州諸軍事。

劉弘接過委任狀之後，提拔了一個後來大大有名的人物──陶侃。陶侃當時是南蠻長史，現在被提升為大都護。劉弘還提拔了另外兩個人：參軍蒯恆為義軍督護，牙門將皮初為都戰帥。然後帶著部隊來到襄陽。

張昌這時好像進入了他的牛市一樣，帶著部隊圍攻宛城，打敗了趙驤，還殺了那個羊伊。劉弘沒有辦法，只得退守梁縣。張昌又向襄陽進軍。這一次，張昌的嘴巴啃到了硬骨頭，進攻終於受阻，沒有攻下襄陽城。

第三節　李雄稱帝

在張昌的事業有點碰壁時，李流的事業也一波三折起來。

本來，李家打仗的人才還真不少。李雄拿到軍事指揮權之後，馬上就有所表現，帶著部隊打死了汶山太守陳圖，奪取郫城。李流馬上把總部遷到郫城。雖然軍事上取得了一些勝利，可形勢卻越來越不順利。因為這時四川境內的原住居民們對李流他們都感到害怕，有的結塢自治，有的南下到寧州去討生活，有的向東跑到荊州去做工，弄得「城邑皆空，野無煙火」。

李流又面臨他哥哥曾經面臨的問題──軍糧緊缺。他當然吸取了哥哥的教訓，不再為了吃幾口飯，把部隊化整為零，等人家來各個擊破，而是派出部隊發揚以前的舊傳統，恢復打劫。可是人都走光了，你打誰搶誰？沒過幾天，大家紛紛報告：「虜掠無所得。現在兄弟們都餓著肚皮等老大的第二個命令！」

第三章　饑民流民到處鬧事　猛男掌權終難獨撐

　　到了這個時候，按理說，李流的事業已走到了盡頭。哪知，歷史的某些細節，就是讓你大出意外。

　　這一次讓人們大出意外的是那個范長生。此前，這傢伙一點都不出名。當然，不出名並不表示他沒有實力。范長生是這一帶五斗米教的老大，住在青城山裡當他的教主。五斗米教是漢末張陵創立的，而且他的孫子張魯又是當官又當教裡的老大，因此五斗米教在四川一帶很吃得開，教徒人數眾多。在大家都躲避李流四處逃難的時候，涪陵一帶的老百姓都緊密團結在范長生的周圍，形成了一股不可忽視的地方勢力。可那個羅尚卻硬是忽視了范長生以及五斗米教的存在。他只相信政府，相信官越大越好做事。平西參軍徐輿向羅尚要求去當汶山太守，然後去拉攏范長生一起對付李流。可羅尚一看，兩句話就想當個太守？沒有銀子想提拔的好事早就一去不復返了。至於那個范什麼的，更是哪根蔥。所以就不批准徐輿的請求。

　　如果是別的人，討不到官職，最多就幾句怨言，然後平時就工作不努力，拖拖沓沓過日子。可這個徐輿卻有個性得很，看到羅尚不理他，當場就氣沖沖地跑了出來，連家也不回，直接跑到李流那裡，說我向你投降。

　　李流現在最需要的是本地人才，這時看到徐輿來投降，當然高興得想叫萬歲，馬上讓他當上安西將軍。雖然大家都知道，現在李流的事業正走下坡路，腦子裡都是世界末日馬上就要來臨的感覺，因此這個安西將軍跟個空頭將軍沒什麼差別。可徐輿卻高興得很。這傢伙想當官想得腦殼差不多開裂起來，是個為了提拔可以丟掉信仰、喪失立場的人。他拿到這個安西將軍的大印後，馬上就向李流做了個足以挽救李家的建議。

　　其實，這個建議對他來說也是炒冷飯而已。他對李流說：「現在我們最缺的是糧食。不過，我有辦法解決！」

第三節　李雄稱帝

李流的眼睛當場光芒萬丈，說：「你有什麼辦法？」

徐輿說：「老大以及部隊不都是五斗米教的教眾嗎？為什麼不靠這個信仰去弄點糧草？要不信仰這個也太沒有意思了。」

李流：「怎麼做啊？」

徐輿說：「青城山的范長生就是這一帶五斗米教的老大。現在手裡不但有武器，而且糧食也很充足。我們可以跟他們合作。一方面可以解決部隊的飯碗問題，另一方面也可以因此而結納到本地人啊！要不，老大的部下都是外來人口，連個暫住證也沒有，要想在這裡立足下去可就難了。」

李流一聽，哇！這個投降派還真有用處，馬上就叫他去說服范長生。

徐輿領了任務，就上了青城山。范長生也是個爽快的傢伙。這傢伙是個純粹的教徒，心中只有五斗米教，始終認為宗教沒有國界，根本沒有什麼地域觀念和排外思想，一聽說是本教的兄弟們在餓著肚皮為本教拚命，立刻熱血沸騰起來，說：「你去跟李流說，只要我范長生有一口飯吃，他就不會餓肚子。」

李流突然得到這個後援，勢頭又生猛起來，弄得羅尚的頭比前更大了。

在李流要大幹一場時，卻生了一場大病。他服了幾味藥，但一點也擋不住病情，他知道自己的生命就要劃上休止符了。這傢伙臨死的時候，腦袋仍然清醒，一點沒有發暈，他召集大家，交待了後事：「李驤人品好，也有能力，本來完全可以當第一把手，帶著大家做一番大事業。可是李雄更加英雄蓋世，屬於『上天所賜』那類人才。所以，大家都要擁護他當以後的老大。」他說完這些話之後就死了。

大家就按李流的話，讓李雄擔任新一任領導者。

李雄一上任，大概覺得新上任不燒一把大火給大家看，這個老大就沒有分量，因此耍了個花招，叫撲泰去向羅尚投降，並建議羅尚：現在李流

第三章　饑民流民到處鬧事　猛男掌權終難獨撐

剛掛,李雄正忙於鞏固權力,內部調整正在進行中,這可是襲擊李雄的大好機會。如果你帶兵前來,我就在郫城裡當內應,一舉把李雄殺掉。羅尚一聽,也不用腦子思考一下這個投降的真假,也不想一想,天下哪有這種無緣無故的投降,就全盤相信了撲泰的話,派那個從李家投降過來的隗伯帶兵過去,以李流的大本營所在地郫城為目標,交代隗伯要盡力完成任務,自己在成都城裡擺慶功酒等他。

這次裡應外合的計畫,就是撲泰在適當的時機,在城裡舉火為號,城外的部隊看到火光沖天,就可上前發動總攻。

羅尚覺得這個計畫很嚴密,哪知所有的行動都是在李雄的掌握當中。李雄是這樣安排的:讓李驤帶著部隊埋伏在道邊,撲泰在城裡燒火之後,跑到城頭,放下長梯,向羅尚的部隊提供上城的路徑。羅尚軍一看,一切都在按部就班地進行著,都表現出大無畏的英勇氣概,爭著攀上長梯,殺進城裡,建功立業。這時,李驤的伏兵突然殺出。隗伯的部隊這才知道上了大當,被殺得大敗而逃。李驤命令大軍狂追過去,一直追到成都城下。李驤讓手下士兵大叫「萬歲!」說是攻占郫城凱旋歸來!那幾個守門的都是菜鳥,聽說自己的部隊凱旋歸來,想都不想,就把大門嘩啦啦開啟,歡迎得勝歸來的勇士們。

李驤部隊衝進成都少城,大砍大殺起來。羅尚這才知道中計了,趕忙退回太城,把城門關得緊緊的。隗伯在這次戰鬥中得了個大教訓,身上受了重傷,被李雄活捉。不過,李雄卻又放過這個叛徒。

到了第二年,李雄加大力度進攻城都太城,羅尚硬碰硬了幾天,因為軍中沒糧食,知道再守下去,就等人家來個「甕中捉鱉」了,便讓牙門張羅暫代這個圍城的第一把手,負責把太城守到地老天荒,自己卻在半夜的時候,來個腳底抹油,溜得比誰都快。張羅一看,老大都跑了,想讓自己在這個地方死守?老子不幹。便開啟城門,向李雄投降。李雄終於全部占

第三節　李雄稱帝

領成都。

　　而羅尚則逃到江陽，中央讓他繼續做老本行，當李氏家族的敵人。

　　這時，那個當了幾天老大的張昌潛逃多日之後，突然覺得這個世界真是朗朗乾坤，什麼地方也躲不了，很快就被一把抓住，最後誅滅三族。倒是李雄在四川的元氣得以恢復，正醞釀著把事業推向一個歷史的新高。

　　他覺得這個大都督之類的官當得已經不過癮了，得當上皇帝才幸福。這傢伙做事還是有一點手段的。他並沒有直接向大家宣布，兄弟們，今天我要當皇帝，而是對那個挽救了他們的范長生說，范老大，你乾脆當了皇帝吧，我們堅決擁護你。范長生是什麼人？當然知道這話不能當真，因此死活不答應。

　　在李雄遊說范長生時，他的那一群死黨卻都氣勢洶洶地勸他趕快當皇帝，再不當，兄弟們看不到前景，這事業可就走下坡了。李雄最後就說，為了最後的勝利，我就遷就一下兄弟們的意見。不過，一下就稱帝，速度有點太快了，我還適應不了，還是先當個王好。大家當然沒有意見。

　　李雄就在成都稱王，所有程序都按最高規格辦理，先是宣布大赦，讓所有被壓迫的人從罪惡的牢房裡出來，重新過上幸福的生活，然後是宣布改元建興——宣布晉朝的日曆作廢，以後用自己的日曆，做什麼事，用我們的黃道吉日。光廢掉日曆，好像也不很過癮，乾脆連賈充制定的那部《晉律》也廢除了：這個法律有什麼用，裡面有那麼多反腐條文，可官場上腐敗的人比那些條文不知多了多少倍，以後大家只要遵守新政府頒布的這七條法規就行了。接下來，是讓那些部屬高興得不能再高興了，就是大規模地任命官員。原先這些強盜頭目，現在個個都是將軍，個個手裡都有一份任命書，映得他們個個神彩奕奕，覺得鬧了這麼久，終於鬧出個模樣來了。這個高層的名單是這樣的：以其叔父李驤為太傅，兄李始為太保，李

第三章　饑民流民到處鬧事　猛男掌權終難獨撐

離為太尉，李雲為司徒，李璜為司空，李國為太宰，閻式為尚書令，楊褒為僕射。尊母羅氏為王太后，追尊父特為成都景王。

除了閻式、楊褒是外姓之外，全是他們李家的大佬。從這份名單上可以看得出，李雄雖然把老爸和叔叔交給他的事業做得更強更大了，但仍然走不出家族企業的模式，仍然沒有重用外姓人才的膽略和意識。

第四節　陶侃的坎坷

四川這邊的事越來越麻煩，而洛陽城裡的火藥桶又已累積到完全可以引爆的程度。

最先在這個桶子裡裝火藥的人就是李含。這傢伙以前教唆司馬顒高舉反抗司馬冏統治的大旗時，就在心裡做了個很龐大的計畫。他本來以為，長沙王司馬乂在洛陽城裡就那麼點實力，跟司馬冏一叫板，估計叫板的聲音還沒有畫句號，司馬冏就可以把他一扁到底了，然後他們就可以用這個罪名去討伐司馬冏，解決司馬冏後，廢掉司馬衷，然後讓司馬穎當皇帝，讓司馬顒當宰相——這兩個傢伙的腦子雖然比司馬衷好得多，但其實也是菜鳥一族——在兩個菜鳥上級手下當差，他就可以成為實際最高領導人了。哪知司馬冏在打仗方面實在是菜得讓人跌破眼鏡，自己手裡有權又有勢，最後居然落得個失敗的下場，可憐兮兮地被人家砍掉了腦袋。

司馬冏的腦袋一落地，李含的遠大理想也跟著變成了泡影，但這傢伙卻不甘心，一直睜大眼睛尋找機會。

在這個時刻都動盪的社會裡，機會是經常湧現的。

司馬冏掉腦袋後，司馬乂和司馬穎的矛盾就從無到有、從小到大、從

第四節　陶侃的坎坷

暗中變成公開。司馬穎是個豬頭，之前做的那些聰明事，全是盧志教導的結果。可你想想，一個菜鳥政客，本身頭腦不靈活，而心裡又充滿了權力的欲望，他能甘心天天活在盧志那些低調做人的作秀之中嗎？他很快就現出本色，覺得老子功勞天下第一，要不，那個人氣榜上的數據是白白狂漲的？這個想法一占據心頭，他就覺得司馬乂還在中央，實在是太礙手礙腳了，腦子一有空，就想著把這可惡的傢伙踢出權力中心。

而現在司馬乂對司馬穎也已經看得不順眼了。

這兩大力量同時產生這個想法，政壇能穩定下去，那簡直是奇怪的現象了。

李含就在這個時候又跳了出來，叫他的上司趕快插上一腳。這時，他那個冤家對頭皇甫商又加入司馬乂的陣營，仍然是參軍，而皇甫商的哥哥皇甫重又是秦州刺史，也算是實力派人物。李含對這兩個傢伙恨得咬牙切齒，馬上對老上司說：「皇甫商是司馬乂的死黨，他的哥哥能為老大賣命嗎？現在應該先解決皇甫重，剪除司馬乂的一隻手啊，具體辦法是，我們提議讓皇甫重去中央任職，等他經過長安時，就把他拿下。」

司馬顒能有什麼話說？當場就同意了李含的計畫。

哪知李含的計畫很不錯，可保密卻做得實在太糟，前期準備還沒有做好，那邊皇甫重就全盤知道了這個計畫。這傢伙也不是個省油的燈，一聽說李含想搞定他，當然不願坐以待斃，馬上就抓緊時間做好反擊的準備。他一面上書中央，指控李含是禍國殃民的反動分子，一面向所部發出作戰動員令，弄得秦州城裡到處是「打倒李含」的聲音。

司馬乂接到這個報告後，知道這兩個傢伙都是地方實力派，要是打起來，後果是很嚴重的，雖然他很恨李含和司馬顒，但因為覺得內戰才剛結束幾天，都還沒有收尾，實在不宜再展開另一次內戰，所以就決定用和平

133

第三章　饑民流民到處鬧事　猛男掌權終難獨撐

方式解決這件事——司馬乂的想法很不錯，而且在當時是可行的，可後來在執行過程中出了錯，非但沒能把這次內戰消滅在萌芽狀態，反而讓戰爭的規模搞得更大更強。他派使者拿著詔書叫皇甫重停止軍事行動，然後宣布提拔李含為河南尹。

這個李含的智商起伏很大，清醒時還算靈光，但清醒的時間不多，因此也常發暈。這時看到自己突然得到提拔，變成河南第一把手，當場就高興得嘴巴開裂，很爽快地表示服從命令，並高高興興地上路，去履行新的職責，要為國為民作出更大的貢獻，卻一點也沒有想到，自己一離開司馬顒之後，還有什麼作為？一點沒有把這事跟「明升暗降」這個成語連繫起來。哪想到結果是人家沒有上他的當，他卻懷著激動的心情去上人家的當。

皇甫重接到命令之後，只在那張詔書上簽「已閱」兩個字，卻連個逗號也不遵照執行。

司馬顒馬上派金城太守游楷、隴西太守韓稚等合四郡兵向皇甫重發動進攻。司馬顒在向皇甫重展開軍事行動的同時，還祕密派人去跟侍中馮蓀、中書令卞粹聯繫，找機會殺掉司馬乂。可這傢伙做事也跟李含一個樣，想法不錯，而且也很有魄力，可就是沒做好保密，這邊還沒有行動，那邊的皇甫重卻已經把這個方案了解得跟他們一樣透澈。

皇甫重得到這個情報之後，馬上派人通知司馬乂。司馬乂知道後，立即採取行動，把李含、馮蓀、卞粹同時捉拿歸案，當場處置。

司馬乂用這個行動，宣布跟司馬顒已經徹底決裂，晉朝政壇新一輪大地震已經全面來臨。

在司馬乂四處樹敵的關鍵時刻，張昌又把他的事業推上一個新的里程碑。張昌的死黨石冰進攻揚州。揚州刺史陳徽也是個吃喝嫖賭很生猛，但仗卻打得很窩囊的傢伙，才一交手，就被石冰扁得毫無回手之力，最後跑

第四節　陶侃的坎坷

得比誰都快，弄得「諸郡盡沒」。石冰取得揚州諸郡之後，並沒有收手，繼續向江州進軍，沒幾天又把江州劃進了張昌的版圖。而石冰的部將陳貞等攻武陵、零陵、豫章、武昌、長沙，也把這幾個地方拿下，最後「臨淮人封雲起兵寇徐州以應冰」，使得張昌開創的事業一片大好。如果張昌的素質再高一個等級，在打下這個基礎之後，馬上對部屬進行整頓，把眼光放遠，開拓心胸，努力拉攏民心，網羅人才，提出符合民意的政治綱領，他的事業將不可限量，而且現在中央正亂得一團麻似的，正是他們把事業做大的大好時機。可這傢伙卻不是大政治家的料，骨子裡還是小百姓，只把眼前的利益看得比天大。所以，他任命的那些地方官，沒一個有治理地方的才能，倒是個個有偷雞摸狗的特長和愛好。

這樣的一群人，即使在短期內做得轟轟烈烈，規模很大很強，但其實也是一堆泡沫而已，只待再膨脹一下，最後崩潰的速度比誰都快。而且張昌能在短時間內，讓事業迅速發酵，幾乎到了戰無不勝的地步，主要原因是碰到的對手太菜，都是一群只會腐敗不會打仗的貪官。

而現在他的主要對手是劉弘。

劉弘是現在司馬氏朝廷裡少有的好官，他是世家出身，老爸當過鎮北將軍，年輕的時候與司馬炎「同居永安里，又同年，共研席」，因此，混進官場的起點很高，從「太子門大夫，累遷率更令，轉太宰長史」，後來又得到張華的看重，官位就很迅速地往上竄，沒多久就被任命為寧朔將軍、假節、監幽州諸軍事，領烏丸校尉。劉弘出身好，能力也強，絕對不屬於誇誇其談的那一類人，在他的轄區內，「寇盜屏跡」。而且他手下的陶侃也是個不可多得的人才。先介紹一下陶侃。

陶侃還很小的時候就死了老爸，而且家裡窮得要命，史書上說是「酷貧」——你的相貌酷斃帥呆，那是一件很好的事，可這個貧窮一酷起來，那是很殘酷的。陶侃的幸運是他有一個好母親。他的母親從小就要求他要

第三章　饑民流民到處鬧事　猛男掌權終難獨撐

人窮志不窮，只有好好學習天天向上，以後才有出路。他的母親還教他什麼樣的朋友才是好朋友。母子倆一齊努力，陶侃終於當上縣主簿，生活這才有了一點保障。有一次，鄱陽郡孝廉范逵路過陶侃家。范逵是當地的大名人。陶家母子知道，只有把范逵招待好了，陶侃的前途才會光明起來。可一個剛剛脫貧的家庭拿什麼來招待以吃喝為榮的大名士？母子倆知道機不可失，當場決定「斫諸屋柱」為薪柴──居然連幾根柴火也沒有，他的老媽也剪掉頭髮拿去賣，然後辦了一桌陶家有史以來最豐盛的宴席，讓范逵一邊大吃大喝，一邊大發感動之情。這還不算完，在范逵上路的時候，陶侃還歡送他走了一百多里，讓范逵的感動錦上添花。

在告別的時候，一路感動的范逵覺得也該報答人家一下了，就問他：「卿欲仕郡乎？」這句話正好觸動了陶侃的癢處，陶侃也不客氣，馬上說：「想啊，做夢都想。只是現在窮瘋了，沒人幫忙指點一下啊！」范逵馬上在廬江太守張夔面前大大地誇了陶侃一番。在當時的社會上，名士的話很有分量。張夔馬上讓陶侃當了督郵，而且還領樅陽令。陶侃也確實有能力，這個官當了沒多久，名聲就傳了出來。張夔又提拔他當了郡主簿。

沒多久，張夔的老婆得了病，據說需要「迎醫於數百里」，而且「時正寒雪」，冷得要命，張夔手下的一群人個個都不敢抬頭看一下，怕張夔叫他們去執行這個任務。這時，陶侃站了起來，說：「我去請醫生！」張夔感動得不得了，這件事之後，馬上讓他當上了孝廉。

有了這個榮譽，陶侃覺得自己該進京去實現他的人生價值當更大的官了。

可當時在京城混也不是件容易的事。那時講究的是世族，你只有出身世家，才算得上正統，才能跟社會名流往來，才有機會當上更大的官。陶侃那個身分。是誰也看不起的。

陶侃對官場是有很深的研究的。他知道，如果沒有一個大靠山，就不

第四節　陶侃的坎坷

要到這個官場上混。他經過認真地研究，決定去找張華做自己的靠山。一來，張華當時是全國最有權的人物之一，二來也是最重要的，張華也是草根出身，容易找到共同語言。哪知，張華雖然以前草根，現在卻一點不草根了，根本不跟陶侃見面。陶侃知道，如果不說服張華，他這輩子永無出頭之日，因此就不斷地去求見，弄得張華也沒了脾氣，讓他當上了郎中。這個陶侃雖然很有名士風度，可相貌實在太不帥了，有點其貌不揚，在這個追求名士造型的社會，大家對他的眼光都充滿了歧視。有一次，他與老鄉楊晫一起去見江南大名士顧榮，在半路上與一個叫溫雅的人相遇。這個溫雅一見陶侃，就一點也不溫文爾雅了，當場就問楊晫：「奈何與小人同載。」說楊晫你也太不注重身分了，跟工作人員同坐一車。還有一次，大名士樂會想召開一次荊場各界人士座談會，武庫令黃慶把陶侃推薦上去，馬上就遭到強烈的反對。幸虧黃慶認為自己的眼光不錯，說：「此子終當遠到，復何疑也！」為他挽回一點面子。

　　有了這些經歷，陶侃這才知道，要想在京城發展，光有能力是遠遠不夠的，你還得有錢有背景，而且還要有堂堂相貌。否則只能當一輩子辦事員。他決定離開京城，回到老家，又當了個郡小中正之類的小公務員，維持一下生活。

　　幸虧這時出了張昌事件，劉弘當了南蠻校尉、荊州刺史，主持鎮壓張昌的大局。劉弘知道陶侃的相貌雖然不怎麼樣，但卻大大有能力──打仗靠的是能力，而不是帥哥，因此馬上提拔他當上了南蠻長史，成為劉弘的左右手。

　　在張昌很囂張地向劉弘叫板時，根本不知道劉弘是個厲害的角色。劉弘卻一眼就看清了張昌的軟肋，派他最看好的部下陶侃直接跟張昌對壘；那個劉喬也派他的手下李楊向江夏進軍。

　　陶侃一與張昌接觸，張昌馬上就深刻領會到什麼叫敗仗。兩人接連打

第三章　饑民流民到處鬧事　猛男掌權終難獨撐

了幾仗，陶侃對張昌都是「大破之」，「前後斬首數萬級」。

張昌的氣陷馬上被壓到最低點，夾著尾巴跑到下俊山躲起來，「其眾悉降」，政府軍終於取得了一次輝煌的勝利。

可勝利取得之後，政府軍又發生了一起內訌——如果不是劉弘，估計這次內訌的影響將會是巨大的，後果將不可估量。

這次內訌的起因是，前段劉弘退到梁縣後，征南將軍司馬虓馬上就任命自己的死黨張奕去當荊州的第一把手。劉弘把張昌打得落荒而逃後，又來到荊州——他原來就是中央任命的荊州第一把手，那個張奕的屁股在這個位子上放了幾天，覺得很適宜，因此就不想把這個官位讓出來，硬是派兵去與張弘對抗。這傢伙腦袋裡全被升官發財的念頭塞得滿滿的，也不想想劉弘是什麼人，他又是什麼人，打起仗來，他能擋得了幾下嗎？

劉弘看到張奕居然敢派兵跟自己對抗，二話不說，命令部隊開打。張奕的部隊如果去當城管、欺壓一下最底層平民，估計很有一套，可真刀真槍地打起來，卻一點戰鬥力也沒有。雙方一開戰，劉弘的部隊就把張奕的兵打得四處逃散。士兵們逃了不少，可張奕卻逃不掉，被劉弘一把抓住，並「斬之」，馬上全面接管了荊州的軍政事務。

劉弘絕對是個難得的人民公僕。經過了幾次戰亂之後的荊州，各級政府官員缺編很多，而任命官員的大權都在第一把手那裡。如果是別人，肯定會趁著這個百年一遇的大好時機，來個明碼標價，把官帽拿來到處拍賣，不搞得財源滾滾絕不收兵。可劉弘卻不這樣做，他把這個情況向中央反映，要求中央允許他選拔荊州各級政府的官員——現在中央正為爭權奪利鬧得不可開交，哪還有時間去管荊州的這些小事，因此，劉弘的請求馬上得到批准。劉弘得到這個人事任免的大權之後，「敘功銓德，隨才授任，人皆服其公當」。在這個過程中，劉弘還做了一件最讓百姓稱頌的事。他向中央要求讓皮初當襄陽太守。可中央認為這個皮初雖然有功勞，

第四節　陶侃的坎坷

可人還太嫩，資歷太淺，哪能一來就當太守，就改派劉弘的女婿前東平太守夏侯陟為襄陽太守。劉弘一看，對人家說：「我們是人民公僕，就要有一顆為民著想的心，哪能只用自己人？荊州有十個郡，我去哪裡要十個女婿來當太守？」馬上寫信給中央：「陟姻親，舊制不得相監；皮初之勳，宜見酬報。」中央一接到這封信，原來晉朝居然還有這樣的稀有動物，就同意了他的要求。

劉弘不但打仗有一手，治理地方也有一套。他在荊州任上時，「勸課農桑，寬刑省賦，公私給足，百姓愛悅」。當官當到「百姓愛悅」的地步，實在是不可多得的一個好官。

這時張昌雖然玩完，可他手下的那個石冰卻還囂張得很，硬是在跟政府軍的戰鬥中取得了一次勝利，聲勢有點回升起來，弄得征東將軍劉準也「惶懼不知所為」。倒是他手下的那個陳敏膽子一點不小，他正帶著一支部隊駐在壽春，對正怕得臉色發白的劉準說：「老大。這些傢伙本來是不想去遠方打仗，這才聚在一起鬧事的，其實是一幫烏合之眾，根本沒有什麼凝聚力。老大讓我全權指揮部隊，我可以幫老大把他們打敗。」

劉準正愁找不到人去當炮灰，這時，看到這傢伙這麼踴躍要求去打仗，哪能不答應？便把部隊交給陳敏。

陳敏果然沒有辜負上級的期望，跟石冰連打了十多場戰鬥。石冰的士兵雖然比陳敏多十幾倍，可陳敏硬是把石冰打得一敗再敗，再也囂張不起來了。陳敏最後把石冰逼在建康城裡，與起來反抗石冰的民間武裝周玘和賀循一起，再向石冰發動攻擊。石冰守城不住，只得跑另一個同行封雲那裡，要求當封雲的部下。可是封雲的司馬張統不同意，把封雲和石冰一起殺掉，向政府投降。石冰和封雲一滅，賀循他們就自動解除武裝，叫那些民團壯丁從哪裡來，回哪裡去。自己也回到家裡過著普通人的生活。陳敏被封為廣陵相，為日後的事業打下了一個基礎。

第三章　饑民流民到處鬧事　猛男掌權終難獨撐

第五節　獨抗「二王」

劉弘在荊州一帶一心一意建設、聚精會神謀發展，盡力為皇帝分憂、為百姓做事的時候，中央幾大黨派的矛盾終於大爆發。

司馬顒知道李含的死訊之後，也不跟誰研究討論一下，命令部隊馬上向首都出發，一路高喊「打倒司馬乂、為李含報仇」的口號，一路走得沙塵滿天飛。

本來，司馬穎曾經請求中央允許他帶兵去討伐張昌，中央當然答應。哪知，他的部隊才一結集，張昌就被劉弘打得大敗。他馬上就跟司馬顒取得聯繫，商量著共同夾擊司馬乂。盧志勸他說：「以前老大因為有大功卻保持低調做人，使得人氣狂漲，是一件很難得的好事。所以應該繼續保持這個作風，把部隊駐紮在關外，穿著文官的服裝入朝，就可以成為霸主了啊！」參軍邵續也跟著發表自己的意見：「人之有兄弟，如左右手。明公欲當天下之敵而先去其一手，可乎！」你一看這兩個人的話，就知道如果司馬穎能按照他們的建議去認真執行，是絕對有前途的。可司馬穎到底是個豬頭，覺得這些道理太抽象了，人還是現實點才過癮，就當場拒絕了他們的意見。

八月初，他跟司馬顒聯名上書：「乂論功不平，與右僕射羊玄之、左將軍皇甫商專擅朝政，殺害忠良，請誅玄之、商，遣乂還國。」這書說是給皇帝看的，可真正批閱處理的當然是司馬乂。

司馬乂看完這個奏章之後，馬上以皇帝的名義下了個詔書：「顒敢舉大兵，內向京輦，吾當親帥六軍以誅奸逆。其以乂為太尉，都督中外諸軍事以御之。」這帽子一頭蓋下來，就成了皇帝親征，你要是再跟我鬥，你就是造反，是可以全國共誅之的。

第五節　獨抗「二王」

　　司馬顒任命張方為軍事指揮官，帶七萬精兵，「自函谷東趨洛陽」。司馬穎也帶大軍前來，在朝歌駐紮，「以平原內史陸機為前將軍、前鋒都督、督北中郎將王粹、冠軍將軍牽秀、中護軍石超等軍二十餘萬，南向洛陽」。這個陸機大家都熟悉吧？他的老爸就是那個東吳後期的重量級人物陸抗，年輕時就過著幸福的生活，長得一副帥哥相，而且不光長得帥，其他能力也不錯，尤其文章寫得好。他老爸鬱悶而死後，他就帶著老爸的部隊，當了東吳的牙門將。到他二十歲時，東吳被滅掉了。東吳被滅之後，他躲在家裡，關起門來做學問，一直自學了整整十年，把學問做得很強很大，他的學問大到什麼地步？從張華對他的評價中可以知道。張華對他說：「人之為文，常恨才少，而子更患其多。」才華到「患其多」的地步，你還能找到第二個人來嗎？後來，他覺得老在家做學問也太無聊了，就帶著他的弟弟陸雲跑到首都去見張華。張華推薦他們去當公務員。因為兩人到底是東吳的舊貴族，雖然這時名氣很大，但很多人還是看不起他們。盧志就曾當著很多人的面前，問陸機：「陸遜、陸抗於君近遠？」這話就是司馬衷聽到，也能領會到其中的嘲諷意味。陸機的智商可比司馬衷高了不知多少個等級，當然知道這層意思。這哥兒們卻一點沒有臉紅，跟當年孫皓回答賈充的諷刺一樣，也把盧志弄得當場卡住：「如君之盧毓、盧廷！」盧毓是盧志的爺爺，曾當過曹家的司空，是魏國的一級公務員，而盧廷則是他的老爸。

　　陸機是當時的大名士，很多人都勸他把大名士做到底，不要留在首都，而是回到老家去。可是他對自己的能力很自信，覺得光寫文章，然後吃喝賭嫖，消極地過完這一生，實在太沒有意義了，因此就沒有聽人家的勸告。平心而論，陸機的能力不錯，可是眼光卻很差。他曾先後投靠過多家老闆，最後居然把司馬穎當作最好的老闆，以為這傢伙一定能夠讓晉朝興旺發達起來，就一腳踩進了司馬穎集團裡，當了成都王的手下。

第三章　饑民流民到處鬧事　猛男掌權終難獨撐

司馬穎也知道陸機是個人才，所以在這個時候，就讓他當上先鋒。

在陸機接過這個先鋒大印時，王粹這幾個傢伙看到一個東吳來的外人居然當了他們的上級，心裡很不服氣。陸機的好朋友孫惠這時也看到了問題的嚴重性，勸他把這個先鋒讓給王粹算了。可陸機哪捨得把才到手的大印丟出去？他對老朋友說：「如果這樣做，人家會說我立場有問題。被人家這麼一貼標籤，後果會更嚴重。」然後，就大手一揮，命令大軍出發。

司馬穎的大軍有二十多萬，列隊行軍，從朝歌一直列到河橋。陸機很會造勢，買了很多大鼓，叫士兵們狠命地敲打，使得鼓「聲聞數百里」，把大軍搞得像一支超級鼓號隊，場面極為隆重，弄得那一帶的人都睡不著覺，看上去很強大！

面對強敵壓境，司馬乂並不像司馬冏一樣，人家的部隊還在半路，自己的心已經虛了八成，而是亮出手中最有力的那張牌，讓皇帝司馬衷御駕親征。當然，如果只有司馬衷御駕親征，這場戰爭根本不用開張。皇帝只不過是當作招牌而已，用來向百姓說明，司馬穎他們是在跟皇帝作對，是非法武裝！司馬衷被帶到十三里橋，與司馬穎對敵；司馬乂又叫皇甫商帶一萬部隊西上宜陽，抵擋張方。

這段時間，司馬衷的日程被安排得滿滿的，才到十三里橋沒幾天，八月二十八日又趕到洛陽城北，二十九日又被派到宿石樓。九月六日，他來到黃河的富平津大橋。

雙方的揭幕戰由張方打響，時間是九月十一日，攻擊的對象是皇甫商。皇甫商雖然得到司馬乂的重用，在關鍵時刻讓他獨當一面。可是他遠遠比不上他的哥哥有能力。本來他手下的兵力才一萬人，而敵人卻是浩浩蕩蕩的七萬精兵，應該百倍警惕，甚至找個機會向對方襲擊一下，或者能夠取得一場勝利。可這傢伙卻麻木得很，帶著部隊按部就班地駐紮在那

第五節　獨抗「二王」

裡，不但一點非常動作也沒有，而且防範手段也很低下。張方看到這個情況，馬上部署了一次襲擊行動，把皇甫商打得大敗。

皇甫商很菜，但司馬乂卻很強悍。此時，司馬穎已帶著部隊來到黃河南岸，面對清水，大搞基礎設施建設，構築了一大片軍營，讓人一看就覺得陣勢非同小可，再加上那些大鼓的聲音，聲勢就更大浩大了。司馬乂的一個同黨羊玄之看到之後，覺得太暴力了，就怕了起來——而且他這一怕不是一般地怕，而是不斷地加深恐懼，最後居然怕得掛掉。都說什麼「怕得要死」，這傢伙是真正的因怕而死去。可是司馬乂卻一點都不怕，他知道，自己的兵力遠遠不如敵人多，只有採取積極主動的戰術，找到敵人的弱點，閃電一擊，才能化被動為主動。

他看準了攻擊目標。這個目標就是牽秀。牽秀這傢伙原是司馬乂的手下，但卻學習關羽「人在曹營心在漢」的精神，硬是領著司馬乂的薪水而心裡卻裝著司馬穎。在司馬乂逮捕李含他們時，他就自動跑了出來，投奔司馬穎，當上了冠軍將軍，帶兵過來圍攻舊上司。這傢伙很得司馬穎的信任，才幾天就成為司馬穎陣營的高級官員，同時又是那群不服陸機的帶頭大哥之一，陷害同事、打擊內部同僚的技巧很不錯，但打仗的能力卻很菜。司馬乂見這傢伙居然獨當一面，馬上抓住戰機，也不為那個羊玄之舉行追悼會了，帶著豬頭皇帝，趕到緱氏，對牽秀一陣迎頭痛擊。牽秀抵不住對方的攻勢，只得退了下來。

這時，張方在打敗皇甫商之後，帶著部隊衝進首都。這個張方雖然是公務員出身，人民公僕當了大半輩子，可骨子裡卻塞滿了強盜的意識。如果是個有作為的軍閥進入首都，做的第一件事肯定是來個安民告示，要求人民安心生活，到處吹噓自己是來救大家於水深火熱之中，是全國的大救星。這樣就可以穩定局勢，獲得人氣。可這個張方一進首都，就認為，這地方是全國經濟的中心，有的是錢，有的是美女，因此，就放手讓兄弟們

143

第三章　饑民流民到處鬧事　猛男掌權終難獨撐

過一把打劫和燒殺擄掠的癮。這些士兵突然之間，覺得原來當強盜實在是件超級快樂的事，都放開手腳，在洛陽城裡「大掠，死者萬計」，滿缽滿盆之後，奏凱而還。

這時，司馬穎的另一支部隊在石超的帶領下，逼近了緱氏，要與司馬乂決戰。

雙方對峙了幾天，司馬乂又把皇帝帶回洛陽。這個豬頭皇帝在洛陽城外跑了這麼多天才回到宮裡，可宮裡卻被張方洗劫了一番，已不是以前的模樣了。

司馬乂避開石超之後，又在洛陽東陽門找到牽秀。他對牽秀是一點不放在心上的，一打照面，就猛打過去，又把牽秀狠狠地扁了一頓。

司馬穎看到牽秀不斷地被扁，心裡也很不爽──人家張方才七萬部隊，只一戰就打進敵人的心臟裡，泡完京城的妞後才退出來，自己的手下卻吃了二連敗，雖然實力沒受到什麼大的損失，但這張臉卻有點掛不住了。他派馬咸再帶一支部隊去支援陸機。他現在希望陸機能為他爭一下臉面，把司馬乂痛毆一頓。

十月七日，馬咸向陸機報到，十月八日，司馬乂就帶著司馬衷開啟城門，在建春門外開闢戰場，迎戰陸機。

雙方列開大陣。陸機這邊的前線指揮官就是那個昨天剛報到的馬咸，這傢伙看到自己的兵力遠遠多於對方，站在那裡，一副勝利在望的樣子，卻徹底忘記了自己帶的部隊是什麼部隊，人家的部隊是什麼部隊，更沒有複習一下「兵在精不在多」的古語，仗著自己人多勢眾，雄糾糾地就放馬過來。哪知，司馬乂卻有自己的祕密武器。

司馬乂的祕密武器就是他的司馬王瑚的騎兵。

王瑚集中了幾千匹戰馬，並在戰馬的兩側捆綁長戟，然後把這群馬突

然放出，衝向馬咸的部隊。馬咸部正威風凜凜地衝上來，突然看到這個情況，這才知道對方原來是不按常規出牌，一時被戟馬衝得大亂，所有的士兵雖然都拿著大刀長矛，但卻毫無還手之力。最後，連馬咸也跑不掉，被現場抓獲，直接斬首。司馬乂把戰果迅速擴大，接著把攻擊的目標鎖定陸機。陸機部隊的士氣正處於谷底，被司馬乂乘勝攻擊，也敗得一點沒有脾氣，全部向七里澗逃竄。司馬乂的部隊在後面追殺，只殺得「死者如積，水為之不流」，並斬「其大將賈崇等十六人」，那個盛氣凌人、要找司馬乂決戰的石超也抱頭「遁去」。

此戰，司馬乂以奇兵突擊，取得了完勝。這哥兒們是司馬氏這一代人當中少有的軍事奇才。只是他指揮打仗很有一套，可因為一來年輕，經驗不足，不善於發現和利用人才，二來估計也是時間也來不及，到現在還沒有培養出一個得力的助手，只靠他一個人到處打仗，像個游擊隊長一樣，成不了氣候，關鍵時候抓不住戰機。

第六節　冤案是這樣造成的

而這時，陸機也走到了他生命的最後時刻。當然，現在他的身體很好，但他周圍的那些同僚卻不放過他。陸機本來是東吳的紅人，現在跑到司馬穎手下來混，又變成司馬穎的紅人，很多同僚就眼紅了起來，越看他越不爽。這些不爽一累積，就變成了仇恨。再加上陸機又得罪了司馬穎的心腹孟玖。這個孟玖本來是個太監，太監因為做的是畢生都得夾著尾巴做人的工作，除了無聊的皇帝之外，很少有人看得起他們。可是司馬穎卻硬是覺得孟玖是個好人，讓他待在自己的身邊，視為心腹。因此，孟玖的職

第三章　饑民流民到處鬧事　猛男掌權終難獨撐

務只有丁點大，但大家都知道他的屁在老大面前是全世界最香的，所以見到他時，不管心情如何，也得趕快露出一副笑臉來奉承他。

孟玖覺得自己風光了，還想要老爸也風光一下。當然，他並不要求老爸也走他的路線，來個「欲練神功，必先自宮」，去當宦官。他是請求老大讓他的老爸去當邯鄲的第一把手。孟玖提出這個要求時，雖然大家都覺得有點過分，但每個人都知這傢伙不能得罪，因此，大家都緊閉嘴巴，集體做了一次選擇性的失聰，就連盧志都不敢說什麼。可陸機的弟弟陸雲不知吃錯了什麼藥，硬是站起來，當著大家的面，對司馬穎說：「我覺得不行。讓一個太監的老爸去當這麼大地方的第一把手，實在不妥。」陸雲確實是說了大家都想說而不敢說的話，算是知無不言，言無不盡了。可就因為這麼一句話，得罪了孟玖。使得孟玖「深恨之」，時時刻刻在尋找機會解決陸家兄弟。

孟玖有個弟弟叫孟超，是個小督，帶領一萬部隊，做陸機的部下，一起去攻打司馬乂。孟超仗著哥哥是老大的紅人，向來目中無人。這時當了高級軍官，心態就更加膨脹起來，仗還沒有開打，就叫他的部下到處打劫。陸機雖然不是大軍事家的料，但也知道，紀律嚴明是取得勝利的保障之一，看到自己部下居然扛著正義之師的大旗做土匪行為，跟職業強盜沒差別，哪能不整頓一下？馬上下令把那些打劫的士兵抓起來，準備嚴整一下軍紀。

哪知，孟超知道之後，大怒起來，連老子的手下你也敢動？也不想想陸機現在是他的上級，就帶著警衛團一百多個好漢衝到陸機的司令部，當場把那些違紀士兵搶走，而且一邊走一邊回頭對著陸機罵：「你這死南蠻，看你還能把這個官當到幾天。」就連陸機的司馬孫拯都看不過去，請陸機把這個犯上作亂的傢伙抓起來，就地正法——如果是別的指揮官，不等孫拯說話就已經把孟超的頭砍下來了。可陸機卻一句話也不說——從這

第六節　冤案是這樣造成的

方面來看，陸機確實只宜去做「文章千古事」，而不宜在政壇上混，更不應當去當將軍上戰場——連個部下都敢在他前面這麼囂張，你還指揮什麼戰役？

孟超看到陸機原來這麼好欺負，膽子就更大了，到處造謠：「陸機要造反！」當然他也知道，憑他的能力和地位，散布幾句謠言是不能把陸機打倒的，要搞定陸機，還得依靠他的哥哥孟玖。他寫信給孟玖說，陸機之所以帶著優勢兵力而沒有取得迅速的勝利，是因為他立場不穩，腳踏兩條船，耍著兩面刀的結果。到了建春門會戰時，這傢伙更是一點不把陸機放在眼裡，根本不聽陸機的指揮——孟超不但看不起陸機，也看不起敵人，以為敵人也跟陸機一樣容易欺負。因此，一發現敵人，就什麼也不顧，帶著自己的部隊威風凜凜地向敵人發起衝鋒。可衝上去之後，這才發現原來敵人不是陸機。敵人厲害得很，自己的部隊根本不是對手。可到了這時才發現自己不是人家的對手，你還有命活下去嗎？孟超很想逃跑，可敵人卻一點機會也不給他。

孟超光榮犧牲之後，他的哥哥悲痛得要死，一口咬定是陸機害死他老弟的，馬上跑到司馬穎的面前說：「機有二心於長沙。」這話是說陸機要叛變了。

如果光孟玖一個人說，也許司馬穎還將信將疑，可陸機在內部的敵人太多了，大家看到孟玖帶頭出來打倒他，平時的不爽也集中爆發了起來，跟著孟玖起鬨。牽秀、王闡、郝昌、師藩等人都挺身而出，拍著胸脯說可以用腦袋擔保，陸機是個標準的叛徒內奸。

司馬穎本來就是個菜鳥，眼光向來就不是個政治家的眼光，只宜用來分辨美女，而對是是非非的解析度卻低得要命，聽到這麼多的人說陸機是叛徒內奸，那他肯定是叛徒內奸了。對叛徒內奸的處理，當然是全軍共誅之！他馬上叫牽秀：「把叛徒內奸陸機抓起來。」這傢伙並沒有用人之能，

第三章　饑民流民到處鬧事　猛男掌權終難獨撐

但這次派牽秀去逮捕陸機，用人是絕對正確的。

只有參軍事王彰勸了司馬穎一下，說這些人是在嫉妒陸機被重用才陷害他的。可是司馬穎能聽這樣的話嗎？他能聽進去這樣的話，他就不是司馬穎了。

陸機的文學造詣很高，但政治方面卻不太行。此時手裡雖然掌握著重兵，完全可以反抗，要不就來個陣前倒戈，帶著部隊集體跳槽到司馬乂那裡——現在司馬乂正需要人才和兵力，他要是帶著部隊投靠過來，肯定會得到大大的重用，他的命運甚至司馬乂和晉朝的命運就會是另一種模樣。可這傢伙既沒有這個認知，更沒有這個魄力，唯一的動作就是「釋戎服，著白帢」——脫我戰時袍，著我舊時裝，恢復知識分子的打扮，完全擺出弱勢群體的面目，很守本分地坐在那裡束手就擒。

牽秀在打仗時，行動很慢，但這時動作快得要命，在陸機剛完成這些動作不久就來了。陸機知道這一次這顆腦袋肯定沒救了——這傢伙對別的事算得一點也不準，但這一次算是料事如神了。陸機打仗不在行，但面對死亡，心態卻還不錯，在牽秀殺氣騰騰的面前，並沒有亂了手腳，而是保持著優雅的姿態拿起筆來，寫了一封告別信給他最看好的老大司馬穎。寫完信後，放下筆，一聲嘆息：「華亭鶴唳，可復聞乎。」跟李斯臨行刑時嘆息的版本沒有多大的出入。

牽秀很有氣魄地手一揮：「來人，拉出去！」

司馬穎殺了陸機之後，怒火還沒有熄滅，又叫人把陸機的弟弟清河內史陸雲、平東祭酒陸耽以及陸機的死黨孫拯通通捉拿歸案，關進監獄。大家一看這陣勢，就知道司馬穎要擴大打擊面了。

終於有人看不下去了。

江統、蔡克、棗嵩聯名向司馬穎寫信：陸機因為智商太低，用屁股決

第六節　冤案是這樣造成的

定打仗的事，導致失敗，來個軍法處置，是沒有錯的。可說他是造反，大家都知道沒有這回事。應當讓司法部門來審一下這個案件，找到實實在在的證據。如果真的能找到他謀反的證據，再處理陸雲也不遲啊！

司馬穎看到又有這麼多人說陸機不是叛徒內奸，而且說的還真有道理，心裡又猶豫起來，一連三天，既不回答他們的話，也不對陸雲他們做出什麼處理的決定。蔡克跑到司馬穎的辦公室，在他的面前叩頭，一直把那顆頭叩得流出血來，說：「孟玖恨陸雲恨得要殺死他的事，大家都知道啊！如果現在陸雲真的被殺，我們很為老大感到悲哀啊！」這時，又有十多個人進來，支持蔡克的話，一起在司馬穎面前痛哭。

這麼多個大男人集體痛哭，司馬穎的淚腺也被感染了，就想原諒了陸雲他們。

孟玖一見，當然不同意了。孟玖沒官沒職，只是太監一個，當然不能在這個地方發表政見。但他不能公開發言，卻能在暗地裡對老大發表看法，而且分量比這些人更重。他看到老大那幾行同情的淚水已經流了出來，知道再流下去，就會放過陸雲他們了，馬上就扶著司馬穎去後室休息。後室是孟玖的天下。司馬穎還沒有坐下，孟玖就要求老大趕快殺掉陸雲、陸耽，並「夷機三族」。司馬穎擦乾淚，盯著孟玖那白白的臉，迅速把剛才的心情忘得一乾二淨，爽快地答應了孟玖的要求。

那些獄警這些天來，努力工作，全天候對孫拯進行嚴刑逼供，弄得他腳踝骨都白白地露了出來，要他證明陸機確實是叛徒內奸，但這傢伙死硬得很，咬著牙口口聲聲地說，陸機比竇娥還冤千萬倍。那幾個獄警到了這時，也知道孫拯是個意志堅強的好漢，心裡生出幾分同情，對他說：「你實在太傻太天真了。大家都知道二陸比竇娥還冤，也都知道誰也救不了他們啊！你為什麼這麼拚命去做這個無用的掙扎。反正他們是死定了，你要現實一點啊！」孫拯說：「陸氏兄弟是天下名士，歷來把我當兄弟。我雖不

第三章　饑民流民到處鬧事　猛男掌權終難獨撐

能救他們，但也不能跟人家一起誣陷他們啊！這可是人品問題啊！」

孟玖知道再這麼折磨孫拯下去，折磨到死也折磨不出有價值的東西來，就叫獄警當槍手，為孫拯寫好供狀交上來。

司馬穎原來心頭還是有一點名士情結的，殺了陸機之後，在睡不著覺時，就拿這個事來後悔一下，這時看到陸機最鐵的朋友也指認陸機是叛徒內奸，就大罵自己什麼事不後悔，硬是為這個事去後悔，實在是這輩子最傻的事，就對孟玖說：「要不是你眼睛雪亮，我絕對認不清陸機這個滑頭的嘴臉。」下令「夷拯三族」。孫拯的兩個徒弟跑到監獄裡為老師喊冤。孫拯罵他們為什麼這麼傻，什麼地方不好去，卻硬跑到這裡來送死，叫他們趕快跑還來得及。哪知這兩個徒弟深得老師的真傳，說：「君既不負二陸，僕又安可負君！」繼續為老師喊冤。結果，孟玖把他們也殺了。

第七節　勝敗都意外

司馬乂在跟司馬穎對戰取得一場大勝之後，犯了一個錯誤，就是沒有乘勝猛扁下去，把司馬穎的勢力徹底消滅——司馬穎的部隊雖然浩大，但仗打得很糟，乘著他們還沒有喘息之機，是很容易搞定的。如果把這支目前全國最龐大的部隊搞定，別的人就會縮頭回去，局勢將大為改觀。哪知司馬乂腦袋不靈光，硬是把槍口調過去，又開闢西邊戰場，帶著皇帝去跟張方決鬥——這種游擊式的打法，即使每戰必勝，到頭來也會把他累死。何況，他的部隊就那麼多，能讓他這麼來回幾次跑？

張方雖然很強悍，但他的士兵看到皇帝的旗號，個個都嚇得蠢了起來，覺得跟皇帝開戰是不合理也不合法的事，便都發一聲喊，撒開兩條腿

第七節　勝敗都意外

往原路就跑。張方莫名其妙地打了個大敗仗，死了五千多人，退到十三里橋時，天已經黑了下來。大家覺得這仗已沒法再打下去了，都準備再接再厲地退下去，一直退到敵人追不上為止。張方知道，再退下去，他們就會無路可退，就會退到死路上去，就對大家講了番勝敗是兵家常事的道理，說，一個高素質的軍事指揮官，最能利用失敗來對付敵人。現在敵人肯定不會在乎我們了。我們正好利用敵人的這個心態，出其不意地向前推進，構築工事，最後勝利就會屬於我們。

大家一聽，覺得也有道理，就跟著張方連夜向洛陽推進，一直到逼近城池七里的地方，駐紮下來，立即開工，構築工事，並搶了城外的糧倉，作為軍糧。

而這時，司馬乂又犯了很多軍事家常犯的毛病，以為敵人原來都經不住戰爭的考驗，一打就敗，對張方完全喪失了警惕性，讓張方很輕鬆地穩住陣腳。而且，城外糧倉的丟失，對他的打擊是致命的。

司馬乂很快就發現了這個問題的嚴重性，立即組織力量向張方的部隊發起進攻。可現在才進攻，已經晚了。張方的工事已經修好。司馬乂連續發動進攻，連續敗下陣來。

司馬乂不是糊塗人，對形勢進行了一次評估，知道自己再怎麼能打仗，自己的部隊再怎麼英勇善戰，也支持不了多久，就決定和平解決。他召開了個會議，以中央高層的名義，形成一個決議，說司馬乂和司馬穎是親兄弟，同為皇家人，理應共同帶領全國，讓百姓過上幸福生活，哪能天天打來打去？兄弟又不是敵人，有點不同政見，用什麼辦法不好解決，一定要用打仗來分勝負？並派大帥哥王衍當特使，去見司馬穎，用這個大道理勸說司馬穎，讓司馬穎和司馬乂「分陝而居」，從此井水不犯河水，各當各的家。可是司馬穎只是冷冷一笑，擺擺手讓王衍沒別的事就先回去吧。

151

第三章　饑民流民到處鬧事　猛男掌權終難獨撐

司馬乂又親自寫了一封信給司馬穎，把兄弟拚命的危害再詳細地論述了一番，說只有和平相處才是雙贏的。司馬穎看到這個老弟都放下姿態了，覺得再強硬有點說不過去，但內心又知道，現在自己占上風，馬上退兵回去，太不划算，就找了個藉口，說，只要你把皇甫商的頭砍下，我就馬上把部隊帶回鄴城。司馬乂還算是個夠朋友的人，雖然皇甫商不是什麼人才，仗也打不好，但到底是他的死黨，而且他的哥哥皇甫重正在秦州當第一把手，手下有刀有槍，也是個實力派人物，現在不能得罪，因此就不答應司馬穎的要求。

司馬穎馬上命令部隊向洛陽逼近。這時張方也使出狠招，決開千金堨，切斷了水源，連磨坊的水碾也無法啟動。洛陽城中馬上出現飲水的難題。

司馬乂沒有辦法，只有發動王公貴族以及三公家裡的下人用手工搗米，來加工糧食，保證軍營不斷炊，命令一品以下的官員以及十三歲以上的男子都到軍營裡當兵，隨時準備打仗，保家衛國。

到了這個地步，洛陽城裡的糧價一天比一天上漲，人心一天比一天低落。

驃騎主簿祖逖對司馬乂提出了一個很好的建議：「還記得那個劉沈吧？現在他是雍州的老大，他手下的力量足以牽制司馬顒。我知道他是個好人，向來顧全大局。您可以讓皇帝發個文，叫他出兵攻打司馬顒。司馬顒一急，肯定會叫張方回去救他。張方一撤，司馬穎也就成不了什麼氣候。」

祖逖的這個計謀很正確。

司馬乂也認為這個辦法是目前最好的辦法，馬上命令劉沈從背後攻擊司馬顒。劉沈也很有能耐，向四周各郡發出號召，馬上得到大家的擁護。

第七節　勝敗都意外

劉沈集中了七個郡的兵力，共一萬多人，向長安進軍。

司馬乂又叫皇甫商帶著詔書，叫金城太守游楷收兵，不要搔擾皇甫重，以便讓皇甫重集中力量去打司馬顒。

司馬乂現在把皇帝控制在手裡，是一張很好的底牌，他的這個策略也是很可行的。可是他派去執行任務的皇甫商實在太菜。

皇甫商這次帶著祕密信件去傳達，本應該小心謹慎才對。可這傢伙年紀雖然不少，官職也不低，吃過的鹽比人家的米還多、走過的橋也比人家的路還長，但這個工作卻做得一點也不稱職，雖然換了馬甲，可才到新平就露了馬腳。這個馬腳是被他的一個外甥給瞧出來的。也不知是皇甫商自己人品有問題，還是這個外甥不是個好人。總之，這個外甥向來就恨這個表舅。他看到皇甫商之後，就知道打擊舅舅的機會已經來到了，馬上加快速度跑到司馬顒那裡說：「今天我要出賣舅舅了」。

司馬顒說：「你的舅舅是誰？」

「皇甫商啊，就是老大的敵人！」

司馬顒一聽，你這個皇甫商什麼地方不去，硬是跑到老子的地盤來了。馬上叫人跟這個外甥過去，把皇甫商抓起來，就地砍頭。

皇甫商的人頭一落地，司馬乂的西部計畫就徹底泡湯。這個司馬乂好不容易有個死黨，但這個死黨卻太菜，除了會打敗仗、會把事做錯、在他的失誤上添磚加瓦之外，沒別的貢獻。現在連砍頭也被人家砍得很乾脆，而且是在這個非常時期，司馬乂心情鬱悶到冰點。

比起前面那幾個掌權的同宗來，司馬乂的能力確實高出不止一個等級。那幾個人之所以成為強人，靠的全是司馬炎留下的體制，手中有槍桿子，再靠幾個小人在旁邊不段地唆使才變強，而且成功得稀裡糊塗，失敗得也稀裡糊塗。司馬乂不同，他靠的是自己的能力，以少勝多，在大家都

第三章　饑民流民到處鬧事　猛男掌權終難獨撐

不看好的情況下,把貌似強大的司馬冏一把拉下馬,然後坐上他的位子。現在面對兩大勢力的圍攻,不管是吃的喝的都已山窮水盡,兵力也比不過敵人,但他還是硬撐著,表面上一點不落下風。

雙方一方城裡一方城外地對壘,一直對壘到年底。當日曆翻開嶄新的一頁、也就是永興元年的春節時,司馬乂多次向司馬穎的部隊發起進攻,每次都取得輝煌的勝利,前後共殲敵七萬多人。

這些勝利,使得敵人也覺得司馬乂太強,而且城中的人都團結在他的周圍,個個表示戰鬥到最後一滴血。連張方都認為,司馬乂不可戰勝,準備撤軍,回長安好好地歡度春節,讓司馬穎自己一個在這裡硬碰硬。

哪知,這個世界最多的事就是出人意料之外的事。

在所有人普遍看到司馬乂的行情時,偏是他的同盟軍東海王把他當成垃圾股,要徹底崩盤了事。

這個司馬越是司馬懿弟弟司馬馗的孫子,也是個投機分子。一直到現在都是縮著腦袋,表現出動亂跟自己無關的樣子。這時看到司馬懿後代的子孫們掛彩得都差不多了,覺得也該輪到自己登臺亮相一下了。這哥兒們本來是跟司馬乂同一戰壕裡的戰友,這時看到洛陽城中,又是沒糧又是少兵,頭腦糊塗時,覺得沒有勝算,頭腦清醒時也覺得前途一片黑暗,堅定地認為:如果再跟司馬乂混下去,就會徹底玩完。不想徹底玩完,就只有發動政變,在司馬乂的背後猛砍一刀。

他把殿中諸將集中過來,進行了一次當前形勢的分析,問大家:「現在我們的前途很樂觀嗎?」

這些傢伙困守在城裡,天天只看到城裡的困難,卻沒一個知道城外敵人的現實並不比他們強到哪裡,而且士氣比他們更低,只要他們再堅守幾天,形勢就會大大好轉。可這些人都是沒受過苦的花花公子出身,當了公

第七節　勝敗都意外

務員，一心就想著如何向名士們學習，過好每一天的幸福生活，從來就沒有什麼政治立場，一吃點苦頭，就全變成了被針扎的氣球。這時一聽到司馬越極富誘惑的話，便都說：「飯都沒得吃了，怎麼樂觀？」

司馬越要的就是這話，馬上就說：「既然不樂觀，我們為什麼還要走下去？這不是太傻太天真了？」

大家一聽，就知道司馬越已有行動的準備，要當他們的帶頭大哥了，就說：「只要能讓大家繼續活下去，我們都聽你的。」

司馬越一聽，發動政變還真不花什麼本錢，只要膽子夠就行了。儘管此前他從沒拿過指揮棒，但這時信心一足，馬上就行使起老大的權力，命令大家連夜闖進司馬乂司令部，把司馬乂抓起來，只有犧牲這個傢伙，才能走出一條生路。大家一聽，當然都舉雙手贊成——現在只要不犧牲自己，其他不管犧牲誰，他們都不在乎。

司馬乂這些天累得要命，正睡得很熟。這傢伙現在正做夢，可他做夢也想不到，他的敵人對他一點辦法也沒有，但他的同夥正殺氣騰騰地過來要他的命。他防範敵人防範得很嚴，但對內部卻沒一點防範之心。

當司馬越向他宣布，我們代表朝廷正式逮捕你，請你不要反抗。

司馬乂一看，眼前所有的人全是他的老部下，這些天來都跟他上前線，英勇殺敵，為什麼現在全變成了自己的敵人？以前他在跟司馬冏對戰時，曾經大刀開路，帶著部屬殺出重圍，最後反敗為勝。可現在他卻只是一言不發，一付銳氣喪盡的樣子，讓他們將他抓獲歸案。

司馬越的這一行動，使得八王之亂以來，戰爭規模最大、死傷人數最多、對抗時間最長的動亂告了一個段落。

比起其他司馬家的人來，司馬越與皇帝的關係屬於不很密切的。他也知道自己雖然也可以稱為司馬家族的人，但血緣很遠，所以雖然政變獲得

第三章　饑民流民到處鬧事　猛男掌權終難獨撐

巨大的成功，但也不敢馬上就囂張起來，而是嚴格按程序辦事，叫大家跟他一起去見皇帝。

司馬衷雖然豬頭，但經歷政變的次數實在太多了——這傢伙是歷史上最菜的皇帝，同時也是歷史上經歷政變最多的皇帝。這幾年來，這個腦殘人士，連著換了幾個監護人，因此在這方面經驗很豐富。這時看到他的堂叔司馬越這個模樣，知道自己的監護人司馬乂又再見了，新的監護人又要產生了。

司馬越請皇帝下令撤銷司馬乂一切職務，移交司法機關——也就是關到金墉城裡當居民。然後宣布改元——之前是太安三年，從今天起是永安元年。這些年號中，都有一個安字，可這個世界就是不以人的意志為轉移，你越想安定團結，他硬是亂下去。

司馬衷當然沒有什麼反對意見，把大印壓下去，就算完成了今天的各項工作。

接下來的工作，就是開啟城門，歡迎司馬穎進城。那些原來跟在司馬越屁股後面的將領們在這方面當然也不甘落後，在第一時間裡就跑到城門那裡，親自打開城門。在他們的想像中，城外的部隊肯定是一支龐大的威武之師，一定是軍容整齊地列隊進城。哪知，他們出城看到的部隊人數不少，但沒一個士兵是生龍活虎的，個個都像霜打的植物一樣，枯萎地站在那裡，跟一群饑民沒差別，而軍營也跟難民營沒兩樣。這些人雖然立場不堅定，但絕對不是菜鳥，知道如果他們再堅持幾天，城外這些部隊不用打就自己敗下陣來，心裡就後悔了起來，又想起原老大司馬乂的好處來，覺得司馬穎要是當了老大，對待他們肯定不如司馬乂對待他們好。他們有了這個想法，跟著就又有了把司馬乂放出來再做他們老大的念頭。

這些人的想法沒有錯，但錯就錯在這個想法才一形成，連個行動方案都還沒有做出，就讓風聲洩了出去，而且讓那個司馬越在第一時間知

第七節　勝敗都意外

道了。

司馬越不是菜鳥，當然知道，司馬乂要是再當老大，他的下場就會很慘，因此決定搶在前面把司馬乂解決了。把這傢伙殺了，你們不跟老子還能跟誰？

可是黃門侍郎潘滔卻認為，直接殺掉司馬乂，是不值得的。這個司馬乂當了這麼久的老大，還是很得人心的，要不這些人為什麼要救他出來？您要是動這個手，估計百姓都恨您啊！這樣一來政治前途就走到盡頭了。

司馬越說：「我不殺他，難道等他拿刀來砍老子的腦袋？」

潘滔說，老大不動手，自然有人會動這個手。

司馬越一聽，馬上就深刻領會了潘滔的話，立即派人去找張方，說將軍們要把司馬乂放出來了，我沒辦法啊！

張方恨司馬乂恨得要死，而且這傢伙天生殘忍，一聽說司馬乂要被放出來，哪肯答應？馬上派出部隊去把司馬乂搶了過來，帶到自己的大營。這傢伙在半路就想好了處死司馬乂的辦法，一到大營就叫人燒起大火，大叫：「把司馬乂弄成燒鴨。」

司馬乂被放到火上慢慢地烤著，痛得大喊大叫，而且聲音傳得很遠，連張方的士兵們聽到，臉面都跟著扭曲起來，最後乾脆痛哭流涕。但張方覺得這個場面很養眼也很養耳。

司馬乂被燒成烤鴨之後，大家知道，這個天下將是司馬穎的天下，因此都跑到鄴城，向司馬穎低頭認錯，表示以後一定堅定不移地跟著他。

司馬穎這才帶兵威風凜凜地進入首都，向全國宣布：司馬穎的時代已正式開啟！可這傢伙大概認為，京城的風水不宜長住，鄴城才是他的風水寶地，更利於他發家致富。因此他在進城大吃大喝幾餐之後，馬上又跑回鄴城。

第三章　饑民流民到處鬧事　猛男掌權終難獨撐

當然，出面釋出這個宣言的不是司馬穎自己，而是他的哥哥司馬衷。司馬衷任命司馬穎為丞相，任司馬越為守尚書令——這個守字，其實等於「代」字。

司馬穎全面掌權之後，沒幾天就把他的本來面目暴露出來。

這傢伙比前面那幾個人心胸更狹隘，執行任人唯親的政策更堅決。他進入洛陽的第一天，就叫那個曾被司馬乂扁得遍地找牙的奮武將軍石超等帶五萬人把守洛陽城的十二個城門，至於殿中原來那些得罪過他的人通通都被抓起來，毫不客氣地判了死刑，沒得罪過他的，他也看不順眼，通通調離京城。空出的位子，全由他的部下擔任，使得「成都幫」一夜之間威風凜凜，權力指數攀上歷史新高。

司馬穎也知道，自己這點能力，離安邦治國的要求還有很大的差距，但他知道，盧志有這個能力，因此提拔盧志當了中書監，跟他在鄴城上班，全權負責處理丞相的事務，把日常工作都做完，他自己就可以投入大量精力去喝好酒泡美女，處理那些敢持不同政見的敵人。

在司馬穎忙於玩弄權術的時候，西部地區的戰火卻越燒越厲害。

第四章

戰火遍地　再演三國

第四章　戰火遍地　再演三國

第一節　失敗的政變

　　替這場戰火加油的雙方就是司馬顒和劉沈的部隊。

　　本來，司馬顒正帶著部隊在鄭縣，替在前線的張方當啦啦隊，哪知劉沈遵照司馬乂的指示，帶著部隊已經高舉大刀殺向長安。司馬顒聽說，只得回到渭城那裡，派督護虞遵夔去迎戰。這個虞遵夔去當戰地啦啦隊是很稱職的，甚至當當場外指導也能頭頭是道，把策略戰術講得滔滔不絕，可是讓他一上場，就不知道仗是怎麼打的，才一交手，就被人家扁得大敗而歸，灰頭土臉地向老大報告，敵人太厲害！

　　司馬顒看到敗兵狼狽跑回來，又看到這傢伙的彙報，也怕了起來，急忙退到長安，關起城門當長安城裡的頭號縮頭烏龜，叫張方緊急收兵回來救他——祖逖的計畫到了這時果然達到預期的目的，可惜，司馬乂卻等不到這個時候。

　　張方在從洛陽撤軍的時候，覺得在這個地方打了這麼久，損失了這麼多人力財力，現在說退就退，實在太不值得了，就叫部隊再次到洛陽城中搶劫。以前他們把錢財搶光了，這一次沒錢可搶，就搶人，而且專門搶官員家中的女眷。本來認為，官員的女眷，肯定個個是美女，人人粉嫩，當作戰利品帶回去，也可解決一下軍中大齡光棍的婚姻問題。可在返回的途中，部隊的糧食已經吃完了。後勤部的負責人來向張方報告：老大，要斷炊了。

　　張方一聽，知道要是炊事班的老兵們成為失業工人，部隊馬上就會就變成難民，說不定還會受到某個帶頭人的鼓動，揭竿而起，那他的命就有保不住的可能。

　　他馬上把後勤部長叫來，說：「怎麼會沒有吃的呢？」

第一節　失敗的政變

後勤部長說：「確實沒有了啊，老大。」

張方說：「不是有那麼多戰利品可以吃嗎？」

後勤部長說：「戰利品可以吃？這次的戰利品全是美女啊！美女只能泡，不能吃啊！老大是說，叫大家不吃飯，都泡美女當三餐？我覺得這個、這個有點行不通。」

張方說：「誰叫你泡美女？老子就是要你吃美女。把美女們都殺了，讓她們粉嫩的肉加到牛羊的肉裡面，味道肯定不錯。」

後勤部長一聽，這才深刻領會了老大的意思。馬上跑回去，叫後勤工作人員磨刀霍霍，照老大的指示辦事，從今天起我們要有組織、有計畫地殺美女。

部隊繼續前進。

這時，劉沈已經渡過渭水，又跟司馬顒打了幾仗。司馬顒那個能力，除了繼續發揚每仗必敗的傳統外，沒有別的辦法。劉沈部隊取得最為巨大的戰績是，有一次他派安定太守衛博、功曹皇甫澹帶著五千精兵去襲擊長安。這一次戰鬥，估計劉沈也只是想給司馬顒製造一次麻煩，嚇一下司馬顒。哪知衛博的部隊進展神速，發起衝鋒之後，居然一路高歌猛進，如入無人之境，一直打到司馬顒的中軍帳。如果劉沈對這次戰鬥的估計很正確，指揮後續部隊跟上，司馬顒不被扁死當場，也會成為劉沈軍的俘虜。可惜當劉沈知道戰鬥的進展之後，再派部隊狂奔過去，已經晚了。

在司馬顒被打得差點崩潰的時候，馮翊太守張輔倒沒有暈。他看到對方的部隊雖然來得突然、來得鋒利，搞得很轟轟烈烈，可來來去去就這一支部隊，規模不大，而且再看看他們的後面，根本找不到一個士兵，馬上就知道，敵人這個打法屬於標準的快速打法。這種打法雖然成本低，見效快，但風險大，一旦讓人家清醒過來，結果就會全軍覆沒。張輔這麼一

第四章　戰火遍地　再演三國

想，就知道，這幾千敵人死定了。他馬上組織部隊向這支孤軍衝殺過去。

衙博和皇甫澹殺進來的時候，覺得敵人太菜，因此越殺越爽，越爽就越深入，完全忘記了自己已進入敵人的核心，隨時有被殲滅的可能。這時看到敵人包圍過來，才想起自己部隊的人數實在太少了，不能再打下去。他們想撤退。可現在不是想撤就能撤了。張輔的部隊迅速將他們殲滅。衙博和皇甫澹也戰鬥到最後時刻，然後雙雙犧牲。

劉沈本來就沒多少部隊，五千一丟，就損失了全部力量的百分之五十，知道已沒有再玩下去的資本了，馬上宣布退兵。可這時，張方帶的那些壯志飢餐美女肉的部隊已經趕到，在劉沈的部隊還沒有收拾好行李，就投入戰場。劉沈部隊突然看到這麼多的敵人向自己殺來，個個都嚇得發呆，發呆之後就全面崩潰。

劉沈和他的幾個得力部下往南逃跑，但跑不了幾步，就被張方追上，全部捕獲歸案，押到司馬顒的面前。

司馬顒一看，你這個劉沈，以前我很看好你，哪知道你卻硬要跟老子過不去。前幾天還得意洋洋，現在感覺如何？

劉沈說：「你雖然重用過我。可是我到底是皇帝的人。皇帝叫我跟誰過不去，我就堅決執行皇帝的命令。你以為我不會算數，算不出我的力量跟你差得很遠。我從決定跟你過不去的那一刻就知道，我肯定打不贏，但我不怕死。你砍我的腦袋吧！還是那句老話：砍頭不過風吹帽。」

司馬顒本來還不想殺他，一聽他這話，馬上大怒，這樣的人留下來簡直對不起地球，當場宣判劉沈死刑，而且是先用皮鞭打個血肉模糊，然後拖過去腰斬──讓大家看看當老子反對黨的下場。還有那個新平太守張光多次向劉沈獻計，這時也被抓了起來。司馬顒也親自審問他。他卻說：「劉沈這個豬頭不用我的計謀，才落得失敗的下場。要是聽我的話，還有

第一節　失敗的政變

今日嗎？」司馬顒一聽這話，覺得張光是個有膽有識的人才，應該留用，就當場改審判為飯局，先喝個一塌糊塗，然後任命他為右司馬。

這時，司馬穎也加緊了自己的奪權步伐。雖然大權已點滴不漏地捏在他的手裡，可是他覺得要是只當一個丞相，實在也太沒有志氣了。他現在最想當的是皇帝。當然，現在的皇帝是他的親哥哥，前面那幾個人除了司馬倫之外，其他人都還很尊重他的哥哥，因此，他要是一來就撤銷他哥哥的皇位，實在有點說不過去。但他也有他的辦法。而且這個辦法是合情合理又合法的。因為現在他有個身分，就是皇帝的親弟弟，而且司馬衷的後代全都死光光了，雖然他有個繼承人叫司馬覃。可這個司馬覃是司馬冏找來硬塞給司馬衷做兒子，完全可以算是司馬冏的同黨。所以，司馬穎就叫哥哥先把那個羊皇后廢掉，然後跟這個養子斷絕父子關係。這樣，繼承人的位子就空出來了。

到了這個地步，只要智力正常的人就是用屁股去思考也知道司馬穎已決心當這個繼承人了。

司馬顒的仗打得很窩囊，但在這方面的政治敏感性卻超強，別人都還在觀望的時候，他就寫了一份奏章給皇帝，請皇上封丞相司馬穎為皇太弟。皇太弟這個稱號在歷史上並不多。但所有的人都知道，這個皇太弟跟「皇太子」概念不相同，但本質卻是相同的，都是現任皇帝的接班人。

司馬穎一看，這個奏章來得太及時了，當然馬上處理。於三月十一日讓他的哥哥下詔：「以穎為皇太弟，都督中外諸軍事，丞相如故。」所有的待遇參照當年的曹操來安排，然後依照慣例「大赦」──這些年來，最好的工作大概是專門做違法亂紀的事，雖然有時一不小心就被抓進去，可卻年年有大赦，才進去不久，沒幾天就又昂首闊步在街頭走著。

司馬穎當然也不虧待司馬顒，馬上任命他當了大宰、大都督、雍州

163

第四章　戰火遍地　再演三國

牧，讓他當了個既有權又有實力的強人——他不但可以當上國家一級公務員，而且還有一塊自留地——雍州牧。在這個亂哄哄的世界上，官大是沒有用的，有實力才是最有用的。司馬衷的職務夠大了吧？可這哥兒們手下只有一群太監和宮女，競爭實力等於零，最後是誰都可以欺負他一下。

你也知道，這個司馬穎本來就不是什麼好人，前些時候弄了個好名聲，完全是因為盧志的計謀。現在他覺得自己已是法定的繼承人，如果還那麼夾著尾巴做人，生活還繼續勤儉節約下去，當這個權還有什麼搞頭？人活在世上，可不是為了節約社會資源啊，而是為了享受而來的。

這個想法一萌芽，是誰也攔不住的。他才當權幾天，就「僭侈日甚，嬖幸用事，大失眾望」。一失眾望，反對黨馬上就覺得有機會了。

司馬穎這傢伙現在只看自己手中的權力，只等豬頭哥哥一掛掉，自己就是皇帝，完全沒有想到，在權力場上混，時時刻刻都有反對你的人，時時刻刻都有人想把你拉下馬。

現在他的反對黨就是司馬越。司馬越絕對是個投機分子，看到司馬穎原形畢露，才一上臺就一腳掉進「失道寡助」的圈子裡，百姓對他已經都不看好，覺得是個布局的好機會。這傢伙看形勢雖然看得不很準，但拍板卻很爽快，覺得這個想法可行，馬上就決定去做。他把右衛將軍陳眕以及原來司馬乂的老部下上官巳找來，說決定搞定司馬穎，為民除害。

這麼多年來，中央高層的政變已經成了常態，因此這兩個傢伙一聽說要政變，一點也沒有什麼顧慮，覺得刺激得很，當場舉雙手贊同。

經過一番準備，到七月一日那天，陳眕帶兵衝進宮，用皇帝的詔書把大臣們都叫到大殿來，宣布全國戒嚴，討伐司馬穎。那個負責看守洛陽十二門的石超，再一次把他的無能表現得很到位，雖然手裡有幾萬部隊，

第一節　失敗的政變

但當敵人進來時，不放一槍一彈就往鄴城跑路，而且跑得比誰都快。

司馬越控制皇帝後，做的第一個措施就是來一次撥亂反正：大赦，為皇后羊氏及太子司馬覃平反昭雪。這些動作做完之後，就到了七月四日。司馬越高舉著皇帝的偉大旗幟，帶著司馬衷北伐司馬穎──現在司馬越的職務是大都督。

司馬衷這一輩子是做蠢事的一輩子，可這次北伐，居然在他的身上也發生了一件可歌可泣的事。

這個可歌可泣事件的主角是嵇紹。嵇紹是那個到死都不跟司馬氏合作的嵇康的兒子，他現在是侍中，也跟司馬衷出征。在他要出發時，他的同事侍中秦准跟他說：「你這次真的是危險得很，得準備一匹好馬啊！」嵇紹雖然沒有堅持老爸信念一百年不動搖，但在性格方面還是遺傳了老爸，聽了這話以後，馬上嚴肅地說：「我的任務就是保護皇帝，生死都已不放在心上，要什麼好馬？」現在司馬氏朝中混飯吃的高官中，像嵇紹這樣赤膽忠心的人已成稀有動物。秦准看到他這麼正氣凜然，也只有緊閉嘴巴，在心裡罵了句傻子，不再說什麼。

司馬越向全國釋出征討司馬穎的命令。各地政府負責人這時都覺得司馬越的股票是漲定了，因此都積極入股，帶著部隊雄糾糾而來。沒幾天，在鄴城南的安陽就聚集了十多萬各路人馬，熱鬧非凡。鄴城裡所有的人都知道，這城外的軍隊是來攻打鄴城的，個個都怕得要命。

司馬穎召開軍事會議，商討如何應對目前的緊張局勢。

那個以前曾經血氣方剛的司馬繇，估計在朝鮮半島吃的都是假冒偽劣的人蔘，這時表現得沒有一點勇氣，首先發言：「老大啊，現在是御駕親征，這帽子太大了，誰都惹不起。我看，乾脆解除武裝，帶我們出城向皇帝認罪算了。」

第四章　戰火遍地　再演三國

司馬穎一聽，這是什麼話，要叫老子認罪？老子什麼時候墮落到這個地步了？他們有兵，老子也有槍桿子。他馬上命令石超帶五萬部隊出城跟司馬越對抗。

這時，陳眕的兩個弟弟陳匡和陳規都在司馬穎手下當差，混得都不錯。司馬穎不知是聽了誰的意見，派這兩個傢伙出城去見陳眕，對他們的哥哥說：「現在城裡人心惶惶，司馬穎全亂了手腳，部隊已沒什麼戰鬥力了。」

這陳眕也是個粗心大意的人，對兄弟的話個個字都信以為真，馬上覺得勝利在望──如果覺得勝利在望，那也是人之常情，可有這個想法之後，他馬上就放鬆警惕，要好好休息幾天，再發起總攻，到那時，士兵們個個生龍活虎，衝進鄴城裡，活捉司馬穎，那場面太過癮了。

這傢伙只顧躺在美女身邊，卻一點都沒有想到這是司馬穎的陰謀詭計。

在陳眕放心睡大覺的時候，石超終於抓住了一個機會，於七月二十四日突然發起進攻。陳眕他們聽到連天的喊殺聲，這才知道，原來敵人還能打仗！現在不能打仗的是自己的部隊。因為他們的部隊都是從四面方八趕來的，而且都是想進來參股，想分點紅利而來的，並沒有誰真的想打仗，是真正的烏合之眾，被人家一攻，崩潰的速度快得要命。

司馬越看到部隊已崩潰，夾著尾巴退到湯陰，連皇帝也丟下不管了。

司馬衷這時倒了他有生以來最大的楣，臉上中了三箭，搞得龍顏破相。在戰亂中，雖然他也有個警衛團。可這個警衛團除了武器比人家先進、待遇比人家好之外，沒有一點戰鬥力，一碰到打仗，就只顧自己逃命，沒誰照顧一下老大。倒是侍中嵇紹在這個時候挺身而出。他跳下馬背，爬到司馬衷的車上，把自己變成人體盾牌，用身體擋住司馬衷的身體。

第一節　失敗的政變

司馬穎的戰士們衝過來，把嵇紹從車上拉下，然後舉刀就砍。

司馬衷急忙說：「他是忠臣，不要殺他啊！」

可那幾個士兵也跟那幾個強人一樣，一點也不把皇帝的話當話，很威風地說：「根據我們老大的命令，只對皇帝一個人客氣，其他人一個不能留活口。」然後一刀猛砍過去，鮮血飛濺，濺得司馬衷身上的衣服也到處是血跡斑斑。司馬衷嚇得從車上滾下來，爬到草叢中，連他帶在身上的六顆皇帝公章全部失蹤。

石超最後叫士兵一起找，才從草叢中找到司馬衷，把這個傻皇帝帶回大營。司馬衷這時餓得眼睛都睜不開，而石超只端上一杯水，其他人送來幾顆早就過時的爛桃子——這哥兒們以前聽說老百姓沒飯吃，就說，為什麼不吃肉。不知現在他還記得以前的這句話沒有。

司馬穎派盧志出來，也不舉行什麼歡迎儀式，直接就把哥哥接到鄴城。

司馬衷一進鄴城，做的第一件事就是又改元——宣布：昨天是永安元年，從今天起是建武元年。那些剛分配過來的侍從要幫司馬衷洗衣服。哪知這個呆子這時的腦袋突然變得正常起來，說：「朕的衣服上有嵇侍中的血。不要洗掉啊！」大家一聽，原來皇帝也是性情中人。這傢伙做了一輩子豬頭，唯獨這時說了一句像樣的話，弄得周圍的人好感動哦！

陳胗和上官巳跑到洛陽，把太子當老大繼續高舉反對司馬穎的大旗。

司馬越卻怕得一口氣跑到下邳，想到司馬楙那裡來個政治庇護。哪知，司馬楙卻一點臉面也不給事業還沒開展就直接進入谷底的司馬越，硬是不替他開城門。

司馬越在下邳碰壁，只得灰溜溜地跑到東海——那是他的根據地，縮著頭，觀望著時局的發展。

第四章　戰火遍地　再演三國

這時，司馬穎卻很反常地寬容起來，雖然司馬越差點把他搞定，但對司馬越還是寬大處理，理由是司馬越兄弟在皇室中很有人氣，要是殺了他們，局面就會更加複雜，因此就讓人把他叫回來到中央工作。司馬越當然不敢回來。

孫惠對司馬越說，要乘現在的機會，盡量拉攏那些親王以及獨當一面的地方軍政一把手，建立自己的人脈網，說是要共同效忠皇室。司馬越當然也知道人多力量大的道理，馬上採納這個建議，同時任命孫惠為記室參軍，主要負責這方面的工作。

司馬穎雖然對司馬越很寬大，但對另外兩個傢伙就不那麼有胸懷了。第一個傢伙叫王浚。王浚官職是安北將軍、都督幽州諸軍事——你一看這兩個頭銜，就知道這傢伙也是個屬害人物，是個有實力的傢伙。王浚在三王討伐司馬倫時，立場不明，手握重兵卻在北方當觀眾，把三王的號召當耳邊風。所以司馬穎就很生這個傢伙的氣，時時刻刻想要他的命。可這傢伙的命也不是時刻都能要到的。王浚不知從什麼途徑知道了司馬穎的這個意思，因此也來個磨刀霍霍，想跟這個皇太弟攤牌，看看這個世界到底誰怕誰。

司馬穎首先實施他的計畫，派他的右司馬和演為幽州刺史，先不動聲色，然後找機會突然發動襲擊也好、派人肉炸彈開展恐怖行動也好，最終目的就是把王浚殺掉。

和演一上任，就發展了個同盟軍——烏桓的老大審登。兩人經過一番密謀，決定利用王浚喜歡戶外活動的特點，在陪同他去薊城南邊的清泉度週末的機會，搞定他。

哪知，兩人的計畫很周密，審登拍胸脯拍得很響，但卻是個絕對的唯心主義者。到那天，兩人的準備都很充分，可老天爺卻一點都不給面子，

第一節　失敗的政變

硬是下起雨來，把審登的弓打溼而拉不起。審登一想，這雨以前不下，為什麼偏偏在今天下起來，這一定是老天爺在幫助王浚。其他人都可以得罪，唯獨老天爺不能得罪啊！這傢伙這麼一想，覺得自己差點做了一件天大的壞事，就馬上跑到王浚那裡自首，徹底成為王浚的同黨。

王浚和審登一合作，馬上密令部隊進入一級戰爭狀態，還約定并州刺史司馬騰一起，帶兵去包圍和演——這個司馬騰是司馬越的老弟。和演這傢伙也是個菜鳥，明明知道自己現在是在敵人的掌握中，隨時有被敵人搞定的危險，腦子裡卻只盤算著搞定別人，一點也不想想，敵人也想搞定他。因此，王浚就輕鬆地把和演殺掉，把幽州的部隊全部收編成自己的部下。

消息傳到司馬穎那裡，把司馬穎氣得要死，但卻又拿他沒辦法，就以皇帝的名義，調王浚到中央工作。

王浚當然不上這個當，把這個詔書丟到一邊之後，就把他的死黨叫來——這傢伙在這裡經營多年，拉攏了很多當地的大人物。其中鮮卑老大段務勿塵是他的女婿，肯定會堅定不移地跟隨到底，另外的烏桓老大羯硃雖然跟他女兒沒發生過什麼關係，但也早就被他收買，天天聽他的指示辦事，還有司馬騰，既然跟他一起解決過和演，大大地得罪了司馬穎，哪能不跟他立場一致。幾個人馬上團結起來，宣布司馬穎是亂臣賊子，他們現在代表百姓，代表正義力量，決定用武力推翻司馬穎。

司馬穎只得派北中郎將王斌和石超去對付他們。

司馬穎的另外一個死對頭就是司馬繇。這個司馬繇本來是跟他同一陣線的，只因晚年思想保守，在司馬越帶兵打過來時，勸司馬穎向皇帝舉白旗，司馬穎的心裡就很生氣。而且這個氣一直消不了，覺得不殺掉這個傢伙不解恨。他對王浚一時沒有辦法，可對付司馬繇卻很輕鬆，只派幾個捕

第四章　戰火遍地　再演三國

快過去，宣布你被捕了。司馬繇就得乖乖地變成囚犯，然後把他殺死了事，看以後誰還敢在關鍵時刻勸老子投降？

司馬繇原來還有個哥哥，叫司馬覲，封琅琊王，早就死了，他的王位就由兒子司馬睿繼承。這個司馬睿就是後來東晉的第一個皇帝。不過，現在他只是左將軍，每天跟在司馬衷的屁股後面，什麼權也沒有。他有兩個好朋友，一個是王導，另一個是王導的堂哥王敦。這兩個傢伙，後來都大大有名。王敦認為，現在中央經常上演你殺我砍的宮廷戲，誰在那裡誰危險，勸司馬穎最好回到封國那裡才安全，但司馬睿卻走不成。這時，他聽說叔叔已經被砍下腦袋，才覺得危險已經離他很近了，決定馬上逃離鄴城。

哪知，司馬穎早已下令各地關口，其他人可以自由出入，但貴族和官員都不能通過。司馬睿滿臉是汗地趕到河陽時，把守那裡的人一看，這哥兒們穿得比我們的老大還華麗，肯定是個貴族，就不放他過關。在他沒有辦法的時候，他的一個叫宋興的手下跑了過來。宋興的腦袋很好用，一看到老大已走到了絕路，馬上就用鞭子輕輕地抽了一下司馬睿的身體，笑著說：「你這個大門保全要去哪裡？政府是禁官員出關，想不到你也被抓住。你居然也有這個資格，笑死我了。」

那個關長也是個很天真的菜鳥，哪看得出這是人家的把戲，聽說是大門保全的，馬上就把司馬睿放了出去。

司馬睿跑到洛陽，馬上帶著他的母親回封國去了。

還記得那個上官巳吧？這傢伙在討伐司馬穎時，到處宣揚司馬穎是個殘暴的土匪頭子。可現在他在洛陽，殘暴的程度遠遠高於司馬穎，大家的心裡很不滿。河南尹周馥看不過去，就產生了為民除害的想法。他找到司隸滿奮，研究出一套殺死上官巳的方案。哪知，方案沒有錯，保密卻做得

第一節 失敗的政變

太差。這邊一散會,上官巳那邊就已經知道了。結果,滿奮光榮犧牲,周馥跑得快才留下性命。

上官巳雖然清除了這幾個異己分子,可他在洛陽的地位已經很不穩了。把他趕出洛陽的,是司馬顒手下的那個張方。司馬顒近來一直是司馬穎的鐵桿同盟,聽說司馬越起兵攻打司馬穎,就派張方帶兵過來支援司馬穎。哪知,部隊還沒有投入戰鬥,那邊司馬越已經敗下陣、不知跑到什麼地方去了。司馬顒就叫張方把部隊開到洛陽去。

現在洛陽是上官巳的地盤,他當然不同意張方進來接管。不同意就只有戰場上見。兩人對決的結果,是上官巳「大敗而還」。上官巳在洛陽作威作福時,也還講一點政治手腕的,他並不宣布自己是洛陽的老大,而是讓太子司馬覃當老大。可是司馬覃也不是呆頭鵝,知道上官巳是玩不了多久的,再讓他高舉自己的旗幟下去,自己也只有死路一條,因此,乘著上官巳大敗而還時,帶著自己的衛隊,在半夜襲擊上官巳和苗願。這兩個傢伙做夢也想不到他們扶持的人居然會對他們下這個狠手,一時哪來得及應付?兩人只得夾著尾巴逃之夭夭,明天誰來當洛陽的老大都不關他們的事了。

這兩個傢伙一走,張方就進入洛陽城。司馬覃在廣陽門舉行儀式,歡迎張方進城,在張方入城時,司馬覃「迎方而拜」,把姿態放到最低點。張方下車來把他扶住。

張方雖然對司馬覃很客氣,但他到底是司馬穎的同盟軍,進洛陽城後,馬上宣布「廢覃及羊后」。這個羊皇后和司馬覃的命也是夠差了,還沒過上幾天皇家的幸福生活,卻被廢了兩次。

第四章　戰火遍地　再演三國

第二節　劉淵的崛起

　　司馬炎建立的這個晉朝，沒過幾天和諧日子，政壇就年年大地震，強人們你方唱罷我登場，中央從來就不安寧，而且又有李特、張昌幾個在地方起義，說是內憂外患一點也不為過，可是即使局面如此，這個以豬頭皇帝司馬衷為首的政權，居然到現在還沒有倒下。主要原因是，一來，手握槍桿子的都是司馬家的人，不管誰當實際領導人，都得高舉司馬衷的大旗；二來，那些流民雖然鬧事，但根據地在其他地方，人民的支持異常薄弱，雖然鬧得很暴力，不斷取得一些勝利，但卻僅能維持生活，想擴大一下勢力都難，而且這些流民的首領，仗是能打幾下的，可就是缺乏有大氣的政治人物，眼光不能放遠，打來打去，也只不過比那些山大王好一點，離奪取政權還遠得很。

　　真正想建立新政權的人，是最能看清敵我形勢的人，是最能把握機會的強人。

　　劉淵就是這樣的人。

　　這傢伙是個有遠大理想的人，一心想恢復老祖宗的基業。以前靠忽悠楊駿得以離開洛陽，掛了個建威將軍，兼匈奴五部大都督，正想好好地打下一個堅實的基礎。哪知手下不爭氣，一批不願在關內生活的人，煽動一些不明真相的百姓，逃出塞外。上級一問責，他就成了扛責任的人受到了免職處分。

　　可是司馬穎當權後，覺得自己也應該執行一下數民族政策，好把這些少數民族拉進自己的圈子裡，成為自己的力量，也不複習一下「非我族類，其心必異」的古語，考核一下這傢伙到底是個什麼樣的人，就讓劉淵當冠軍將軍，同時兼匈奴五部大都督，讓他帶兵守鄴城，使得這個傢伙又

第二節　劉淵的崛起

威風了起來。

　　劉淵不但能力強，他的兒子劉聰也是個猛男。劉聰雖然年紀不大，但「驍勇絕人」、「彎弓三百斤」，而且「博涉經史，善屬文」，不打架的時候，跟那些名士混在一起，等級一點也不低。他年輕的時候，就到首都讀書學習。大概他生得豪爽，口袋裡現金又多，連續喝一個禮拜的名酒，也從不皺眉，酒色財氣一樣不少，所以「名士莫不與交」。司馬穎又讓他當了積弩將軍。

　　父子兩個人同時混得這麼好，大大地鼓勵了他們的族人。劉淵的堂叔祖右賢王劉宣天天幫他宣傳，號召大家以後要團結在劉淵的周圍：「自從漢朝滅亡後，我們匈奴就只剩下一塊招牌了，連一塊地皮都沒有。就連貴族也成了最底層的百姓。現在我們雖然還很弱，但人口也還不少於二萬，為什麼要聽別人的擺布？現在劉淵很強很有能力，這是老天要讓我們重新抬頭，才讓他這樣的人生下來的。現在司馬氏內鬥搞得如火如荼，而且規模越來越大，人民的怨恨越來越多，這是一個快要滅亡的王朝啊！這也是我們恢復匈奴國的大好機會。」大家一聽，一分析形勢，然後再用大腦思考一番，覺得這話講得太有道理了，都說：「我們支持賢王！」

　　劉宣馬上跟大家一起用記名投票的方式，一致選舉劉淵任大單于，然後派呼延攸跑到鄴城向劉淵宣布這個任命，表示各部從今天起，都聽大單于的話，照大單于的指示辦事。

　　劉淵一聽，老子人生最光輝的一頁就要翻開了。

　　當然，這光輝的一頁並不是說翻就能翻出來的。而且他現在還在鄴城裡當官，全天候都在司馬穎的監控之下，你要在鄴城裡嫖霸王娼，司馬穎毫不在乎，誰報告到他那裡，他都會說，關他什麼事，可你要是離開鄴城一步，司馬穎就不高興了。離不開鄴城，你再有天大的本事，這一頁也翻

173

第四章　戰火遍地　再演三國

不開。劉淵向司馬穎請假，說他有個族人不幸逝世，他要回去為族人主持一下葬禮。可是司馬穎卻不批准。劉淵沒辦法，只好派呼延攸先回去，要劉宣召集五部的武裝力量，到處宣揚是要為司馬穎而戰的──當然，大家都知道，他的真正目的是想打倒司馬氏，讓他們永世不得翻身。他自己只好繼續住在鄴城，整天鬱悶不已。

當然，劉淵不僅僅是鬱悶，而是在鬱悶中尋找機會。

機會很快就來了。創造這個機會的就是王浚和司馬騰這兩個傢伙。這兩個傢伙一造反，劉淵馬上就跑到司馬穎那裡，對司馬穎說：「老大，現在這兩個傢伙的部隊有十多萬啊，我們這裡的人太少了。最好讓我回去動員匈奴五部的民兵前來，幫老大一點忙，這才對得起您的栽培。」司馬穎那兩隻眼睛當然看不透劉淵的真實意圖，只是很天真地說：「你真的能動員五部的力量？就算真的能夠動員，恐怕也不是鮮卑、烏桓那些部隊的對手啊！我打算帶著皇帝到洛陽去，暫時閃人，避開一下他們的鋒芒，然後命令各地的軍隊過來。你覺得怎麼樣？」

劉淵說：「老大是武皇帝的兒子，功勞比天還大，天下誰不服老大？誰不願為老大衝鋒在前、享樂在後？所以您一號召，大家肯定會一窩蜂過來幫老大。王浚算老幾？那個司馬騰更不算什麼，這兩個傢伙哪配跟老大抗衡？如果您急忙跑回洛陽，這是在示弱於人，表示老大底氣不足，人民的信心也會大打折扣。只怕回不到洛陽啊！即使勉強到了洛陽，也許大權已經不在老大的手裡了。所以，現在的辦法是，先穩住陣腳，激勵全城的將士，誓死保衛鄴城。然後派我去召集五部，用二部去對付司馬騰，三部去解決王浚。不用多久，就可以成功了。」

司馬穎一聽，你這話說得真是氣勢磅礴，老子的信心又狂漲，熱血沸騰起來了。馬上就提拔劉淵為北單于、參丞相軍事。

第二節　劉淵的崛起

劉淵終於得以離開鄴城，一口氣狂奔到左國城。以劉宣為首的那些人，馬上替他掛上「大單于」的招牌，號召大家團結起來，一切行動聽從劉淵的指揮。二十天不到，就召集到五萬部隊。把總部設在離石，讓他猛男兒子當鹿蠡王。

劉淵以前雖然當過建威將軍、冠軍將軍，但手下的部隊都是別人的，直到現在才真正擁有自己的槍桿子。

至此，晉朝再次分裂的種子由司馬炎種下，現在已經開始發芽。

劉淵雖然一直在忽悠司馬穎，但他也知道，現在司馬穎仍然是這塊土地上最強的人，自己這幾萬部隊還不是他的對手，因此還得想辦法巴結一下這個傢伙，就派左單于陸王劉宏帶騎兵五千，去支援司馬穎的部將王粹一起抵抗司馬騰。哪知，王粹一點都不爭氣，援軍還在路上馬不停蹄，他早就被打得大敗，已經在逃跑的路上馬不停蹄。劉宏沒有支援的地方了，只得又回去。

司馬穎除了權力欲望很強之外，其他能力根本不值一提，雖然手下的人也很多，但都是些吃喝賭嫖的高手，沒有一個能獨當一面，有打仗本領的人才。相比之下，王浚帶的都是北方少數民族部隊，本來肌肉就比司馬穎的士兵發達，拉的弓就比南方人拉的弓硬，打起仗來，比司馬穎的正規部隊專業得多。你想想，司馬穎以這樣的陣營去跟人家決鬥，那不被痛扁才是怪事。

司馬騰打跑王粹之後，馬上跟王浚勝利會師，聯合起來，一起猛揍王斌。這個王斌的名字雖然不差，又文又武，可是能力卻跟王粹同一個等級，才一上戰場，就被王浚「大破之」。

王浚在取得兩連勝之後，命令主簿祁弘為前鋒，去進攻石超的部隊。石超雖然很受司馬穎的信任，一直是司馬穎手下最威風的將領。可這傢伙

第四章　戰火遍地　再演三國

光會在表面上威風，打仗卻一點也不行，這些年來除了上次靠點陰謀詭計打敗陳眕的烏合之眾外，歷史上還找不到他打過勝仗的成績。但他硬是在司馬穎的陣營裡呼風喚雨，吃得很開。這次他仍然帶著司馬穎的大部分家當去抵抗王浚。按理說，帶這麼多的部隊，就是跟王浚的主力對壘，最不濟也可以多支撐幾天。哪知，這傢伙一點不按常規出牌，雙方一打仗，就被祁弘打得回頭就跑。

祁弘指揮部隊跟在石超的屁股後面猛追，而他的偵察部隊已經來到鄴城的外面，大喊大叫著，高調得很。弄得鄴城中的人個個都怕得要命，各級官員再也不向名士學習了，像難民一樣，到處亂跑。士兵們一看，當官的天天教育我們要愛國愛民、保衛領土，講得很崇高，現在敵人還沒打進來，他們就跑得路都不見了。我們現在還堅守職位，那不是傻瓜一個？於是全都脫下軍裝，就地繳械。

沒有了士兵，司馬穎突然覺得他這個全國頭號大臣也有點單薄起來了，瞪著傻眼不知下一步該怎麼走。盧志說：「老大，現在再死守這個地方，等於是等死，應該馬上向洛陽撤退。」司馬穎說：「現在只有聽你的了。」

盧志把剩下的部隊集中數一下，還有一萬五千人。他馬上連夜安排撤退任務，天亮了就可以出發。

盧志在這邊忙到四肢發痠，那邊司馬穎的腦袋卻又發暈起來。這傢伙的人品很差，但卻很孝順他母親。當他把要撤退到洛陽的行動告訴她時，他母親說：「這個地方好好的，為什麼一定要到洛陽？你想去就去，我不去。」司馬穎一聽母親這話，馬上就呆在那裡猶豫不決。人家過來請他發出命令，他卻一言不發。

大家看到老大已經傻到這個地步，都什麼時候了，還這麼猶豫？再猶豫就意味著等死。腿長在自己身上，為什麼一定要聽你的命令才跑？大家

第二節　劉淵的崛起

高聲一喊，一萬五千人全用軍人的速度，跑得一個不剩。

司馬穎轉頭一看，身邊再也沒一個士兵了，心頭涼了半截，這才下定決心，不顧老媽的心情，下令向洛陽前進。他這時的工作效率很高，一做出決定，馬上把皇帝帶上，加快腳步出發。大家手忙腳亂了一陣之後，終於出城了。這些傢伙過慣了貴族生活，平時出門，都有人幫忙打點，連手紙都不用自己拿。現在身邊沒了隨從，只記得帶皇帝，別的什麼也沒拿。跑了大半天，有人說，啊！馬拉松了大半天，我的肚子餓起來了。不知道你們餓不餓啊？

大家一聽，叫道：「餓啊！誰有帶吃的？」

大家你看我，我看你，個個都空著手，什麼也沒有。

不知道誰說了一聲：「那就去買飯吃啊！」

這主意很正確，可財會人員卻說：「剛才太忙，沒帶現金啊！」大家一聽，差點集體崩潰。幸虧有個太監是個守財奴，走的時候把所有的現金塞滿一個被套裡，這時被發現了。這些人倒也講道理，沒有衝上來把這三千錢搶過去，而是讓司馬衷以皇帝的名義寫了張借據給他。這張借據，應該是史上最強的借據了。

這樣終於解決了肚子問題。到了溫縣——這可是司馬氏的老家，埋了很多他們家的老祖宗，所以，司馬衷還必須去老祖宗們的墳前燒幾根香才能說得過去。可這哥兒們逃跑得太急，連鞋子什麼時候丟了也不知道，只得借了別人的鞋去完成祭拜。祖宗們看到這麼窩囊的皇帝，肯定在黃土裡鬱悶到了極點。

司馬穎他們渡過黃河之後，張方才派他的兒子張罷帶三千騎兵過來迎接，過了芒山，張方這才出來，把這一隊特殊難民帶到洛陽。

司馬衷回到宮裡，那些官員這才結束無政府狀態，陸續跑來晉見。

第四章　戰火遍地　再演三國

　　王浚的部隊進入鄴城後，發現這個地方的富翁富婆們雖然都跑得一個都不見了，但金銀財寶還有不少，此時不搶，還等到什麼時候？大家就在鄴城裡大肆搶劫，而且一邊搶錢，一邊姦淫，忙得不亦樂乎。

　　王浚一面讓士兵們過癮一番，一面派羯朱追擊司馬穎，一直追到朝歌還追不上，就收兵回去了。王浚回到薊後，有人報告說，鮮卑士兵搶到了很多美女。他一聽，士兵的職責是打仗，不是搶美女，馬上下令：「誰窩藏搶來的美女就殺誰。」

　　那些士兵怕死，就都把美女推到河裡去淹死了事。那條河就是著名的易河。

　　司馬騰很恨劉淵，就去找鮮卑族的另一個老大拓跋猗㐌，請他去幫忙教訓一下劉淵。這個拓跋猗㐌喝了幾碗大酒之後，人就豪爽得一蹋糊塗，馬上答應了他的要求，跟他的老弟拓跋猗盧一起帶著部隊去找劉淵的麻煩，還真的把劉淵的部隊打得大敗一場，然後跟司馬騰在汾河東岸舉行了結盟儀式，接著才一路凱旋而歸。

　　當然，這一戰對劉淵的實力也沒什麼大的傷害。

　　劉淵這時的想法還比較單純，知道司馬穎已經被扁得毫無性格，並且徹底放棄了老根據地——這個時代，沒有了根據地就意味著沒有了跟人家叫價的資本，即使你以前再威風，但人家不會再用昨天的眼光來看今天的你。他覺得他到底是靠忽悠這傢伙才有今天的，現在覺得自己有義務去幫他一下，就派兵去攻打鮮卑、烏桓，幫司馬穎出一口氣。可是劉宣卻說：「晉朝從來就把我們當下等人看待，現在他們內部鬥得你死我活，正是我們擴張實力的大好機會，我們應當趁這個機會，恢復到呼韓邪的強盛時期，而鮮卑、烏桓和我們都是少數民族，只可以成為朋友，為什麼要跟他們過不去？」

第二節　劉淵的崛起

　　劉淵一聽，老前輩的年紀果然不是長在狗身上的，說得太有道理了。只是呼韓邪算老幾？我要學習的是劉邦和曹操。

　　劉宣一聽，馬上說：「老大果然是老大，我們一個都比不上。」

　　十月之後，劉淵把總部從離石遷回左國城，頒布了一系列的改革措施，像現在的招商政策一樣，一下就把很多人吸引到他那裡：不光是周邊的少數民族，很多漢族也都高舉劉淵的大旗，決心跟他走。

　　劉淵的頭腦是很清醒的，他知道大家之所以一窩蜂地跑來，是因為現在晉朝從中央到地方的各級政府官員太不像話了，逼得底層的百姓已經沒有活路了，這才不得不高舉他的旗幟，只要哪天，晉朝的政治局面一翻轉，中原一帶的形勢一片大好起來，這些人就會丟掉他的旗幟，又跑到那邊去了——因為他是少數民族啊！他在洛陽待過，曾多次見識過「非我族類，其心必異」這個大虧。他知道，以一個少數民族老大的身分去做漢族老大，那是很困難的。他把大家召集起來，說：「中國這些年來，最厲害的朝代就是漢朝。最窩囊的朝代是現在這個晉朝。威風的朝代，永遠是百姓最想念的。要成大事業，我們得借用威風王朝的外殼來武裝一下自己。我們是漢朝的外甥，親近得像兄弟一下。現在漢朝滅亡了，我們就當是哥哥死了。哥哥掛掉後，弟弟繼承遺產是理所當然的。我看，以後我們的國號就叫漢。」

　　這些人一聽，覺得有道理，都鼓掌通過。

　　劉淵又說：「現在到處是戰亂。這些戰亂，對我們來說是機會，同時也是挑戰。我們的勢力還不是最強最大的。我們的事業也才是萬里長征的第一步，因此，我們還需要向劉邦學習，在稱號這方面上，不能一步到位，而是也像劉邦那樣，先當個漢王。」大家當然沒意見。

　　劉淵馬上即漢王位，改元元熙。追尊安樂公禪為孝懷皇帝，其妻呼延

第四章　戰火遍地　再演三國

氏為王后，以右賢王劉宣為丞相，崔遊為御史大夫，左於陸王劉宏為太尉，范隆為大鴻臚，硃紀為太常，上常崔懿之、後部人陳元達皆為黃門郎，族子劉曜為建武將軍。你一看這些職務的名稱，全是漢朝時代留下來的文化遺產，表示他全盤繼承了劉家的衣缽。在這個高層名單中，雖然掌大權的是劉宣和他的兒子劉宏，外姓的人也有幾個，也算是做到了「五湖四海」，比四川李家顯得大氣得多，說明了劉淵還是任人唯才的。特別是對待那個陳元達，劉淵大大的得了分。原來這個陳元達是個有能力的人，也是個有個性的傢伙，前一段時間，劉淵派人去請他喝酒聊天。哪知陳元達對劉淵的盛情邀請一點也不領情，說酒在什麼地方不能喝？天在什麼地方不能聊？為什麼一定要到你那裡去喝去聊？我現在沒有心情。說完當場回絕，一點面子都不給。這時，劉淵剛當上漢王，成為本地的第一把手，權力比天還大，很多朋友叫陳元達快跑，要是還坐在這個地方傻笑著，劉淵就要派人來收拾你了，到時不要說我們沒有提醒你。陳元達卻笑著說：「你們說對了，劉淵肯定會派人來的。不過不是來收拾我的，而是要重用我。」當天晚上，劉淵的特使就跑了過來，把陳元達請了過去，讓他當了高官。這個陳元達做事還是很稱職的，對劉淵也很忠心，他多次對劉淵提出有用的意見，而且說完之後，就把奏章的稿子全都燒掉。這種把功勞歸功於上級的做法，當然會被重用到底。

第三節　兩個權力中心

這時，晉王朝中央高層又到了重新洗牌的時候了。

前些時候說話最算話的人是司馬穎。可這個司馬穎也是個豬頭，才拿

第三節　兩個權力中心

了幾個月的權力大棒，還沒拿出感覺來，就把自己的事業搞砸了，被王浚和司馬騰打得只剩下十多個人跑到洛陽。這是一個靠實力說話的年代，當手下只有十幾個人的時候，你連個里長也當不了。司馬穎雖然豬頭，但在這世界混了這麼久，當然也知道這個道理，因此到了洛陽，就夾著尾巴做人，什麼話也不說。現在在洛陽牢牢掌握著大權的是張方。

所有的人都知道張方不是什麼好人，這傢伙打仗有一套，而打劫更有一套，全身上下沒有一丁點善良的地方，要是被這樣的人統治下去，人生之路可就不好走了，因此，沒過幾天，就有豫州都督范陽王司馬虓、徐州都督東平王司馬楙向司馬衷上書：「穎弗克負荷，宜降封一邑，特全其命。太宰宜委以關右之任，自州郡以下，選舉授任，一皆仰成；朝之大事，廢興損益，每輒疇諮。張方為國效節，而不達變通，未即西還，宜遣還郡，所加方官，請悉如舊。司徒戎、司空越，並忠國小心，宜干機事，委以朝政。王浚有定社稷之勳，宜特崇重，遂撫幽朔，長為北藩。臣等竭力扞城，藩屏皇家，則陛下垂拱，四海自正矣。」提出重新分配中央權力的方案。可是司馬衷有這個重新分配的能力和權力嗎？

張方一點也不把這些人的話放在心上，更不把這個國家的前途當一回事。這傢伙在洛陽待的時間久了，士兵們把洛陽的財富搶了一遍又一遍，已經把全國最發達的城市搶得變成貧困地區，他們知道再在這個地方待下去，沒有什麼搞頭了，都想拿著搶來的錢回到老家去，蓋房子、討老婆、做點小生意，誰也不願在這個地方再待下去了。

張方可以不把皇帝的話當話，但卻不能不重視士兵們的意見。這些人不想在這裡待下去，你要是強迫他們，他們就會跟你鬧翻，好一點的是四散而逃，自費回鄉，態度惡劣一點的，鬧個軍事政變也不是什麼難事。不管如何，這些士兵一脫離控制，張方就徹底玩完，結局要多悲慘有多悲慘。於是他決定離開洛陽，而且還要把皇帝帶走。這個皇帝雖然豬頭，但

第四章　戰火遍地　再演三國

現在還是有很大的利用價值的。不過，他怕大家反對他這樣做，因此就又做了個決定，要把皇帝引出來，然後劫持到長安，看你跟不跟我走。

他找了個藉口，讓皇帝去謁太廟。

哪知，司馬衷在經歷了一連串的災難之後，也注意安全起來，知道一出皇宮，就會很危險，因此沒有答應他的請求。張方一看，連個菜鳥也敢跟老子擺譜，看來不發狠，這傢伙還以為老子也像司馬穎一樣。馬上帶著部隊，衝進皇宮，要把司馬衷放到車裡，然後離開。司馬衷覺得很害怕，就跑到後園的竹林裡。張方叫大家：「搜！我就不信搜不到！」

不一會兒，士兵們就找到司馬衷，把他從竹裡拉出來，然後叫他上車。

司馬衷沒有辦法，只得哭哭啼啼地上了車。

這時，其他官員都已經鳥獸散，連個人影也沒有。只有盧志是個厚道的人，還堅守在司馬衷的身邊，看到皇上很可憐，就對他說：「陛下，現在你一定要聽右將軍的話。」

司馬衷雖然腦殘，但他知道盧志的腦袋一點都不殘，因此也就聽了盧志的話，不再做出什麼反抗的行動，跟著張方來到軍營中，叫張方把皇宮中的人員以及寶物都運過來。

士兵們一聽，個個眼睛發亮，要走的時候，竟還有這個發財的大好機會——誰不好好珍惜這個機會，誰就是傻子。他們衝進宮中，原來還有這麼多美女，就當場來個人手一女，直接解決婚姻問題，然後衝到倉庫裡，把財寶全部分割，連皇帝用的珠簾和御帳也分成一塊一塊的，用來當馬身上的裝飾品。曹魏以來的所有積蓄，全被這些士兵搶得一點不剩。

張方最後決定一把火把司馬氏的宗廟和宮室全部燒掉，免得這些傢伙還留戀這個被他多次洗劫成一窮二白的地方。

盧志說：「這個動作不宜做啊！雖然董卓這麼做過，到現在大家都還

第三節　兩個權力中心

在罵他啊！」

張方的殘暴一點不比董卓少，但他卻很不願人家把他看成當代的董卓，這才命令停止放火行動。

三天之後，張方帶著司馬衷、司馬穎、司馬熾向長安開路。

司馬顒帶著三萬部隊到霸上，為司馬衷舉行了一次隆重的歡迎儀式。司馬衷就這樣進入長安，把征西將軍的辦公地點當作皇帝的辦公室。因為，這一次到長安，既沒有宣布遷都，又沒有把相關部門的官員叫過去，只有皇帝一人，洛陽政府部門的人員就在洛陽組成了個留守政府，繼續發揮相關職能，稱為「東臺」，長安的臨時朝廷就稱「西臺」。晉朝走到這個地步，是司馬炎開國以來，實際控制國土面積最小的，可是政府居然就有兩個。

不僅如此，東臺辦事也完全不請示一下西臺，在他們自主執行了一段時間後，就宣布大赦，改元永安，並再一次恢復羊氏的皇后職務。

可是沒多久，司馬衷那邊又釋出了新的命令。這個命令最有新聞價值的就是對接班人的調整。讓司馬穎下臺的聲音早已四處響起，而且司馬穎的這個皇太弟是自己封的，屬於奪權的行為，早就應該讓他受到法律的制裁了。司馬顒以前雖然拍胸口說自己是司馬穎的同盟軍，會一直擁護他。可是大家都知道，這完全是場面話。這時，他為了讓自己撈到一點人望，就拿司馬穎開刀，要司馬衷重新指定接班人。現在有當接班人資格的只有兩個人了，一個就是司馬熾，另一個是司馬晏。這兩個哥兒們都是司馬衷的弟弟。司馬炎的生育能力很強，一共生了二十五個兒子，但到現在因為這事那事，大多數都掛了，目前只剩下這三個傢伙了。司馬晏的人品，所有的人都知道是極壞的，你要是選他當接班人，非但不能讓皇室人氣上升，恐怕連自己也跟著丟分。倒是司馬熾做人低調，而且又好學——這

第四章　戰火遍地　再演三國

種人在大家的心目中是個好人，讓好人出場，大家就會說你好。然後又下詔啟用一批司馬穎的反對黨：任司馬越為太傅，與司馬顒一起平分中央大權，讓那個曾經跳進糞坑逃命的大名士王戎參錄朝政，形成新的三駕馬車。王戎的帥哥堂弟王衍這時也得以閃亮登場，提拔為左僕射，其餘司馬略、司馬模等等都被安排到重要部門，把司馬穎的所有部下全都掃地出門，清出場外，要想繼續生活下去，就只有到到廣闊的世界裡自謀職業。要求各級政府官員馬上到原單位報到，正式上班，等這些雜事處理好之後，皇帝返回東京（這個東京不是別的東京，就是老首都洛陽）。

接著，再次任命司馬顒為都督中外諸軍事，讓他最親密的戰友張方為中領軍、錄尚書事、領京兆太守，算是司馬顒之後的第二號最有實權的人物。司馬顒在這次人事任免中，算是做到力求平衡。這傢伙是個製造摩擦的專家，在當地方官的時候，天天在長安磨刀霍霍，盼望著中央決策層越亂越好，自己好從中得到利益——他也確實從不斷的混亂中得到利益。現在他一掌權，馬上就改變觀點，希望天下太平下去，不要出什麼亂子，這才發表了這個人事方案。不過表面看來，他大權在握，是個大贏家，其實真正的贏家是司馬越。在這一波的人事變動中，不光他成為實力派人物，就是他的幾個老弟司馬模、司馬略都掌握了不少權力——司馬模被任命為寧北將軍、都督冀州諸軍事，而司馬略是鎮南將軍，領司隸校尉，代理洛陽的第一把手，都是響噹噹的角色。再加上前段時期勇於高舉起義的偉大旗幟，與王浚共同奮鬥，勇於把司馬穎痛扁到底的司馬騰，我們用腦袋一想，就可以算得出司馬越集團現在的分量了。

而現在司馬騰還在與劉淵進行流血衝突。這傢伙上次打敗劉淵的部隊，覺得這個匈奴後代的野心家雖然名氣很大，其實能力有限得很，一點也不可怕，就想一次把他搞定，馬上派聶元帶兵去攻打劉淵。這一次，聶元的對手是劉淵，兩人在大陵相遇，大戰一場，結果，「玄兵大敗」。

第三節　兩個權力中心

劉淵決定擴大戰果,派劉聰向太原進軍,一路打來,沒幾天就把泫氏、屯留、長子、中都幾個地方劃歸他們的勢力範圍;又派冠軍將軍喬晞向西河擴張,奪取了介休。這個喬晞雖然很會打仗,可人品實在太差,在殺了介休令賈渾之後,看到賈渾的老婆宗氏長得漂亮,就當場拍板,讓她做了自己的小妾。誰知,這個宗氏卻一點不情願,對著喬晞又哭又罵,弄得喬晞越來越不爽,家裡有這樣的小妾,老子到底還想不想活?他的這個念頭一閃,馬上就決定:老子肯定要活下去,但不能讓這樣的小妾活下去。殺!

有人把這事向劉淵打了個小報告,劉淵一聽,自己不是天天說要把部隊變成仁義之師嗎?你小子這麼做,跟土匪有什麼差別?罵道:「使天道有知,喬晞望有種乎!」這話罵得很嚴重,說喬晞以後會斷子絕孫的。馬上派人去把這個傢伙叫回來,降了四個級別,然後派人去重新處理賈渾的屍體,好好地埋葬。

轉眼到了第二年。這個第二年很有意思,既是晉朝的永興二年,又是劉淵漢王朝的元熙二年,也是李雄前蜀王朝的建興二年。中華大地又進入了一個新的三國時代,連年代都處於同一起跑線上,共同進入了第二個紀年。

這年的春天,也像小學生作文裡的描寫那樣:春光明媚。可那個羊皇后卻一點不春光明媚,她去年年底剛獲得東臺留守政府的平反,才一個多月時間,張方又覺得她不順眼,便又讓她的老公把她廢了。這是她第三次被廢,堪稱史上被廢次數最多的皇后了——別的皇后被廢,都是因為皇帝看她不順眼,才被打入冷宮的,而羊皇后的命運不但無法掌握在自己的手裡,也不掌握在皇帝的手裡,只能是別人覺得無聊時,就讓她當皇后,看她不順眼時,又讓她下臺。

司馬顒和張方雖然奪取了大權,可卻是老搞不定皇甫重。他們早在三

第四章　戰火遍地　再演三國

年前就叫金城太守游楷死盯皇甫重。可打了差不多三年，卻一點進展也沒有。皇甫重雖然把自己的地盤守得很緊，可到底是孤軍奮戰，之所以在這個地方堅守三年，是因為中原一帶亂上加亂，司馬顒不敢用過多的力量來對付他。現在司馬顒已收拾了東方的敵人，接下來肯定要全力對付他了。因此皇甫重派兒子皇甫昌出去拉攏其他力量，希望能找到一些外援。

皇甫昌的頭腦不算差，並沒有一出城就像個商品業務員一樣，四處亂找目標，而是對形勢作了一定的分析和評估的。他知道，雖然目前的狀況是司馬顒和司馬越共享權力，表面和諧得很，什麼摩擦也沒有，可這兩個傢伙並不是一條心的，暗中都在時刻準備著找機會狠狠地在對方的屁股猛踢一腳。因此，他直接跑到洛陽，去見司馬越。

皇甫昌的這個分析沒錯，可他來的時間卻很不巧，可以說是在一個錯誤的時間做了一件不正確的事──因為司馬越現在並不想跟司馬顒攤牌，他還要等待時機，還要等待自己的力量更加壯大一點，而且司馬顒剛剛給了他很多好處，你一來就反目，道理上說不過去，就會師出無名，失道寡助。皇甫昌遊說司馬越時，雖然說得聲情並茂，但司馬越瞇著眼睛聽完之後只是搖搖頭。皇甫昌的激情馬上熄滅，知道自己這次行動已經徹底泡湯了。

皇甫昌當然不甘心就這樣跑回去，向老爸交差了事。他知道，要是找不到一個強大的外援為他們解圍，他的全家甚至三族就會被集中起來，趕到午門那裡集體砍頭。

勇敢的人到哪裡都是勇敢。

皇甫昌又想出了一個冒險的辦法，找到他的老朋友殿中人楊篇。兩人編了一套謊話，說是遵照司馬越的命令，恢復羊皇后的職務，從金墉城裡把羊皇后接出，帶到宮裡，然後用皇后的名義命令全軍討伐張方，把皇帝放出來。這兩個傢伙做事很有效率，沒多久就把這些事辦好。眾官員因

第三節　兩個權力中心

為這事來得很突然——這些年來，這種突然的事實在太多，幾乎年年發生，有時幾個月就發生一次，已經成為一種經常性的「突然」了，因此，他們都相信了皇甫昌，個個表態支持。可這兩個傢伙雖然做事果斷，但卻不嚴謹，不過一會兒，人家就知道原來是上了他們的當，馬上調轉槍口，把矛頭直指皇甫昌。

你想想，皇甫昌在洛陽就一個人，被這麼多矛頭直指，還有活路嗎？最後被大家一陣群毆，當場犧牲。

這時，司馬顒也想和平解決皇甫重的事，派人帶著詔書去命令皇甫重投降。可皇甫重不願投降，繼續號召大家團結起來，共同打倒司馬顒。本來，城裡的人還以為中央仍然是司馬乂高高在上，掌握著大權，並不知道他早已被燒成灰，因此都萬眾一心，願意在皇甫重的帶領下，跟敵人對戰到底。這時，皇甫重抓到一個馬伕戰俘，就問那個馬伕：「我的弟弟帶兵到什麼地方了？」

馬伕說：「你的弟弟是誰？」

皇甫重說：「連我弟弟都不知道。告訴你，就是著名的皇甫商。」

馬伕說：「早就被司馬顒抓住殺掉了。」

皇甫重也不是個辦大事的人，關鍵時刻硬是沉不住氣。他一聽到這個壞消息，臉色馬上大變，而且「殺騶人」——騶人就是馬伕。

大家一看，原來外面的世界早就變了，我們這些傻子一點都不知道，還在這裡很傻很天真地孤軍奮戰。大家心裡這麼一想，政治立場也產生了變化，覺得生活不能再這樣過了，馬上衝到皇甫重的司令部裡，把皇甫重的頭砍下來，向城外的敵人投降。

司馬顒在平定皇甫重之後，就讓馮翊太守張輔接替皇甫重的職務當了秦州刺史。

第四章　戰火遍地　再演三國

這時，本屆政壇三駕馬車之一的王戎死了。這傢伙是竹林七賢中的小弟，在六位老大都死光之後，就他一個人獨占人氣榜，名聲倒越來越大，官也越做越大，可事情卻一點也不做，即使去年底成為三駕馬車之一，卻也是光領薪資不做事，甘願當政壇上的花瓶，幸福生活過到死翹翹的這一天。

司馬顒以為張輔是個人才，這才把他安排到亂哄哄的秦州當第一把手，希望他能把大亂變成大治。張輔接到老大的命令，就跑到秦州上任。這傢伙上任之後，認為，要把秦州有效地平定下來，就是多砍幾個腦袋，不要怕出人命，要勇於用血腥來增加自己的威信。而且要殺也要殺個有分量的人，這威信才高高在上啊，要是殺幾個老百姓，也太沒有等級了——那是一般殺人犯做的事。

他把該殺的人定在太守這個等級以上。

很快，他覺得，天水太守封尚是個菜鳥，殺這樣的人可以說是為提高人類素質做了一件好事，於是馬上就把封尚叫來。封尚當然不知道自己沒犯什麼法也會被殺，高高興興地跑過去見新上司，哪知才一見面，就被拉下去，稀裡糊塗地被砍了腦袋，致死也不知道被砍的理由。

張輔覺得當大官真幸福，想殺誰就可以殺誰，難怪誰都想當。

這傢伙大概要認證一下自己已經威風到什麼程度了，部下怕自己到底怕到什麼地步，就又把隴西太守韓稚請過來。

韓稚早就知道封尚無緣無故被殺的過程了，因此一接到通知，心裡就發毛，想過去，又怕重蹈封尚的下場，想不去，又怕上級怪罪下來，到頭來仍然是不得好死。可他的兒子韓樸卻果斷得很，看到老爸滿臉的為難，什麼也不說，帶著士兵去找張輔。張輔正在那裡擺著自己的威風，哪想到這個小子膽大包天，比他還敢殺人——他只敢殺部下，而這傢伙卻敢拿

上級開刀。

　　張輔一點也沒有防備。韓樸帶著部隊猛攻張輔的陣營，把張輔軍打得大敗，連張輔也跑不了幾步，就被殺死在現場。張輔本想威風一下，哪知，這威風還沒有凜凜幾天，就被人家砍了腦袋。

　　韓樸的這次軍事行動，大大地刺激了涼州刺史張軌。張軌的司馬楊胤對張軌說：「韓稚居然敢殺他的上級。這個例子一開，後果很嚴重啊！老大您也是刺史啊！」

　　張軌說：「得把這個韓稚抓起來。」於是派中督護氾瑗帶二萬部隊去攻打韓稚。

　　韓稚殺張輔是逼不得已的事，是為了自己能夠繼續活下去才做的，這時看到張軌的部隊打過來，想都不想，當場就舉起白旗，表示願意聽從張軌的指揮。

　　曾經麻煩不斷的西部地區終於平靜下來。

　　可這是個麻煩的年代。西部剛剛平靜沒多久，東邊的麻煩事又爆發起來，而且爆發的力度規模更大，更讓司馬顒頭痛。

第四節　司馬越東山再起

　　製造這個麻煩的帶頭大哥是司馬越。

　　司馬越本來是個很能沉得住氣的人。可是那個東海中尉劉洽卻沉不住氣，這傢伙的官不算大，但眼光不錯，知道司馬越肯定想把事業做大，遲早會跟司馬顒攤牌的。就對司馬越說，現在司馬顒控制著皇帝，做什麼事

第四章　戰火遍地　再演三國

都合理合法，只怕不久就會讓勢力得到加強，那時再動他可就不容易了。不如趁現在他還喘不過氣來時，跟他面對面打一場。當然，直接就這樣宣布跟他對抗，那是沒有正當理由的，要想得到民心，就得師出有名。不過，這個理由也不難找，就說：「張方膽敢劫持皇帝，罪該萬死。」

司馬越一聽也覺得很對，腦子就跟著動了起來：這氣要是再沉下去，老子也會跟著沉下去了。馬上就決定跟司馬顒決戰，向山東征、鎮、州、郡各級軍政負責人發了個通告：「欲糾帥義旅，奉迎天子，還復舊都」。

東平王司馬楙看到這個通告後，膽子突然萎縮起來，不敢答應。他的長史王修說：「司馬越現在是皇室裡最有人氣的人，有很大的號召力。現在他帶頭起義，老大最好把徐州交給他，否則，老大的前途就很難說了。」

司馬楙一聽，反覆衡量了一下雙方的力量，知道自己跟對方差的不是短短的一小截，而是長長的一大截，因此就聽了王修的建議。

司馬越毫不客氣地接受了徐州，把徐州都督的職務寫到自己的名片上，讓司馬楙當兗州刺史。

在司馬越發出號召之後，大家都知道這傢伙現在底氣足得很，不光在東海一帶說了算，就是其他幾個兄弟都是手裡緊握著槍桿子，個個都是實力派人物，因此很多人都響應號召，並一致推舉他當了倒顒同盟的一號人物，表示從現在開始，大夥都高舉司馬越的偉大旗幟，把倒顒事業進行到底。

司馬越大權在握，馬上就意氣風發起來，公開選拔刺史以下的官員。大夥一看有官當，都狂奔過去。

這時，司馬穎有個部下公師藩看到形勢大亂，覺得自己也應該有機可乘了。不過，這傢伙雖然心頭亂動，可理想卻不怎麼遠大，只是自稱了個

空頭將軍，打出了為司馬穎報仇的旗號，宣布起義。這個司馬穎不但是個豬頭，而且人品也不怎麼樣，可因為長期在鄴城，又曾經作秀了好長時間，因此，河北人還是很懷念他的，這時一聽到公師藩的口號，就都投奔過來，沒幾天時間，公師藩部隊的名冊上就有幾萬人，聲勢大得要命。

另外一個強人，也是在這個時候開始浮出臺面。

這個人就是石勒。

石勒是個少數民族——羯人（據說是匈奴的別支），籍貫是上黨武鄉，出身奴隸。你一看這個資料，就知道這傢伙雖然沒受什麼教育，但膽子很大，而且手上也有絕活，否則一個生活在最最底層的貧苦農民，哪能變成歷史上的強人？這傢伙的本事是「善騎射」，是塊十足能打仗的料。在這個社會裡，現在最能做成大事的人，就是仗打得好的人，而不是生意做得最好的人，也不是嘴皮子耍得最好聽的人。石勒原來並沒有姓，傳說只有一個叫「䝙」的名字，青少年時期是個無業遊民，靠到處混飯過日子。可過不了多久，并州出現大饑荒，這飯就沒辦法混下去了。他不但當不了遊民這個職業，反而被人家抓住，當作商品賣給茌平人師懽，職業改為奴隸。不過，這一次被賣是他人生路上一個不容忽視的轉捩點。他的主人師懽覺得石勒的相貌不一般，有點像傳說中的偉人相貌，就放了他，讓他成為自由人。石勒被放之後，又一次被亂軍抓住，幸虧這時有一群鹿狂奔而來，那些士兵看到這麼多鹿，就都跑去追殺，要狠狠地大吃一餐野味。石勒看到士兵們大喊大叫著跑出去，當然不會還老老實實地待在那裡等他們回來。他跑得比那群鹿還快。

石勒不但身體好，全身肌肉發達，頭腦也不簡單。後來，他在向大家敘述這一次逃命時，也把劉邦那一套塞了進來，說是他跑出來後，碰到了一個老頭，那個老頭對他說，剛才是我變成那群鹿引開那些士兵的。你知道我為什麼救你嗎？因為你不久就要成為中原之主。你一看這個故事就知

第四章　戰火遍地　再演三國

道全是石勒編出來的。故事中的老頭肯定是神仙。神仙的本事有多大？那是要多大有多大的。可要救他時，為什麼不像武林高手那樣把那些士兵的穴道一點，讓他們呆呆地站在那裡，然後讓這個「中原之主」從容離開不就行了？要不乾脆就一陣飛沙走石，把那些士兵全部解決掉也不是什麼難事，可硬是要變成一群鹿，在士兵們前面拚命狂奔來救石勒──這個辦法也太不神仙了吧？可是劉邦那個故事人家都還信，這個故事當然也有市場。

石勒這一次逃出來後，又認識了一個人汲桑。對了，石勒還有個本事，就是能像伯樂一樣會相馬。汲桑是個牧師──這個牧師不是那個天天嘴裡念「阿門」的牧師，而是個管馬的職業。石勒有相馬的本事，汲桑又是識人才的伯樂，於是馬上跟石勒成為好朋友。汲桑也是個有理想的人，早就想闖出一番事業來。兩人覺得天天跟馬在一起，想脫貧致富是一件難上加難的事。於是就決定組織自己的部隊。

石勒在這方面的組織能力很厲害，不久就召集到十八條好漢，成立了一個相當於黑社會組織的團體，主要業務就是搶劫。這十八條好漢個個都是馬上英雄，在草原上到處狂奔，四處作案，被稱為「十八騎」，最後居然衝進皇家的馬場，奪取了一批跑得又快又好的馬。正好這時，公師藩宣布起兵，汲桑決定去投靠。石勒當然也帶著十八騎跟過去。到了半路，汲桑覺得這次要做大事了，石勒也該有個名字，但又不好讓他跟自己的姓。那該讓他姓什麼好？這傢伙眼睛一轉，看到石勒旁邊有一塊石頭，好啊，你以後就姓石吧，叫石勒。石勒沒讀什麼書，聽說自己有名有姓了，當場高興得要命，哪有不同意的道理？

石勒就這樣走上了新人生。

這時公師藩的局面已經開啟，攻取了幾個郡，接連殺了幾個晉朝任命的地方第一把手，矛頭已經指到鄴城。

第四節　司馬越東山再起

　　現在守在鄴城的第一把手是司馬模。這傢伙剛剛上任沒幾天，辦公桌都沒有布置好，敵人就喊殺連天地衝了過來，心裡怕得要命，這才知道這第一把手有時是不好搶過來當的。

　　幸虧司馬虓還算顧全大局，知道司馬模已到了最危險的時候，再不把他救出來，明天只能看到他的屍體了，鄴城也劃入敵人的勢力範圍了，這樣的後果是很嚴重的，馬上派苟晞和廣平太守丁紹去援救司馬模。兩人也不辜負老大的期望，聯合起來，終於把公師藩打退回去。

　　倒顒運動雖然搞得轟轟烈烈，但也不是形勢一片大好。在司馬越和司馬虓大量任用自己的心腹，準備大顯身手時，還是有幾個人不買他們的帳。首先出來跟他們唱對臺戲的是劉喬。這傢伙這時脾氣大得很。

　　如果他只是眼光出毛病，估算不出最後勝利屬於誰，怕入錯組織站錯隊，控制自己的部隊，做一下觀眾，那也沒什麼。可這傢伙卻鐵了心要在司馬虓的背後搗蛋。他先上書中央，把司馬虓的死黨劉琨和劉輿狠狠地控訴了一下，然後兵分兩路，一路由他親自率領，向司馬虓總部所在地許昌發動軍事進攻，另一路由他的兒子劉佑率領，在蕭縣的靈壁一帶駐防，阻擋司馬越的部隊，使司馬越的部隊不能前進。

　　第二個跟司馬越過不去的就是司馬楙。這傢伙本來已經同意成為司馬越同一戰壕裡的戰友，他的背叛不是因為政治立場，而完全是別的原因。

　　司馬楙跟很多人民公僕一樣，腦袋裡想得最多的不是為百姓服務，而是金錢美女。他當上刺史之後，馬上利用職權，以搜刮金錢為第一要務，弄得當地各級政府的財政都承受不了。人家把這事反映到司馬虓那裡。司馬虓覺得要是讓這傢伙再這樣腐敗下去，他們的事業就要完蛋，因此派苟晞去接替司馬楙當兗州刺史，讓司馬楙去都督青州。本來，這也是挽救司馬楙的一個好辦法。哪知，司馬楙卻不買帳，老子這刺史才當幾天？人家

第四章　戰火遍地　再演三國

叫司馬刺史都還沒叫順口，你就把老子趕到那個窮地方去？司馬楸當然不同意，就宣布脫離司馬越一黨。這傢伙就這樣成了劉喬的同盟軍，要跟司馬越他們對抗到底。

這兩個傢伙信心很足，可是司馬顒的信心卻已經蒸發得差不多了。這哥兒們以前動不動就派張方帶兵到洛陽耍幾天威風，看上去有的是底氣，可現在一看到司馬越他們大張旗鼓地向自己打過來，內心就虛了起來，腦袋再也想不出個對付的辦法來。

這傢伙想了幾天，認為那個公師籓原本是司馬穎的死黨，這時打出的旗號也是「還我老大」，就決定來個以夷制夷，讓司馬穎去對付公師籓，馬上任命司馬穎為鎮軍大將軍、都督河北諸軍事，帶著一千士兵去對付公師籓。你一看這招就是臭棋一招。司馬穎是什麼人？能打仗嗎？而且你剛剛把人家打倒在地，他不恨死你才怪？要是他真的有兩下子，不藉機逃出你的掌控，投入對方的懷抱、成為你的又一個堅強的敵人才怪。

幸虧司馬穎不是這樣的人，拿了任命書，老老實實地帶著一千人，無精打采地奔赴前線。不過，司馬顒也知道這位老兄成不了氣候，仍然任盧志為魏郡太守，跟司馬穎過去。

司馬顒的第二個辦法就更加軟弱無力，讓皇帝下詔命司馬越他們「各就國」。你想想，司馬越他們要是這麼老實，他們還會反對你嗎？到了現在還使用這個辦法，只能說你一點辦法也沒有了。

在司馬顒自己都已經覺得黔驢技窮的時候，手下正好把劉喬的信送了過來。司馬顒一看，我的天啊，原來那邊還有這麼一支生力軍在為老子奮戰呢！

劉喬的信又把司馬顒的信心引爆起來，馬上下詔：「劉輿迫脅范陽王虓，造構凶逆。其令鎮南大將軍劉弘、平南將軍彭城王釋、征東大將軍劉準，

第四節　司馬越東山再起

各勒所統，與劉喬併力；以張方為大都督，統精卒十萬，與呂朗共會許昌，誅輿兄弟。」其實大家都知道，范陽王司馬虓完全是自願跟司馬越結盟的，現在人身也還自由得很，連個毛孔也沒有受到劉輿的「迫脅」。

這個詔書釋出之後，司馬顒親自帶領樓褒、石超、王闡帶兵到河橋，為劉喬的堅強後盾。同時，任命劉喬為鎮東將軍，假節──以前這個假節很有氣派，可現在只要你有實力，就可以揮刀殺人不償命，誰也奈何不得。

在雙方卯足力氣，做好大打一場的準備時，劉弘覺得自己有義務去制止一下這場內戰。劉弘不管是軍事、治國，都有一套，而且現在手上有部隊，屬於地方實力派，以為自己的話還是有點分量的，因此就向劉喬和司馬越各寫了一封信，說兩個人聽聽我的話，不要老打來打去，到頭來是害了百姓又害自己，沒一點好處──這麼多年的經驗已經告訴了大家啊！你想想，這兩個傢伙是什麼人？在他們看來，這些道理空洞得很。在這個世界上，你不打，誰服你？兩人在這方面保持高度一致，堅決不聽劉弘的勸告。

劉弘等了好久，沒收到兩人的回話，知道這封信是白寫了。但老傢伙還不死心，又上書給皇帝：「自頃兵戈紛亂，猜禍鋒生，疑隙構於群王，災難延於宗子。今夕為忠，明旦為逆，翩其反而，互為戎首。載籍以來，骨肉之禍未有如今者也，臣竊悲之！今邊陲無備豫之儲，中華有杼軸之困，而股肱之臣，不唯國體，職競尋常，自相楚剝。萬一四夷乘虛為變，此亦猛虎交鬥自效於卞莊者矣。臣以為宜速發明詔詔越等，令兩釋猜嫌，各保分局。自今以後，其有不被詔書，擅興兵馬者，天下共伐之。」

司馬顒接到這信一看，如果前幾天你說這話，老子舉雙手贊同。可現在還能聽你的嗎？這傢伙現在認為，他自己手裡有刀有槍，又有劉喬、司馬虓當外援，實力突然狂漲了幾個百分點，還怕什麼司馬越？因此，也像

195

第四章　戰火遍地　再演三國

司馬越他們一樣，把這封信丟到一邊，誰愛看誰就看，可老子一個字也不會聽進去的。

而且現在劉喬又取得了一次勝利。這傢伙乘著許昌沒什麼兵力，就攻占了許昌。劉琨雖然帶部隊拚命過來救許昌，可還是晚了一步──但晚一步也是晚了。他沒有辦法，就跟他的哥哥以及他們的老大司馬虓「俱奔河北」，徹底把許昌轉讓給了敵人，而他的老爸老媽一個也跑不出來，全被劉喬逮捕。

劉喬一出手就取得了一場勝利，而且把倒顒運動兩大力量之一的司馬虓的老窩搶到手，意義重大得很，覺得把這些人搞定，實在是小意思啦！

可他卻忘記了一個人，一個最不應該忘記的人。

這個人就是劉弘。

在他們打得不可開交的時候，劉弘的力量是最不可忽視的，他倒向哪一邊，就等於勝利倒向了那一邊。

劉弘雖然顧全大局，但當大家都不把他的意見當意見、都鐵了心用武力解決問題的時候，他就得為自己的出路作打算了。他雖然最懂得「春秋無義戰」的大道理，但戰爭已經發生，你沒辦法阻止，你就得加入有利的一方。他把雙方的力量以及潛力作了一次詳細的評估，認為：張方殘暴，把喪失民心的事做得太徹底，司馬顒重用這樣的人，最後必敗！他馬上表明立場，宣布加入打倒司馬顒的陣營，要求手下各部跟他一起接受司馬越的領導。

劉弘在江、漢一帶經營了這麼多時間，早已樹立起了自己的威信，而且這傢伙有個特長，就是會表揚別人，有了功勞，全歸功於百姓及部下，而出現了什麼失誤，不管是誰造成的，他都攬到自己的身上，好像他是個垃圾桶一樣，專門用來裝這些臭東西的。可結果表明，他這麼做，不但沒

第四節　司馬越東山再起

有臭了自己，反而讓他的名聲越來越好，人氣一直上漲。個個都覺得他是個好上司，甘心做他的粉絲，爭著去當他的部下，使得他的勢力不斷地壯大。那個曾經在四川想大發難民財而促使李特鬧事的漢太守辛冉，這時也在劉弘這裡混飯吃。這傢伙看到劉弘的力量不斷地膨脹，腦子就不安分起來，以為劉弘這麼發展勢力，肯定是個野心家，自己應該在最早的時間裡成為他的心腹，等成功之後，肯定是大官大權在手，那時要發財就不用去敲流民的竹槓了，而是敲官員、富翁的竹槓。這傢伙這麼一想，就跑到劉弘的面前，說：「老大，你現在的勢力是天下最強的。你完全有能力做自己的事業了……」

劉弘是什麼人？是個滿腦子忠義的臣子，雖然在治理地方、打仗等方面很有才華，但思想卻保守得很，哪能聽得進這樣的話？辛冉的話還沒有說完，他就手一揮，幾個刀斧手很有氣勢地進來，把正滿懷激情的辛冉一把抓起，拖到營外。辛冉這才知道，自己在一個錯誤的時間和錯誤的地點說了一番錯誤的話。可現在才知道是錯誤，唯一有用的地方，就是為後來的人留下了一個血的教訓。

辛冉的倒楣，全是他自己導致的。可那個羊皇后的倒楣，實在是不明不白。本來連她那個皇帝老公，也只是當了幾十年傀儡，發揮的都是招牌的作用，她這個老婆就更沒什麼作用了。可很多人硬是不斷地在她的身上做文章，使得她皇后的幸福生活沒過幾天，倒是享受著被廢來廢去廢得連她自己都覺得麻木的地步了。

這一次拿她來做文章的是洛陽東臺留守政府的立節將軍周權。這傢伙本來沒什麼影響力，誰也不把他當一回事。可他卻老以為自己是一回事，覺得這天下亂成這個樣子，怎麼沒自己的分？因此也想在亂子中撈到一點好處，於是就製造了個謊話，說自己半夜裡接到司馬越他們的任命書，讓他當平西將軍。他為了國家和百姓的利益，毅然決然地接受了這個任命

197

第四章　戰火遍地　再演三國

書。可這傢伙光有參與亂子的雄心壯志，卻連點實力也沒有，在散布謊話之後，只是派人去金墉城把羊皇后放出來，別的就沒辦法進行下去了。

洛陽令何喬是司馬顒的死黨，看到周權這麼做，想也不想，馬上帶兵去攻打周權，並且迅速殺了他。這個何喬也只是個縣官級別，如果放在平時，在高官如雲的首都城內，他什麼也算不上，可現在他居然也能夠把周權擺平，充分說明周權實在是個既沒能力，也沒力量的野心家。更讓羊皇后覺得大倒其楣的是，這個縣令級別的人物，在殺了周權之後，馬上宣布廢掉她的皇后稱號——以前立她的人也好，廢她的人也好，級別和等級都夠分量。現在連這樣的人都可以砸她的招牌。

司馬顒因為看到反對黨不斷地拿羊皇后來做文章，心裡也生氣起來，覺得這個皇后老是被別有用心的人利用來利用去，不如殺掉算了，就「遣尚書田淑敕留臺賜後死」。他怕羊皇后不肯就範，就連下詔書，要她趕快自殺。可羊皇后還沒有表態，司隸校尉劉暾卻不同意，上書：「羊庶人門戶殘破，廢放空宮，門禁峻密，無緣得與奸人構亂。眾無愚智，皆謂其冤。今殺一枯窮之人，而令天下傷慘，何益於治！」說是殺一個在困苦中生活的女人，不但是一件沒有意義的事，反而讓反對黨找到藉口。

司馬顒接到這個上書後，大怒，你不讓我殺羊皇后，我就殺你。馬上命令建武將軍呂朗去抓劉暾。劉暾上書之後，冷靜一想，馬上就知道自己犯錯了，於是趕快收拾行李，逃出城外，狂奔青州，到高密王司馬略那裡混飯吃。不過，司馬顒趕跑了劉暾之後，氣大概也消了不少，覺得殺羊皇后還真有點不值得，也就不再管這件事了。這個不斷倒楣的皇后幸運地保住了性命。

過了幾天，成都王司馬穎進洛陽。這傢伙以前當全國實際最高領導人時，很看不起這個首都，幾次威風凜凜地進洛陽之後，屁股還沒有在洛陽的板凳上坐幾分鐘，就高調地離開，到鄴城去了。好像他到洛陽只是為了

第四節　司馬越東山再起

表示他的存在,用進城儀式來表示他是權力中心的老大。這時他又來到洛陽,不過,現在他是來執行司馬顒的任務的,一踏進城門,心情很複雜。但他這樣的人,現在除了心情複雜之外,還能做出什麼來?你雖然是皇帝的弟弟,可人家連皇帝都不當一回事了。

司馬虓被劉喬扁了一頓,連根據地都丟了,一下成了個兩手空空的貧民。如果是別人,估計現在也變得跟司馬穎差不多了。可他手下的劉琨卻很有能力。劉琨一點都不甘心失敗,就跑到冀州刺史溫羨那裡,硬是說服溫羨把位子讓給他的上司,讓司馬虓當了冀州刺史,成為冀州的第一把手,又挖到東山再起的第一桶金。當然,如果僅這個冀州的力量,想恢復前段時間的輝煌是不可能的,因此他又派劉琨去找王浚,向他借點部隊去報仇。

王浚倒很大方,「以突騎資之」,就是把最精銳的騎兵部隊借給劉琨。劉琨馬上帶著這支騎兵去攻打王闡,只一次戰鬥,就把王闡一扁到底,並當場砍掉他的腦袋,打通了向河南前進的道路。

殲滅王闡之後,劉琨與司馬虓一起渡過黃河,正好與石超相遇。石超曾經是司馬穎手下的頭號大將。這個頭號大將最拿手的好戲不是打勝仗,而是以打敗仗出名。如果換了別人,早就因為打太多的敗仗不是被敵人打死就是被上級軍法處置。可這傢伙的命卻好得很,每次一失敗,不但都能安全地回到大本營,把失敗的經過從頭到尾一點細節都不漏掉地向老大進行彙報,而老大聽過之後,一點也不責怪他,繼續讓他當頭號大將。可這時,他的運氣到頭了。司馬虓和劉琨這時心裡充滿了仇恨,打起仗來猛得要命,石超這樣的豬頭哪是劉琨的對手?滎陽一戰,石超的人生之路終於被劉琨鋒利的鋼刀劃上了一個悲慘的句號。

劉喬這才知道劉琨的厲害,不敢正面接仗,從考城退走。

199

第四章　戰火遍地　再演三國

　　司馬虓不但生劉喬的氣，也很恨司馬楙，又叫劉琨帶兵去扁司馬楙一頓。

　　劉琨這時仗打得越來越順手，一碰到司馬楙就猛打過去。這個司馬楙當花花公子，貪汙搜刮老百姓的血汗錢很有辦法，沒幾天就可以做到天怒人怨的程度，可仗卻實在打得窩囊，被劉琨猛扁一頓，就跑得命都不要。劉琨打跑了司馬楙，為司馬越掃除了前進的障礙，使得倒顒聯軍真正地聯合了起來。這個司馬越也是個戰場菜鳥，被司馬楙這個豬頭擋著，居然一步也前進不了。

　　這時，劉喬的兒子劉佑正威風凜凜地駐紮在譙。這傢伙和司馬楙前段時間把司馬越困在那裡動彈不得，覺得很得意，心想這兵也不怎麼難帶，卻沒有想到劉琨現在那雙精明的眼睛已經盯住了他。

　　而他仍然以為，劉琨前幾仗的勝利，完全因為那幾個傢伙太菜，要是碰上他，能讓劉琨取得這麼大的成績嗎？可一接觸，這才知道，不是那幾個人太菜，而是劉琨太厲害了。兩軍交戰，你死我活，主帥卻出現這個想法，這仗還能打下去，那才怪了。劉佑看到戰場上的形勢對他越來越不利，就想來個「留得青山在，不怕沒柴燒」，找機會逃跑。可劉琨卻不讓他這個「青山」留得下來，硬是把他活活扁死在戰場上。

　　劉喬知道兒子戰死後，精神也徹底崩潰。部下看到老大已變成傻子一個，知道前途已經完全灰暗，都趁著敵人還沒有衝上來時，四散逃命。劉喬清醒過來時，發現自己成了光桿司令，連身邊的人也跑得沒有影子，知道再不逃跑，就跑不掉了，也向部下學習，跑到平氏那裡暫時避難。

　　這時，王浚也派他的部將祁宏帶著騎兵部隊中的鮮卑軍團和烏桓軍團來到，當司馬越的先鋒。

第五節　大將風度

在倒顒事業進入新高潮的時候，東南地區又出了一件麻煩事。

這次麻煩的製造者是陳敏。這傢伙在張昌事件中表現出色，最後把張昌最得力的死黨石冰搞定。他搞定石冰之後，心態就膨脹起來，覺得自己原來是大才一個，是智勇雙全的英雄，完全可以在這個社會上闖出一番大事業來。當他把石冰搞定之後，就有了割據江東，做第二個孫權的打算。他的這個打算被他的老爸知道後，他老爸全身馬上提前進入冬天，從上到下全部涼透，說：「滅我門者，必此兒也！」。他說過這話不久，就活活氣死。

可陳敏卻不把他老爸的話當話，繼續為實現他的遠大理想而努力。

司馬越根本不知道陳敏是個野心家，硬是把他當作人才看，任命他當了右將軍、前鋒都督。後來，司馬越被劉佑阻擋去路時，陳敏並沒有在戰場上發揮他的「智勇雙全」，而是找了個藉口，說現在不能前進是因為兵力不夠。請司馬越派他返回江東，召集生力軍前來助戰。司馬越一聽，也不用腦袋思考一下，馬上就答應了他的要求。

陳敏一走，馬上就占領歷陽，宣布脫離司馬越陣線，另立中央，從此之後，自負盈虧。這時，他的一個朋友甘卓也從司馬晏那裡辭職回到歷陽。他請甘卓也入股。甘卓很爽快地成為他的股東之一。陳敏馬上讓他的兒子娶了甘卓的女兒，然後編了謊話，讓甘卓到處釋出：「我這次來到歷陽不是空手來，是帶著皇太弟的囑託來的。皇太弟已經任命陳敏當揚州刺史。我以人格保證這個任命是真的。」

在甘卓隆重地釋出這個謠言之後，陳敏也不管人家信不信，就以揚州刺史的身分釋出命令，派他的老弟陳恢和另一個將領錢端向南擴張，另一

第四章 戰火遍地　再演三國

個弟弟陳斌向東進軍。這時，這些地方的軍政第一把手，都是清一色的菜鳥，和平時期，瘋狂腐敗，敵軍一來，就瘋狂逃命。陳敏不費什麼本錢，就得了一大片江東的土地。

他估算了一下自己的勢力，覺得雖然還不如孫權那麼強大，但差距已經不大，心裡就得意起來，大量任命官員。這傢伙一開始時，還是堅持以孫權當自己的榜樣，下決心招攬一批人才來為自己服務，只要有幾分人氣的，他都派人去請過來。哪知，很多人才卻跟他的老爸一樣，一點不看好他，更不會把他當作孫權來對待，一接到他的任命書，不是說自己的血壓高了，就是說自己中風，有的甚至說自己有間歇性神經病，不能再在官場上混了。

陳敏接到這些報告後，一看，怎麼江東的人這麼容易生病？難道老子統治下的人民都是東亞病夫？這是不可能的，誰相信他們病了，誰才是真的有病。他這麼一想，覺得這些名士不是在欺負自己是什麼？臉上就冒出殺氣，想把這些「病夫」通通殺掉算了。他手下最得力的助手顧榮對他說：「現在全國亂得像一團麻，周邊少數民族又天天鬧事，不斷地在內亂的基礎上加料。從這個形勢上看，司馬氏公司的股票進入熊市是肯定的了。我們這個地方，雖然被石冰鬧了一陣子，但比起中原一帶來，這亂子不算什麼，一點也沒有傷到元氣，物質和人力基礎也都還不錯。如果好好經營，讓大家都團結在老大周圍，我們的事業肯定會成功。如果一來就殺掉名士，就等於跟人才過不去，誰來跟隨老大？這個事業如何成功？」

陳敏一聽，這才無力地放下屠刀。

陳敏覺得這個刺史的官太小了，一來不能滿足虛榮心，二來沒有號召力，就叫大家來開個會，說是來個民主推薦，推薦他當都督江東諸軍事、大司馬、楚公、加九錫。你想想，這些來「民主推薦」的人，誰敢投反對票？只一會兒功夫，陳敏就全票通過，連一句表示謙虛的話也沒有，立刻

第五節　大將風度

宣誓就職，當了目前全國除了皇帝之外最威風的官。不過，他雖然敢不把所有的官員放在眼裡，但還是不敢丟掉皇帝這面旗子，仍然說現在他正奉皇帝的命令，「自江入沔、漢，奉迎鑾駕」，表示他所做的一切，不是為了他自己，而是全心全意為皇帝服務、一心一意為國家效勞、徹頭徹尾為百姓獻身的。

本來，陳敏說什麼「自江入沔、漢，奉迎鑾駕」之類的話，全是信口雌黃，只是用來欺騙人民的。那個司馬顒一看，這個「奉迎鑾駕」不是想從老子手裡搶過皇帝是什麼？這不是明擺著要跟老子過不去是什麼？你陳敏是什麼人？今天以前，老子連你是貓是狗都不知道呢，現在也起來跟老子叫板？老子可以怕別人，但不能怕了你這種人。這傢伙這次生氣的很認真，即使在人手短缺的情況下，仍然派張光為順陽太守，硬是從有限的力量裡擠出五千人，交給張光到荊州去討伐陳敏。這傢伙的這一招肯定是個爛招，陳敏的勢力現在比他強，而且早就把司馬越得罪了，要收拾陳敏的人多得很，而且比他方便得多，哪用他這麼千山萬水的，穿越敵占區像打游擊似的去打陳敏？他應該忍住這口氣，不但不把陳敏的話當話，而且想辦法讓陳敏把這把火燒得更大一點──現在陳敏可是在司馬越他們的後院啊！

可是司馬顒這樣的腦袋哪會這麼想？

陳敏的腦袋也不比豬頭高明多少，他宣布的進軍路線，正好穿過劉弘的轄區。劉弘是什麼人？劉弘是現在所有地方軍政長官中最能打仗的人，也是最有實力的傢伙，而且手下也有一大批能吃能喝更能打仗的人才。陳敏這傢伙只知道囂張，卻不對周邊的敵人進行具體分析，先弱後強，不斷累積，一來卻把硬骨頭當肥肉來吃，能吃得下嗎？

劉弘對付陳敏的首發陣容馬上列出，一個是江夏太守陶侃、一個是武陵太守苗光，後援部隊是南平太守應詹的水軍。誰都知道，劉弘一出手就

第四章　戰火遍地　再演三國

是他手中最強的牌。可大家一查檔案，這個陶侃跟陳敏不是老鄉嗎？再往下一查，兩人還是同年參軍啊！他們不懷疑陶侃的能力，但他們懷疑陶侃的感情，只怕兩人在戰場上來個「相見歡」，那可就麻煩了，都向劉弘說：「老大啊，要是陶侃突然野心膨脹，荊州就沒戲了。」

哪知，劉弘卻說：「你們的這個假設根本不會出現，這個『如果』不會在陶侃身上發生。」

不知是劉弘故意耍的手段，還是別人關不緊嘴巴，這事很快就傳進陶侃的耳朵裡。陶侃馬上叫他的兒子陶洪和他哥哥的兒子陶臻跑到劉弘那裡，說是來混飯吃，其實是來當人質的。劉弘馬上讓兩人當了參軍，給了一筆錢，然後讓兩人又回陶侃那裡，告別的時候，還對陶侃的姪子說了一段很讓人感到溫暖的話：「賢叔征行，君祖母年高，便可歸也。匹夫之交，尚不負心，況大丈夫乎！」

這時，陳敏任命他的弟弟為荊州刺史，向武昌進軍。

劉弘提拔陶侃為前鋒督護，與陳敏對壘。

這時，劉弘的水軍缺戰艦，陶侃就把運糧的大船改裝成戰艦。大家一看，都說：「這麼做不行啊！這可是國家的運糧船啊！」

陶侃說：「運糧船是國家的船，用國家的船去打國家的亂國賊，有什麼不行？我說行就行。」

陳恢現在雖然頂著個荊州刺史的帽子，可連荊州的一寸土地都沒控制在他的手上，這個刺史目前只能寫在名片上，而沒有實際內容，因此他最想的就是盡快把荊州搞定，讓自己真正成為威風凜凜的荊州刺史。可他只想當刺史，卻不想想他的對手是誰，便不斷地發動進攻，不斷發動進攻的結果是不斷地被陶侃打敗。直到後來，看到自己的部隊只剩下零零落落那麼一點人，知道再也打不下去了，只得撤回去。

第五節　大將風度

　　陶侃打敗陳恢之後，又帶領皮初、張光、苗光找到錢端的主力，在長岐展開決戰。錢端也跟陳恢的下場一樣，丟下地盤，逃命要緊。

　　劉弘確實很有名士風範。這時，張光正在他那裡跟他一起討伐陳敏。你是知道的，這個張光是司馬顒的手下，而劉弘已宣布司馬顒是自己的敵人，因此南陽太守衛展就對劉弘說：「張光是司馬顒的死黨。現在老大既然宣布是司馬越的同盟軍，就應該殺掉張光，表明您的立場。」

　　可是劉弘卻說：「宰輔得失，豈張光之罪！危人自安，君子弗為也。」他不但不殺張光，也從不刁難他，而且還不斷地向上級報告張光的功勞，要求中央提拔他。

　　你想想，在這樣的上級手下工作，能不愉快嗎？

第四章　戰火遍地　再演三國

第五章
司馬高層還在亂　劉漢朝中起血腥

第五章　司馬高層還在亂　劉漢朝中起血腥

第一節　司馬顒的臭棋

這時，司馬顒也越來越覺得自己不景氣起來。本來，司馬越早就派繆播、率胤兩人去長安面見司馬顒勸說他，請他以大局為重，用協調的方式解決所有爭端，讓皇帝回到首都上班，他們兩人可以「分陝為伯」，也就是說，以河南陝縣為界，西邊的事你說了算，東邊的事由我操心。司馬顒一看，這條件不錯，至少比現在威風多了，就要簽上「同意」兩個字。可是張方卻反對。這個張方殺起來人，不計後果，可現在他們的事業走下坡了，就不得不總結一下自己的所作所為，也知道自己殺人太多了，這個罪算起來實在大得不能再大了，要是老大跟人家一妥協，人家一秋後算帳，肯定不放過他，因此就對司馬顒說：「現在我們占據的地方，易守難攻，有錢有糧又有兵，而且皇帝控制在我們的手裡，跟以前的曹操差不多，力量還強大得很，為什麼要跟他們協調？」

司馬顒一聽，覺得也滿有道理的，比司馬越提的條件要好得多了，就斷然拒絕了司馬越的和解請求，一直硬著頭皮支撐下去。直到劉喬徹底玩完，他才覺得再也撐不下去了，想跟司馬越和平解決問題的願望越來越強烈，但又怕張方不同意──現在張方掌握著他的武裝力量，要是這傢伙一翻臉，他的下場可就難看得很了。

在司馬顒頭痛的時候，他的參軍畢垣也看出老大的心思來。這個畢垣受過張方的侮辱，因此對張方一直恨得不得了，現在看到司馬顒對張方的態度發生變化，覺得報仇的機會已經來了，便對司馬顒說：「張方帶著大軍在霸上這麼久了，卻老不進軍，恐怕他有其他想法啊！那個郄輔是他的親信，把郄輔抓起來審問就知道張方要做什麼了。」

司馬顒於是派人把郄輔叫了過來。

第一節　司馬顒的臭棋

畢垣當然知道張方並沒有謀反，但他已經決定要陷害張方，因此郅輔才走進來，他就搶先對郅輔說：「有人告密說張方要造反，而且說他的陰謀只有你知道。等老大問你的時候，看你怎麼回答？」

郅輔說：「我真的沒聽說張方謀反啊！我該怎麼辦？」

畢垣說：「到時，老大問你一句，就只管『啊啊』過去就行了。」

不一會兒，郅輔來到司馬顒面前。司馬顒問：「張方要謀反，你是不是都知道了？」

郅輔一聽，果然是問這件事，馬上照畢垣的教導，點頭說了聲「啊」。

司馬顒一聽，這傢伙果然在造反。馬上就對郅輔說：「現在命令你去殺張方，你敢嗎？」

郅輔同樣是啊了一聲。司馬顒見他「啊」得很乾脆也很誠實，馬上就寫了一封信交給他，說，現在你就去取張方的腦袋回來見我。至於用什麼辦法，你比我聰明。相信你會完成任務的。

郅輔是張方的好朋友，好到什麼地步？據說是情同兄弟，是經常在一起喝酒泡美女哥兒們。所以，雖然近來張方怕人家出賣他，時時刻刻加強戒備，嚴禁任何人帶刀進入他的辦公地點。可郅輔不在這個「任何人」的範圍內，可以帶著任何凶器在張方控制區域內的任何地方自由出入。

郅輔對張方說：「我這次來還帶了太宰（司馬顒這時當這個職務）給你的一封信呢！」

張方這時最關心的就是司馬顒的態度，怕這個傢伙突然精神崩潰，高舉白旗，那可就大壞特壞，因此馬上就拿信過去，要仔細研究一下。

在張方仔細研究司馬顒的信的時候，郅輔突然舉起鋼刀向張方的頭上砍去。

張方做夢也沒有想到，他最好的親密戰友居然要他的命，他聽到尖銳

209

第五章　司馬高層還在亂　劉漢朝中起血腥

的風聲時，扭頭想說一句，郅輔你不要開這個玩笑啊！這個玩笑弄不好，會出人命的。

可郅輔現在最迫切的願望就是出一條人命。他絕對不是在開玩笑，一刀過去，乾脆得很，就把張方的腦袋砍了下來。他把張方的腦袋割下來，包好之後，好像什麼也沒做就出了張方的辦公室，然後順利地向司馬顒交差：「老大，你交代的任務，我已經順利完成。」

司馬顒看到原來張方這麼容易搞定，弄得自己白白傷了那麼多的腦筋。當場就任郅輔當了安定太守。

司馬顒以為砍了張方的腦袋，就萬事大吉，就可以挽救他的前途，挽救他的生命了。他派人把張方的腦袋送給司馬越，說，我們兄弟從現在起握手言和了吧。你所痛恨的張方，我已經砍了，這是他的狗頭，請你驗收。哪知司馬越雖然驗收了張方的腦袋，但卻不答應。老子以前叫你握手言和，你既不握手，也不言和，現在山窮水盡了，什麼本錢都沒有了，就來握手了，就來言和了？天下有這樣便宜的事？

這時，前線的消息對司馬顒更加不利。現在他前線的最高指揮官就是成都王司馬穎。這個司馬穎不是打仗的料，他派劉褒死守河橋。可死守這兩個字容易寫也容易理解，但要執行起來，困難比天還大。你想想，現在司馬穎手裡有多少部隊？就是全交給劉褒，人家進攻起來，你再怎麼英勇善戰，最終也只是「死」而「守」不住。

進攻河橋的敵軍是宋冑部。他看到河橋就那麼一點守敵，就叫大家衝上去。

劉褒擋不住，只有向西退縮。

這時，司馬模也派他的先鋒馮嵩率部前來，與宋冑勝利會師，一起向洛陽進軍。

第一節　司馬顒的臭棋

司馬穎看到敵人越來越多，而自己的部隊越來越少，以前有那麼多的軍隊都打不了幾天，現在還打什麼啊，如果現在不跑，就只有當俘虜的資格了，便丟下洛陽，向長安狂奔。當他氣喘吁吁地跑到華陰時，聽說司馬顒要跟敵人和解了，就不敢再跑了。這時，司馬顒的另一個死黨呂朗正駐紮在滎陽。

劉琨把張方的那顆腦袋送給他觀賞。

呂朗一看，司馬顒最凶狠的手下都死了，我還在這裡拚命幹什麼？便迅速投降。

至此，司馬顒的勢力全面崩盤。

司馬越派祁宏、宋胄等人去迎接皇帝回來，命周馥為司隸校尉、假節，都督諸軍，屯澠池。

本來，司馬顒以為殺了張方之後，司馬越就可以放過他，哪知，司馬越卻不答應，而且派著部隊繼續保持戰爭狀態向西而來，這才知道，原來張方是白白被殺的，而且殺死張方更是他有生以來走的一步臭得最厲害的臭棋。這傢伙一氣之下，也不想想當初殺張方可是全由他拍的板，是他親自命令郅輔去做的，卻硬是把這個責任全推到郅輔身上，然後把郅輔斬首。

可局面卻不因為他斬了郅輔就能改觀。雖然他不得不再次做了一下軍事部署，拿出最後的家底，派弘農太守彭隨、北地太守刁默帶兵到河南的湖縣布防，任務是擋住祁宏的部隊。但這兩個傢伙在這個時候能擋得住祁宏乘勝而來的大軍嗎？

祁宏五月七日（永興三年），向彭隨和刁默部發起猛烈的進攻，把兩個傢伙的部隊扁得滿地找牙，開啟了前進的道路，浩浩蕩蕩地進入函谷關，接著在霸水一帶與司馬顒的部隊作最後一戰，把司馬顒最後的家當打

第五章　司馬高層還在亂　劉漢朝中起血腥

了個一個不剩,最後只剩下司馬顒一條好漢騎著快馬逃跑,躲到太白山中不敢出來。祁宏的大軍進入長安。這傢伙帶的部隊是鮮卑兵團,雖然作戰能力很強,但從來就是無組織無紀律,這時看到長安原來還有這麼多有錢的人,覺得不搶一次錢財,不殺一批平民百姓,也太不爽了,馬上「大掠,殺二萬餘人」。那些官員也向司馬顒學習,跑到山上,餓了就全吃野果野菜。這些東西雖然是健康食品,但吃多了也很難受。

祁宏準備了一駕牛車當司馬衷的坐駕向東回洛陽。司馬衷走了整整半個月,於六月一日回到了首都,宣布恢復羊皇后的封號,然後大赦(這麼連續大赦,估計牢房裡已沒犯人可赦了),改年號為光熙元年。

在祁宏返回洛陽之後,司馬顒的另一個死黨馬瞻突然出兵攻打長安。這時長安的守將是梁柳。梁柳才到長安上任沒幾天,連長安城裡的街道都沒走熟一條,更沒有什麼別的部署,被人家一攻打,立刻崩潰,連逃走的機會都沒有,最後被馬瞻砍死。馬瞻重新占領長安之後,又跑到太白山上,把正吃健康食品的老上司請了回來,繼續當老大。

可是司馬顒在長安城裡還沒過上幾天好日子,弘農太守裴廙、秦國內史賈龕、安定太守賈疋幾個傢伙就聯合起來,帶兵過來攻打他,而且很快就把他那兩個「光復」功臣馬瞻和梁邁的首級斬下。而且這時,司馬越也派都護麋晃帶兵來圍剿長安。司馬顒派平北將軍牽秀屯馮翊。這個牽秀陷害同事、拉幫結派很有一手,可那個腦袋實在不宜做別的事,更不宜到戰場上打仗。司馬顒的長史楊騰知道,司馬顒徹底垮臺的時刻就在眼前,再跟著他只有死路一條,只有把他們賣了,自己才有生存權。於是就跑到牽秀那裡,說司馬顒不想打了,你不用花腦筋做什麼軍事計畫,現在只管喝酒等老大下命令啊!

牽秀也不用腦子來判斷一下楊騰的話,就百分之百地相信了,然後就百分之百地放鬆警惕。楊騰看準了時機,一刀就了結牽秀的性命,向司馬

第一節　司馬顒的臭棋

越投降。這樣，關中一帶，全都舉著司馬越的大旗。司馬顒現在就只剩下長安一個據點了。

當司馬顒在長安城裡臉色發白時，成都的李雄那裡卻熱鬧得很。

李雄在大家的「強烈要求」下，終於當上了皇帝，國號大成，改元晏平。這傢伙打仗有一套，可當皇帝卻沒一點經驗，對官場體制的了解也是個半桶水，因此當了皇帝之後，馬上遇到了任命官員的難題。他手下的死黨個個都覺得自己的功勞大，在排座次時，也發揚衝鋒在前的精神，個個都要求把自己的名字往前放，弄得整個朝堂天天都是一夥人在那裡大聲爭吵。最後，是閻式叫停了這些聲音，建議李雄參考漢代和晉朝的制度，建立一套完善的官場體制。李雄抹著汗水，表示會照閻式的方針辦理。這才暫時停止了爭吵。

打倒了司馬顒這個當權派之後，晉朝又走進了司馬越時代。

司馬衷照例行使他釋出最新人事任命的權力：任司馬越為太傅，錄尚書事；司馬虓為司空，鎮鄴。

在這次權力重新分配中，除了像王浚這些為倒顒事業立下豐功偉業的人以及司馬越的那幾個兄弟外，司馬越向司馬昭學習，也提拔了有一些人氣的名士。不過，就像司馬越遠遠不比不上司馬昭一樣，他提拔的這些名士不管人氣還是能力，都遠遠比不上竹林七賢那些人了。這些人不但能力欠缺，只是找來一件名士的外衣披在身上，做足了名士的形式，但內容卻空洞得很。更要命的是，這幾個以庾敳為首的名士在工作生活上「皆尚虛玄，不以世務嬰心，縱酒放誕」，除了瘋狂喝酒、花心思做行為藝術之外，什麼都不放在心上，而且又貪財戀權，人品大壞。很多人把他們的事講給司馬越聽。司馬越雖然也覺得這些人做得有點過分，可這傢伙卻認為，他們「名重於世」，不重用，對不起百姓啊！

第五章　司馬高層還在亂　劉漢朝中起血腥

　　這些人在享受著提拔當大官的喜悅，個個臉上洋溢著幸福笑容時，那個曾經比他們更威風的司馬穎現在卻狼狽得很。這傢伙本來在華陰那裡觀察形勢，可還沒有觀察幾天，祁宏的大軍就入了函谷關。這哥兒們雖然腦袋不靈光，可這時也覺得司馬顒目前的情形跟他差不多崩盤的時候沒什麼兩樣，就知道司馬顒也到玩完的時候了，也不再把形勢觀察下去，掉頭就向新野狂奔，像要遠離毒品一樣遠離司馬顒。

　　恰好劉弘在這個時候與世長辭。劉弘一直統治著荊州一帶，在他老人家還活著時，沒人敢動他一根白鬍子，可他才一嚥氣，原來天天向他表示忠心的司馬郭勱野心突然大爆發，馬上就宣布自治。當然，他還不敢像李雄那樣直接把屁股放到龍椅上，先把皇帝當一下再說，而是利用司馬穎的剩餘價值，決定把司馬穎請來廢物利用一下。哪知，廢物還沒有請到，劉弘的老部下郭舒已經帶著劉弘的兒子劉璠帶兵氣勢洶洶地前來，把他一頓暴扁，至死方休，變成了徹頭徹尾的廢物。

　　司馬穎這傢伙近來走了霉運，不管跑到什麼地方，那股霉氣就像空氣一樣跟著他，想甩也甩不掉。以前的那些事是他經手的，被打倒了是自己的錯。可近來，都是別人在沒有徵求他意見的情況下，打著他的招牌利用他，而且沒一次成功，本來算起來，他也是個受害者。可人家一秋後算帳，這帳裡總有他的一份。在郭勱被殺之後，中央也下令，叫南中郎將劉陶逮捕司馬穎。

　　司馬穎大概事先得到風聲，馬上逃走，渡過黃河，跑到朝歌。這裡居然還有他的一些粉絲。他帶著這些粉絲，準備去找公師藩會師，可卻被頓丘太守馮嵩一把抓住，押送到他過去認為是他發家致富的風水寶地鄴城，移交給司馬虓。

　　司馬虓還算很厚道，覺得司馬穎雖然可恨，也該殺，但到底還是自家兄弟，由自己宣布執行死刑，太不近人情了，就叫人把他關起來。這時，

第一節　司馬顒的臭棋

公師藩的部隊正好南來。這個傢伙此前趁亂而起，擴充勢力，因為人家都在別的地方打得屁滾尿流，沒誰在意他的存在，因此，到現在仍然還活躍得很。公師藩看到幾個強人都已打得落花流水，丟官的丟官，掉腦袋的腦袋，自己還完好無損，這充分說明了自己是亂世英雄，把自己放到歷史的臺面上一擺，完全可以跟曹操列在一塊兒的。哪知，這想法才在心頭轉著，兗州刺史苟晞就殺了過來。公師藩的部隊沒打幾下，就全部放棄抵抗，有的四散逃跑，自謀職業，有的當場跳槽，決心穿上別人的軍裝。而公師藩這兩條路都走不通，既跑不掉，也投降不了，被苟晞「斬之」。

司馬越在大力宣傳這次輝煌戰果後，又隆重地提拔了他的兩個老弟：進東嬴公司馬騰爵為東燕王，平昌公司馬模為南陽王，讓這幾個皇家邊緣人走進了皇室的中心地帶。

沒幾天，司馬虓突然去世。這時，鄴城的工作就由長史劉輿暫時主持。這傢伙知道，司馬穎在這個城裡還有很多粉絲，怕這些粉絲知道司馬虓死後，會跳出來又把司馬穎拉出來「廢物再利用」，那麻煩就大了，因此他在司馬虓嚥氣的當天，並沒有把這個重大消息向外釋出，而是派了個冒牌欽差大臣來到司馬穎那裡，說皇帝決定要他的命。司馬穎當然看不出這傢伙是個假冒的欽差大臣，那份賜死的詔書更是假冒品，一聽到這個命令，馬上堅決自殺。連兩個兒子也跟著一起死去。先前那些跟他混的人，這時全跑得連影子也不見，只有盧志這個聰明人還在賣力地表現著自己的耿耿忠心，把他們父子的屍體收拾起來，找了塊地埋掉。

司馬穎從當丞相到退回洛陽，拿著權力大棒，只有十個月的時間，然後就開始了長達兩年的流浪生活，到今天終於徹底結束了他的生命。「八王之亂」的第六王，就這樣玩完，死得難看，過程也不精彩。司馬越這時倒也做得很大度，「召志為軍諮祭酒」，繼續讓盧志當上高官。

第五章　司馬高層還在亂　劉漢朝中起血腥

第二節　司馬熾即位

　　司馬越知道劉輿兄弟不但是當時的名士，而且很有能力，司馬虓能做到這個程度，靠的就是這兩個兄弟，因此決定把劉輿提拔到中央來。這個決定一下，馬上就有人眼紅，對司馬越說：「這個劉輿像塊老油，誰靠近他誰就被汙染。」司馬越一聽，就只讓劉輿當官，而不讓他跟自己靠近。

　　劉輿一看，就知道有人在老大面前說了對自己不利的話，老子是靠本事吃飯的，不露幾手出來，這些人會看扁自己。這傢伙的腦袋確實不一般，他在沒事做的時候，把全國武裝力量的名冊以及其他的資源分布、地形等都記得清清楚楚。這時全國都在鬧哄哄地動亂著，朝廷開會的主題都是軍事會議。每次開會，一涉及到軍事排程之類的問題，大家都「莫知所對」。在與會人員全都成了醬油黨的時候，劉輿站了出來，說得頭頭是道，滴水不漏。司馬越這才知道，這傢伙的長處不是一般的長，也不管他是塊老油了，馬上把他當著自己的心腹，任他為左長史，「軍國之務，悉以委之」。劉輿看到司馬越完全信任了自己，馬上就向他推薦老弟劉琨去當并州刺史，負責北方的安全問題。司馬越很乾脆地同意了這個建議，把原來主持北方工作的司馬騰提拔為車騎將軍、都督鄴城諸軍事，到鄴城來上班，免得干擾劉琨的工作。

　　司馬越當權之後，覺得司馬衷太豬頭，堂堂大國的元首，就這個傻樣，實在不利於國家的形象，但又不能直接叫他下臺——因為他是司馬炎親自選定的皇位繼承人，是最合法的，前面那麼多的強人除了司馬倫那個傻子之外，沒誰敢動他的腦筋，自始至終都高舉他的旗幟。因此，你叫他下臺肯定是一件不得人心的事。

　　司馬越想，不能明著做，但暗中動點手腳總可以吧？

第二節　司馬熾卽位

　　十一月十七日夜，是皇帝吃宵夜的時間。司馬衷吃了一塊餅，這塊餅一下肚，就覺得肚子不舒服，他馬上問人家，這餅哪裡來的？人家說好像是特供的吧？司馬衷一直痛到天亮，就走完了他很不光輝的人生之路。

　　司馬衷是歷史上最腦殘的皇帝，也是最幸運的皇帝，同時也是最倒楣的國家元首。他當上皇帝的那一天，也開始了他窩囊的人生之路，老婆死的死、廢掉的廢掉，兒子和孫子也被弄得一個不剩，完全擔當得起「妻離子散」這四個字，自己則不斷地被人家當傀儡來利用——好像他來到這個世界是個專門向人家提供利用方便的人一樣。在他當皇帝期間，這個國家就沒有幾天的和平，如果是別的人，估計老早就被趕下臺了，甚至早已被改朝換代了。他居然能很傻很天真地坐了龍椅這麼多年，連年號都改了無數個，這種幸運可不是一般的幸運。這個幸運的來源，一是因為他的老爸替他奠定下來的，二是因為他的腦殘。司馬炎死的時候，讓司馬氏掌握全國的武裝力量，這些年的亂，也全是本家族的亂。不管是哪個強人搶到了大權，都不得不尊重他一下，而且因為他是個豬頭，最不會反抗，容易控制——這種傀儡人才還真不好找，就讓他在那裡當招牌。因此直到現在才結束了他的傀儡生涯。

　　司馬越偷偷搞定司馬衷之後，他也不敢挺身而出，把屁股放到那個座位上，他還是照程序辦事，讓羊皇后出來選擇下一任的皇帝。當然，不管誰來當，大權仍然緊緊握在司馬越的手裡。

　　按慣例，司馬熾是合法的繼承人。可羊皇后又像以前的那個郭太后一樣，怕司馬熾一上臺，自己這個皇太后就做不成了——因為司馬熾是司馬衷的弟弟，他一當皇帝，自己是平輩，哪能稱什麼皇太后——大不了當個皇嫂，地位也高不到哪裡去，於是就決定立清河王司馬覃當皇帝。

　　侍中華混對羊太后說：「皇太弟在宮中已經很久了，不但沒犯什麼錯誤，而且人氣也很旺，要是讓他下臺，恐怕要出亂子的，難道娘娘覺得這

第五章　司馬高層還在亂　劉漢朝中起血腥

個天下亂得還不夠嗎？」也不等皇后回話，「即露版馳告太傅越，召太弟入宮」。

這時司馬覃已照皇后的命令入宮，而且已到尚書閣做宣誓就職的準備，聽到華混公開請司馬越叫司馬熾入宮的消息，就以為情況有了變化，害怕起來，趕快請了病假，跑回他的封地——這傢伙雖然年紀不大，但腦袋還是清醒的，跑得也很及時，否則後果會很嚴重。

十一月二十一日，在司馬越的主持下，司馬熾脫掉皇太弟的帽子，舉行登基儀式，成為晉朝的第三任皇帝，尊羊皇后為惠皇后——大概是惠帝皇后的意思。至於羊皇后最想得到的那個皇太后，就讓司馬熾那個早就死了的母親王才人當了，並立他的妃子梁氏為皇后。

司馬熾的腦袋是不錯的，此前做人做事也很低調，也許他心裡有自己的打算，但別人從看不出他有什麼野心，即使當上了皇太弟，還是很本分地待著。他知道自己的力量，除了脆弱得像立在石頭上的雞蛋的皇太弟稱號外，什麼也沒有，那幾個強人只要動一根指頭，他就什麼都玩完了。他更知道，這個皇帝本來他連邊都不能沾，現在能當上，完全是因為其他兄弟都死光了，只剩下他，這才輪到他上臺。從這角度上說，他也算是比較幸運的。

當然，他更知道，現在他接手的是個爛攤子，內部是強人掌權，外面又有劉淵、李雄、陳敏等幾個傢伙在磨刀霍霍，公開向他挑戰，是真正的「內憂外患」。他雖然知道，要收拾這個攤子，難度很大，但他更知道，他不能像他的哥哥那樣，戴著皇帝的帽子，數年如一日地很傻很天真地坐在那裡，當傀儡當得很有感覺，最後把這個國家弄得支離破碎，控制的國土面積跟曹魏時期的面積差不多，使得堂堂一個天朝大國又跟這些地方割據政權同處於一個等級。

第二節　司馬熾即位

他堅定地認為，他必須有所作為。他再不有所作為，晉朝江山就會徹底完蛋。

所以，他一上臺，就「始遵舊制，於東堂聽政」，堅持正常上班。即使在喝酒的時候，也跟大家商討國家的大事，弄得大臣們都很感動，黃門侍郎傅宣還代表大家的心聲，長長地嘆了一口氣，說：「今日復見武帝之世矣！」

大家對他的期望也很大，畢竟跟司馬衷打交道的時間長了，也看夠了豬頭皇帝的那個菜鳥樣，大家早就沒有激情了，這時看到一個思維正常的領導人，當然個個眼睛一亮，又點燃了心裡的那份希望。

這時，司馬顒雖然已經不敢囂張，但他到底還死守著長安，讓司馬越的心裡很不痛快。司馬越就用皇帝的詔書，任命他當司徒。

司馬顒也是個豬頭，一看到這個委任狀，也不把事情的前前後後用腦袋思考一下，就高高興興地要去上任，根本沒有想到，現在的司馬越是他的仇人，而且司馬越是個勇於把皇帝毒死的傢伙——這樣的人會守什麼信用？他掛著滿臉的笑容，出了長安，對長安人說拜拜，要去中央上班了。

在他高高興興上路的時候，南陽王司馬模已派他的將領梁臣過來。他來到新安的時候，就碰上了梁臣。梁臣把司馬顒的車隊攔住。司馬顒正要問是誰敢攔司徒的車隊？

梁臣跑了過來，上到他的車上，一句話也不說，伸出那雙有力的手，扼住了司馬顒的頸脖，直到司馬顒徹底掛掉這才鬆手，招呼手下大搖大擺地回去向老大報告，任務順利完成。

八王之亂的第七王就這樣死在梁臣之手（當然幕後黑手是司馬越）。這傢伙靠著關西的人力物力，長期對中央陽奉陰違，一看到中央政局稍微

第五章　司馬高層還在亂　劉漢朝中起血腥

穩定，就派張方去攪亂一通，然後又靠張方多次洗劫洛陽，最後連皇帝也劫持，當了一年零七個月的首席大臣，就被司馬越拉下馬，然後殺掉。司馬顒起家時，力量也不算薄弱，但他本人不夠聰明，手下也沒什麼出色人才，就靠一個張方。而這個張方，雖然打仗還算稱職，可人太殘暴，軍隊又好打劫，使得民心大失，哪還有什麼戰鬥力？人家一起兵，沒抵抗多久，就不斷地崩潰，沒幾天就徹底玩完。

司馬越繼續發揚重用名士的傳統，把王衍提拔到司空的位子上。

第三節　陳敏的死路

還記得陳敏吧？

這傢伙現在還在江東一帶經營著，而且越來越活躍。本來，按目前的形勢來看，晉朝內部還亂得像一團麻，自己把自己打成了嚴重內傷，一點也顧不上首都之外的事。這樣的局面，正是陳敏發家致富、擴充勢力、打好堅實基礎的大好時機。可這傢伙光有當孫權的遠大理想，卻沒有孫氏父子的能力，尤其在用人上，雖然公開重用有民望的人，可真正掌握大權的卻只是陳家的幾個兄弟——當然，如果他的那幾個兄弟很有能力，重用一下，也符合人民要求。可這幾個兄弟也不是做事業的料，手裡才有這麼一點權，心裡就覺得有權不用太可惜了，不管到什麼地方，總要大大地耍一下權威，不對老百姓威風一下就睡不著，就覺得對不起自己。這樣一來，把本來就不很好的形象，破壞得更加厲害。

陳敏手下的顧榮和周玘本來都是江東名士，不但人氣旺，而且很有能力。他們本來覺得司馬氏已經走到死胡同，以為陳敏能在這個時候站起

第三節 陳敏的死路

來，高舉造反大旗，肯定是個大英雄，哪知，原來這傢伙也不是什麼好人，趁亂拿下了這麼一塊可以做一番大事的根據地，就表現出這個嘴臉來，因此兩人心裡頗為鬱悶。

廬江內史華譚很快就知道顧榮他們的想法，馬上寫了一封信給他們：「陳敏盜據吳、會，命危朝露。諸君或剖符名郡，或列為近臣，而更辱身奸人之朝，降節叛逆之黨，不亦羞乎！吳武烈父子皆以英傑之才，繼承大業。今以陳敏凶狡，七弟頑冗，欲躡桓王之高蹤，蹈大皇之絕軌，遠度諸賢，猶當未許也。皇輿東返，俊彥盈朝，將舉六師以清建業，諸賢何顏復見中州之士邪？」勸他們及時跳槽，再跟著這樣的人，還有什麼意思？

顧榮本來是江東名士，很有人氣，這時居然上錯了船，走錯了路，做了蠢事，這時讀著這封信，臉上就發燒起來，覺得只有把這個陳敏搞定才對得起自己，於是寫信給征東大將軍劉準，要求劉準趕快出兵攻打陳敏，同時表示自己可以做內應。

劉準接到信後，有這樣的內奸，這事成了！馬上派揚州刺史劉機等從歷陽出兵，向陳敏軍發起進攻。

陳敏派他的弟弟劉昶帶幾萬部隊駐紮在烏江，另一個弟弟守牛渚，抵擋晉軍。陳敏還有一個弟弟叫陳處。陳處的消息也很靈通，知道顧榮等幾個傢伙在是內奸，準備接應敵人的到來，建議哥哥把以顧榮為首的叛徒、內奸全部殺掉。可陳敏卻頭腦發暈，說，顧榮是什麼人？是江東名士。名士哪會做什麼內奸？你沒事做去喝酒、泡妞，不要管這件事。

這時，周己已經開始行動。他這時成功地把他的老鄉也就是陳昶的司馬錢廣拉了進來，並叫錢廣乘機殺掉陳昶。司馬這個職務是軍事長官的首席參謀，要搞個突然襲擊，殺掉老大，難度不算高。

錢廣殺了陳昶之後，就製造了個謠言向大家宣布：州下已殺敏，敢動

第五章　司馬高層還在亂　劉漢朝中起血腥

者誅三族。大家對陳氏兄弟早已不爽，即使沒有這種謠言，估計也沒什麼人起來反對錢廣。錢廣很順利地收編了陳昶的部隊，然後在硃雀橋南，調轉槍口，對準陳敏。

陳敏接到報告後，氣得大拍桌子，不搞定錢廣，決不收兵。他把親家甘卓叫來，把最好的武器和最精銳的部隊都交給他，要求甘卓一定要好好地收拾錢廣。

這時，顧榮怕陳敏對他不放心，懷疑起他來，這個內奸工作可就半途而廢了，就跑過去見陳敏，意思是說，有人說我要叛變，老大你看看我是叛變的人嗎？我要是叛變，還敢來見你嗎？陳敏的頭腦本來就不怎麼樣，此時被錢廣事件弄得更加暈頭轉向，被顧榮這麼一唬弄，就把他當成了大忠臣，說：「你的任務是到各地去鎮壓造反的人，天天跟在我的屁股後面做什麼。」

顧榮趕快跑了出來，和周己一起去找甘卓，說服甘卓也加入他們，一起當內應。這兩個人是江東名士，他們也跟其他名士一樣很有口才，說了大半天，居然說動了甘卓，使甘卓覺得老親家已經沒戲了，再跟著他，等玩完的那天，人家一算帳，他這個親家肯定被打入「陳敏亂國集團首要分子」的名單而誅滅三族。陳敏不管如何都是死路一條，自己為什麼要跟著去死？現在想有條活路，只有出賣老親家了，再晚了就來不及了。於是當場加入了顧榮這個「內奸」集團，並且迅速行動，說自己有病，要求女兒回來照顧一下。陳敏再怎麼懷疑，也不會想到甘卓會變成他的反對黨，就讓他的女兒回去看看老爸。

甘卓接回女兒，後顧之憂就一點不剩了，馬上破壞朱雀橋，把所有的船隻全調到南岸，跟顧榮、周己等聯合向陳敏宣戰。

陳敏想不到連親家也敢踢他一腳，而且這一腳踢得太厲害了——他

第三節　陳敏的死路

把最精銳的部隊都交給甘卓，讓最精銳的部隊變成了自己最強大的敵人。這才知道什麼叫「沒有永遠的朋友，只有永遠的利益」。

他嚥不下這口氣，馬上率領一萬多人去討伐甘卓。

兩軍隔岸對峙。

陳敏的部隊還沒有採取什麼行動，甘卓就先來個政治攻勢，叫他的部隊隔著水對陳敏的部隊大叫：「連顧榮周玘這些人都不跟陳敏了，你們再跟下去還有什麼前途嗎？」

大家一聽，就你看我我看你，這段時期以來，陳敏內部不斷地有人宣布叛變，照這樣下去再沒幾天，估計陳敏身邊也沒剩多少人了。這時，顧榮出現了，他把自己打扮得像諸葛亮一樣，搖著白羽扇，向大家親切致意。大家一看，顧榮果然倒戈了。大家就不再有什麼顧慮了，一起丟下兵器，來個放下包袱，輕裝逃跑。

陳敏聽到帳外的叮噹之聲，以為是有人到這裡來收廢鐵了，忙跑出來，要狠狠地教訓一下這個人，敢到軍營來收破爛，老子要你徹底破爛。

可出來一看，原來還整整齊齊保持威武姿態的部隊不知什麼時候全亂了，士兵都變成無頭蒼蠅似的到處亂跑，地面上丟滿了武器，這才知道，自己被軍隊拋棄了。

他轉身一看，現在除了他一個人站著之外，其他人都在奔跑，那些昨天對他還肅然起敬的人，這時眼裡已經沒有他這個老大了。他大罵幾句粗話，然後也騎上馬逃命去了。

那些士兵倒是個個逃出生天，他卻只逃到江乘，就被人家抓獲歸案。

他被繩子緊緊地捆住之後，對他的老弟陳處說：「我對不起你啊！」

這傢伙死到臨頭時，終於發現自己原來是個菜鳥。

他最後被押到建業執行了死刑。這個曾經在江東一帶威風了兩年多的

223

第五章　司馬高層還在亂　劉漢朝中起血腥

陳敏就這樣完蛋，而且完蛋得實在太難看，一點也不轟轟烈烈。很多像他這樣已經成功割據一大片土地的軍閥，即使失敗也是敗在敵人的手上，而且事業也正處於高潮期，敵人根本無法動他，可他硬是被自己人搞定，做人做事也太失敗了。

江東平定的消息傳到中央，司馬越心情很得意，決定重用那幾個棄暗投明的有功人員，「詔徵顧榮為侍中，紀瞻為尚書郎」。「闢周己為參軍，陸玩為掾」。這幾個傢伙拿著中央的錄用通知書，向首都出發，來到徐州時，就聽說北方亂子的規模比南方更嚴重、更複雜，就有點猶豫起來，不想再往北走了。

司馬越等了很久，這幾個人還沒有來報到，知道這幾個傢伙要打退堂鼓了，就寫了一封信給徐州刺史裴盾說：「若榮等顧望，以軍禮發遣！」

顧榮他們聽到之後，就更加害怕了，不等裴盾對他們「軍禮發遣」，就拚命逃跑，不再去當這個鳥官，繼續當一個純粹的名士算了。

第四節　猛男對悍將

司馬越不久就知道，搞定豬頭皇帝，重新任命司馬熾當第一把手，對提高國家形象很有好處，可對他而言，實在很不利。原來那個司馬衷只是個移動公章，發揮的只是個招牌作用，其他的都是自己說了算，雖然不利於國家形象，但卻利於掌權，而司馬熾卻不一樣，一上任就覺得自己必須盡心盡責，努力履行皇帝的職責，才對得起百姓，因此天天上朝，聽取大臣們的意見，然後來個民主制進行決斷。這樣一來，大家覺得遇上了個開明的領導人，國家的前途很光明，都願意團結在他的周圍。可是司馬越就

第四節　猛男對悍將

覺得皇帝什麼事都管，那他手中的權還有什麼用？原來讓這傢伙做皇帝，是做了一件全世界最大的蠢事。

這個蠢事不像其他蠢事，覺得不行了，就可以重新再來，再立皇帝可不是一件想做就做的事——司馬衷的死，估計很多人都知道原因，只不過是放在心裡，沒說出來，如果再讓司馬熾吃餅而死，他的名聲就不是一般的臭了。而且現在司馬熾的人氣越來越旺，誰搞定他，誰就是跟百姓作對。司馬越雖然心裡有氣，恨不得一記悶棍把司馬熾打死，然後再找一個像司馬衷一樣的人來當皇帝，但這個想法只能在心中翻滾，卻不能實施。但每天在一起，看著司馬熾對著國家大事拍板簽字的模樣又看不順眼，就提了個要求，要離開首都出巡，而且態度空前堅決。司馬熾只得同意。三月底，司馬越離開首都，把辦公地點遷到許昌。這傢伙在這方面走了跟司馬穎同樣的道路。司馬穎以前是把他的權力中心確立在鄴，而他卻打算放在許昌，雖然位置不同，效果卻差不多。而且這兩個地方都是以前曹操最重要的根據地。

司馬越離開洛陽後，繼續大力提拔他的那幾個兄弟：以高密王略為征南大將軍，都督荊州諸軍事，鎮襄陽；南陽王模為征西大將軍，都督秦、雍、梁、益四州諸軍事，鎮長安；東燕王騰為新蔡王，都督司、冀二州諸軍事，仍鎮鄴。再加上他死死地坐鎮許昌，幾兄弟把洛陽包圍得滴水不漏。大家一看這個陣勢，再往下一分析，就知道司馬越這麼安排，明顯是為了對付司馬熾的。

司馬熾現在對他的這些舉動當然一點辦法也沒有。

那個汲桑卻什麼也不管——這傢伙在公師藩崩盤之後，逃回他的牧馬場，又集中了一群強盜，大力搶劫，不久就打下東山再起的基礎，自稱大將軍，然後隆重打出「為成都王報仇」的口號，命令石勒為先鋒，對政府軍大打出手。石勒這時年紀不大，可仗打得還不差，一時間「所向輒

第五章　司馬高層還在亂　劉漢朝中起血腥

克」。汲桑又提拔石勒當了掃虜將軍，向鄴城進軍。

這時，鄴城的第一把手就是司馬越的弟弟司馬騰。這傢伙跟所有的貪官一樣，當官的首要任務就是貪汙腐敗，官越大貪得越多。這些年來，手上已累積了不少來歷不明的財產，物質基礎很雄厚。可這傢伙吝嗇得要命，從來不捨得拿一分錢來做一點慈善事業，捨不得用點物質來拉攏一下民心，當石勒那隊瘋狂的騎兵衝到鄴城城下時，他才「賜將士米各數升，帛各丈尺」，要求大家為國家拚命、為百姓殺敵。可大家都看透了他的為人，雖然手裡拿著這些東西，但卻提不起勁來，士氣還是原來的士氣。結果，汲桑的部隊大破魏郡太守，攻入鄴城，一點不費力。司馬騰騎著快馬，拚命逃跑，但仍然跑不掉，最後被汲桑手下的將領李豐殺掉——司馬騰直到這時，估計還不知道自己的所作所為全是在為別人證明「人為財死」這句古語不是假的。

汲桑進入鄴城之後，又把司馬穎的棺材挖出來，放到豪華車裡享受最高領導人的待遇，而且還做了一件很可笑的事，不管什麼事，他都對著棺材行禮，稟報之後，才實施。司馬穎生前被人家多次廢物利用，一直利用到死翹翹的那一天，大家都以為他完成了被人利用的歷史使命，哪知死後仍然被汲桑挖出來，再利用一次。這傢伙的利用實在有點超值了。

汲桑雖然打著司馬穎的旗號，讓人看了以為這傢伙還是有點政治眼光的，可他除了這個政治眼光外，也保留著強盜的傳統。他在占領鄴城之後，並沒有把鄴城當作根據地，好好地經營一下，把基礎打得更加牢固，而是叫兄弟們放火，燒掉這些反動派的宮殿。這些宮殿，從袁紹、曹操時代就開始建設，後來的人不斷擴建，現在規模已經很龐大，汲桑這一把火燒了十多天才燒光。這傢伙燒完敵人的「老窩」之後，又叫兄弟們苦練殺敵本領，大開殺戒，把手無寸鐵的民眾也殺了一萬多人，然後「大掠而去」，把強盜面目表現得十分到位。

第四節　猛男對悍將

汲桑跟所有的強盜一樣，知道城裡的財富比鄉下多得多，因此從鄴城出來後，又從延津渡地黃河，向兗州打過來。司馬越知道汲桑的強盜軍戰鬥力很猛，心裡就害怕起來，忙派苟晞和王贊去對付。

晉朝亂到現在，戰亂不止，流血無數，經驗教訓一大堆，卻硬是沒有幾個軍事家。多年來，在戰場上較量的都是一群菜鳥，好像在進行一場豬頭大比拚的馬拉松賽一樣。

不過，這個苟晞卻是個打仗的行家。他成功地阻止了石勒猛烈的攻勢。

石勒不得不在平原、陽平一帶跟苟晞對抗，進行了三十多場戰鬥，誰也占不到誰的便宜。

對於還沒有從強盜角色中轉變過的石勒來說，不管打什麼仗，都得速戰速決，而不能打持久戰。但現在他被苟晞的部隊黏著，打又打不贏，轉移就更轉移不了，只得硬著頭皮繼續不分勝負下去。

司馬越看到苟晞把汲桑的部隊頂住後，長長地鬆了口氣，膽量終於恢復，帶著部隊來到官渡，當苟晞的堅強後盾。

八月一日，苟晞向汲桑的主力部隊發起猛烈進攻，在東武陽把汲桑打得大敗，汲桑只得退到清淵，使得他的事業迅速走向低潮。

可是苟晞仍然不放過汲桑，帶著部隊又追了上來，沒頭沒腦地一頓痛扁，戰果是「破其八壘，死者萬餘人」。汲桑跟石勒只得帶著剩下的戰鬥人員和非戰鬥人員，準備投奔劉淵。可才跑到赤橋，又被早已在那裡做好迎頭痛擊準備的冀州刺史丁紹猛扁一次，好不容易才奪路逃出。汲桑又逃回茌平的牧馬場，而石勒則跑到樂平——這個樂平也就是後來大大有名的山西昔陽縣，兩人在好長一段時間內不敢再囂張。而且到十二月，一批司馬騰的死黨田甄、田蘭、薄盛看到汲桑這個模樣，很好欺負，就高喊「為新蔡王司馬騰報仇」的口號，找上門來，「斬汲桑於樂陵」。

第五章　司馬高層還在亂　劉漢朝中起血腥

司馬越大大地鬆了一口氣,然後大力表彰了苟晞等有功之臣,任命苟晞為撫軍將軍、都督青、兗諸軍事,迅速成為軍隊中的強人之一;任命丁紹為寧北將軍,監冀州諸軍事。兩人都假節。

苟晞在圍剿汲桑的戰爭中,取得了巨大的勝利,出盡了風頭,名望大漲。苟晞也很有名將風度,不但精力旺盛,而且執法嚴格。他的姑母一直跟他一起生活,他對這個姑母就像對待母親一樣。姑母看到他現在當了這麼大的官,可卻不利用職務之便提拔她的兒子,就對他說:「現在你當了這麼大的官,也應該提拔一下你的堂弟,給他個將軍當當啊!」

苟晞說:「給他當個將軍沒什麼難,我發個文就行了。可是我執法向來嚴格,只怕堂弟到時不遵守軍法,我也不能救他。姑媽到時可別後悔啊!」

姑母說:「人家能夠遵守,他為什麼不能遵守?難道人家是人,他就不是人了?就讓他當當吧!」

苟晞沒有辦法,就讓堂弟當了督護。可這個堂弟只想當將軍,不想守軍規,沒幾天就犯了法。有人告到苟晞那裡。苟晞一看,這可不是一般的犯法,而是死罪。他馬上請來皇帝給他的那根節杖,宣布將堂弟「軍法處置」。

他的姑媽聽說,忙跑到他那裡,說你真的要殺他?

苟晞說,我沒有辦法不殺他。他姑媽一看,果然不像開玩笑,嚇得向苟晞下跪叩頭,說給她兒子一個重新做人的機會啊!但苟晞卻不聽,叫劊子手把人拉出去,斬訖來報。

他堂弟被殺之後,他穿了一身白衣服過去,對著死屍哭道:「殺卿者,兗州刺史;哭弟者,苟道將也。」把名士和名將風度都做得很足。

汲桑玩完之後,石勒卻在失敗中開始走出一條自己的路。

汲桑雖然很看重石勒,但石勒卻已不看好他的這個老闆了。在敗逃的

第四節　猛男對悍將

時候，他並沒有跟汲桑一起跑回老窩，等待時機，而是跑到山西一帶。這時匈奴的另一個部落老大張背督、馮莫突正在上黨那裡，手下有幾千人。石勒知道後，就跑過去投靠，並勸兩人說：「現在劉淵正舉兵跟晉朝對抗，兩位老大卻不跟這個潮流，不聽從他的指揮，要是他生氣，過來攻打我們，我們這幾千人能打得過嗎？」

兩人說：「肯定打不過。」

石勒說：「打不過，為什麼不盡快投奔過去？現在很多人都在響應劉淵的號召，要集體離開，去跟劉淵起義。兩位老大難道要等所有的兄弟都走得精光了，才光棍一條去加入劉淵的隊伍？這種裸奔式的投靠，恐怕到時想當個隊長都難。」張背督一聽，覺得石勒說得太正確了。從現在起就聽你的。

石勒本來是隻身過來的，連口飯都難找到，現在憑幾句話，就空手套白狼，讓這兩個匈奴老大成為自己的手下，讓幾千名士兵都聽他的指揮。

這年十月（即永嘉元年），石勒帶著張背督去投奔劉淵的大漢國。劉淵馬上任命張背督為親王，馮莫突為都督部大，任命石勒為輔漢將軍、平晉王，繼續統率著張背督的人馬。

石勒透過借雞生蛋的辦法，再一次活躍在歷史舞臺。

石勒覺得手下只有這幾千人，還是成不了什麼大事，因此拍著腦袋，想出了一個擴大自己力量的辦法。他知道樂平還有個烏桓部落，老大叫張伏利度，手下也有二千人。劉淵早就想把這個張伏利度收編，多次派人去叫他歸順。可這個張伏利度自我感覺良好，居然不理會劉淵，繼續當他的大王。石勒知道，這個張伏利度就那點力量，遲早會被其他勢力吃掉。與其讓別人吃掉，不如自己去吃，一來可以展現出自己的能力，提高一下人氣，二來又可以壯大力量，好讓自己在劉淵這裡站穩腳跟，以後再圖發

第五章　司馬高層還在亂　劉漢朝中起血腥

展。他很快就想出了一辦法，跟劉淵一起演了一齣雙璜，說是犯了嚴重錯誤，就逃了出來，投奔到張伏利度那裡。張伏利度雖然不願去投奔別人，但很歡迎別人來投奔他，讓他把這個老大做得更大一點。而且他早就知道石勒是個打仗的能手，現在手下正需要這樣的人才啊，像這樣的人才來得越多越好啊！你為什麼到現在才犯錯？他哪知道這是個巨大的陰謀詭計。

他為了留住石勒，就提出跟石勒一起效法劉關張，也結拜一下。石勒一看，這傢伙還真相信自己。當場就答應了。

張伏利度的野心很大，但也是個菜鳥野心家，以為讓石勒跟自己成為結拜兄弟後，就可以讓石勒在政治上永遠跟自己保持高度一致了，於是就放心地把軍隊交給石勒，讓石勒發揮特長，帶著部隊去打劫，以豐富部隊的物資。

石勒本來就是強盜出身，打劫是老本行，而且又是個打仗的人才，沒幾天就帶著這支部隊到處出擊，而且表現得很威猛，大家都佩服得五體投地，覺得跟著這樣的老大實在太過癮了，比跟著張伏利度好多了。張伏利度看到部隊的精神面貌大有改觀，也跟大家一起得意，覺得自己真的找到了個好人才，哪知上了石勒的大當？

石勒看到自己的威信越來越高，最後確信大家已完全信任他，就在一天把張伏利度抓了起來，然後召集大家說：「兄弟們，現在我做個民意調查。我跟張伏利度你們願意選誰當老大？」

大家一看，你都把張伏利度結結實實地捆在那裡，還問我們？不過，憑良心講，跟著張伏利度這麼久了，生活品質老是原地踏步，一點都沒有提高。倒是石勒一來，帶著大家，沒幾天生活品質就翻了幾倍，估計再努力下去，這輩子過上小康生活沒有問題。大家這麼一想，都說：「我投石老大的票！」

雖然有幾個張伏利度的死黨想把神聖的一票投給張老大，可看到大家都這麼叫喊，哪敢發表不同意見，也跟著大家把票投給石勒了。

石勒馬上帶著這批人回到劉淵那裡。劉淵一看，這個石勒不但是個孤膽英雄，而且有勇有謀，是大大的人才啊！就任命他當了督山東征討諸軍事，連張伏利度的部眾都歸到他的手下，使他迅速成為劉淵集團裡獨當一面的強人。

第五節　內部分裂

也是在這個時期，司馬越任琅邪王司馬睿為安東將軍、都督揚州諸軍事、假節，鎮守建業。司馬越的這個安排，本來是沒有什麼深意，大概只是表彰一下司馬睿沒有站錯隊而已。如果他真的預料到以後形勢的發展，估計他早就跑到建業去了。

這個無意的安排，為以後中國歷史的另一頁做了很好的鋪陳——當然，這是後話，現在先不說。

那個時候的交通實在不方便，司馬睿接到任命書後，動身去新單位上班，直到九個月才來到建業。這哥兒們知道，他今天的生活來之不易，得好好做才對得起這個職務。他的智商雖然不低，但也不算高，但他手下的王導卻不是一般的人才。司馬睿一到任就重用王導，讓他當自己的首席智囊，除了個別只能讓老婆知道的隱私外，什麼事都跟王導研究後才決定。這時，司馬睿還很粉嫩，剛到任時，江東一帶的人都不把他放在眼裡，以為這傢伙也不過是個公子爺，來這裡當官也就等於花江東人民的錢去吃喝賭嫖而已，因此，他雖然制定了個招攬人才的政策，可宣布了很久，一個

第五章　司馬高層還在亂　劉漢朝中起血腥

人才也沒來，他沒什麼感覺，可王導覺得問題很嚴重。

王導知道，要是不趕快樹立起司馬睿的光輝形象，司馬睿在江東就沒辦法混下去了。司馬睿混不下去，他王導這輩子也沒什麼好果子吃。

他決定把司馬睿這個品牌狠狠地打造一下。

正好當時有個傳統節日，司馬睿必須代表政府到水邊祭祀鬼神。這是個很隆重的活動，跟現在政府舉辦的文化節差不多，當地高層都要出面親自參加這個活動。

王導決定利用這個機會，讓江東那些清高的名士見識一下司馬睿的形象。他讓司馬睿坐上敞篷專車，兩邊儀仗威武雄壯，他跟那些中原來的名士坐在司馬睿的身邊，一起出發。王導跟他的堂哥王敦本來就是大大有名的名士，人氣比江東的這些本地名士大多了。這些大名人，大夥以前只聽說過，沒見過，今天才見識到，而且看到他們全緊密團結在司馬睿的周圍。能把這些名士都拉攏到自己的身邊，當自己的心腹，看來這個司馬睿不是一般人。

這時，江東本地分量最重的名士顧榮和紀瞻也站在路邊當觀眾。兩人看到這個規模，連王導這樣的名士都甘願當司馬睿的綠葉，也覺得司馬睿帥呆酷斃了，於是敬佩之心如黃河之水滔滔而下不可阻擋，馬上就彎腰向司馬睿行禮。

王導利用自己的名望，讓這些鼻梁高過天的江東名士徹底溫柔起來。

他看到顧榮他們拜下之後，就對司馬睿說：「顧榮和賀循在這個地方很有人氣，只要把這兩個傢伙擺平了，其他人就不在話下了。」

司馬睿委託王導去把這兩個人請來。兩人一見王導，哪敢在他面前擺譜？王導是全國有名的名士，他們只是江東名士，等級差多了。人家親自到你面前來，還有什麼話說？兩人都跟著王導過去見司馬睿。

第五節　內部分裂

　　司馬睿馬上讓賀循當吳國內史，顧榮為軍司，加散騎常侍，而且把他加進自己的心腹圈子裡，不管討論軍事還是政事，都讓他參與。

　　顧榮和賀循是江東名士的帶頭大哥，這兩個人都跑到司馬睿那裡，別的人也就不再扭捏了，跟著跑過去混個公務員的飯吃。

　　王導再次對司馬睿說：「謙以接士，儉以足用，用清靜為政，撫綏新舊。」司馬睿不但每個字都聽進去，而且堅決貫徹到底。他長期以來沒什麼工作可做，已經養成愛喝酒的壞習慣。王導又當面向他提出建言，說老大要是只想喝酒，就不要當這個官了，把你那個公子爺做好就足夠了，還當什麼都督揚州諸軍事？這個工作可不是吃飽撐著沒事做的閒差啊！更不需要我們這些人圍在身邊轉啊！我們這些人都是有理想有抱負的人，不是專門來當陪酒員的。

　　司馬睿一聽，馬上把滿杯的酒倒在地上，鄭重宣告，從此不再大吃大喝了。

　　司馬越也跟前面的那幾個王一樣，大權在握之後，並沒有吸取教訓，任用幾個有能力的人來維護這個權力，而是把名士當作人才的唯一標準。再次把王衍提拔到司徒的位子。

　　這個王衍雖然長得很端正，美女們是人見人愛，但這傢伙的人品卻跟他的相貌成反比，是個既自私又不愛工作的人，能爬到今天這個位子，靠的全是名士風度，而不是工作能力。這傢伙知道司馬越對他已經好得不能再好了，就對司馬越說：「現在局勢很不樂觀啊！要讓國家平安和諧下去，一定要依靠各地軍政長官共同努力。所以，我認為，一定要讓文武全才的人去當地方軍政第一把手來保衛政權，讓我們的江山永不變色。」

　　司馬越說：「有道理。不過我到現在也沒有發現誰是文武全才啊！我想，你肯定發現了，趕快推薦上來。」

第五章　司馬高層還在亂　劉漢朝中起血腥

　　王衍馬上就推薦了兩個人。你知道他推薦誰嗎？一個是他的老弟王澄，一個是他的堂弟王敦。王澄當荊州刺史，王敦當青州刺史。司馬越當場答應，根本不知道這兩個人不是什麼好東西，更不知道王衍的推薦完全是極端的自私行為。在兩人接到委任狀的時候，王衍把兩個人叫了過來，對他們說：「荊州有江、漢之固，青州有負海之險，卿二人在外而吾居中，足以為三窟矣。」這傢伙以為這就成了他們王家的雙保險，以後誰也奈何不了他們了。

　　那個王澄更是頭腦簡單的傢伙，當了荊州第一把手之後，就把所有的政事全交給郭舒，你愛怎麼辦就怎麼辦，這個地方的事交給你，你說了算。然後自己開啟酒罈子，除了睡覺之外，其他時間都變成喝酒時間。這時，荊州也跟隨全國風潮，到處出現群體性事件，流血衝突年年有、月月有、天天有，這些報告不斷地擺在王澄面前，可王澄看過之後，就丟到一邊，繼續喝酒──全州這麼多人住在一起，哪能沒一點衝突？別管他，亂過之後就會好的。郭舒不斷地勸說他，要做點正事，努力工作，把荊州治理好。可他能聽從嗎？

　　很多人看到司馬越原來就是這個料子，而且重用的人也全是廢才，心裡就不服起來。這些人心裡一不服，就組成了司馬越的反對黨，代表人物就是前北軍中侯呂雍、度支校尉陳顏這兩條好漢。兩人覺得司馬越也是個容易搞定的菜鳥，因此就商量著把他扳倒，然後連現任皇帝司馬熾也打進「司馬越集團」的首要分子一起拉下來，再讓司馬覃當皇帝。可這兩個傢伙還沒有把最後實施方案制定好，就讓司馬越知道了。司馬越派人拿著一道假聖旨過去，把司馬覃抓起來，關到金墉城裡。司馬覃也是個倒楣鬼，很多事其實都跟他無關，都是那幾個別有用心的人為了實現自己的野心，也沒徵求他的意見，就把他隆重地推到「皇帝接班人」的位子上，白白去受苦。

　　如果說司馬越手下都沒什麼人才，也是不對的。苟晞就是個很會打仗

第五節　內部分裂

的強人。而且兩人一開始合作的時候，關係很好，互相帶著對方去看望自己的母親，然後結拜為兄弟。苟晞也沒有辜負司馬越的期望，為他打了幾個漂亮的勝仗。

可是這個信任卻沒有持續下去。

引起兩人之間矛盾的是潘滔。潘滔是司馬越手下的第一文臣，也很得到司馬越的信任。這傢伙看到苟晞升遷得越來越快，急性眼紅病就發作起來，找了個空檔對司馬越說：「兗州是個策略要地，以前曹操就靠這個地方發跡起來的。現在苟晞當這個地方的一把手，我覺得苟晞的能力跟曹操也差不多，而且他的心思也不是那麼單純。如果讓他繼續在那裡當權下去，我怕有一天，他的野心會膨脹起來，到時可就不好辦了。不如讓他到青州那個貧困地區去，然後把他的職務提高一個等級，他會很高興的。然後老大親自當兗州的第一把手，這就叫防火勝於救火啊！」

司馬越這樣的菜鳥權臣，有個特點就是，聽說誰會對他構成威脅，他就精神緊張，覺得非要把誰拉下來不可，也不用心去想想，這個人是什麼人，更不管把這個人拉下臺會出現什麼後果。這時，他一聽到潘滔的話，馬上就覺得他最親密的戰友苟晞是個野心家，如果不按潘滔的話去做，後果就不得了了，因此馬上任命自己當丞相，然後一把奪走兗州牧的大印，放到自己的口袋裡，兼都督兗、豫、司、冀、幽、並諸軍事。提拔苟晞為征東大將軍、開府儀同三司，加侍中、假節、都督青州諸軍事，領青州刺史，封東平郡公。

苟晞不是菜鳥，看到名片上這一大堆的頭銜就昏了頭，一天到晚站在街頭，只要碰到人就笑瞇瞇地發名片，而是知道司馬越對自己有想法了，這一堆沒半天時間背不起來的文字，是故意給他看的，作用相當於安慰劑，其實是在暗中搞小動作。因此，苟晞心裡也不爽起來。你想想，兩人先後這麼一隔閡，結拜兄弟的感情還能維持嗎？

第五章　司馬高層還在亂　劉漢朝中起血腥

苟晞是個出了名的嚴厲人物。這時心情一不爽，嚴厲性格就更加變本加厲了。他一到青州，就決定「嚴刻立威，日行斬戮」。為了確立自己的威信，居然要天天殺人，已完全達到變態的地步。沒幾天，他就得了個「屠伯」的光榮稱號。這時，頓丘太守魏植被流民逼得走投無路，最後乾脆當了流民的老大，帶著六萬多人舉起叛亂大旗，「大掠兗州」。苟晞馬上出兵到無鹽去討伐魏植，讓他的老弟苟純代理職務。這個苟純別的本事沒學到一點，倒是把哥哥的愛殺人學得很道地，而且實行起來，比哥哥還厲害。

魏植是什麼人？一個連幾個流民都對付不了的太守，當然不是苟晞的對手。一仗下來，苟晞就結束戰鬥，把魏植打得一點脾氣也沒有。

轉眼到了永嘉二年，司馬越掌權也差不多兩年了。經過多年的內耗，司馬氏內部的人都死得差不多了。司馬越數來數去，本族中已沒有誰是他的對手。按道理說，他可以放手去做，好好整頓內政。可內部沒有了強大的敵人，並不說明外部的敵人也死光了。這個國家經過這麼多年的內戰，又回到亂成一鍋八寶粥的時代。在司馬氏兄弟自相殘殺、最後司馬越徹底肅清內部敵人的時候，外面的敵人卻不斷地強大起來。

現在公開跟司馬氏叫板的主要有劉淵的大漢、李雄的大成，其餘一些小公司也在紛紛註冊，個個伸出大手小手，想在亂中分得一點利益。這些小公司中比較出名的就是王彌。這傢伙本來也是個世家子弟，算是出身正統，要混個公務員當當，然後憑著他的能力，當上高官也沒什麼難。可這傢伙不知是看不起鐵飯碗，還是因為聽了董仲道的話，才走上另一條道路的——董仲道是個善於看相的隱士，當年王彌游俠洛陽時碰到他，他瞇著眼睛把王彌認真地看了一遍，說：「君豺聲豹視，好亂樂禍，若天下騷擾，不作士大夫矣。」說他是個喜歡禍亂的人，不是當公務員的料。他真的就從不參加公務員考試。後來劉伯根帶了一批人起來造反，王彌一看，禍亂的時代已經來臨，大顯身手的時代已經來了。他一點也不猶豫，帶著

第五節　內部分裂

家人，一起參加了劉伯根的起義，馬上得到劉伯根的重用，成了劉伯根隊伍中的第二把手。這個劉伯根是個倒楣的傢伙，開始時，事業進展也不錯，曾經把司馬越的老弟司馬略打敗，搶了一批豐富的戰利品。可囂張沒幾天，就碰上青州刺史、寧北將軍王浚，打了一仗，就吃夠了敗仗的苦頭。結果劉伯根被殺。王彌帶著剩下的人馬逃到山裡，開展了游擊戰，繼續從事搶劫的工作。

王彌不但「弓馬迅捷，膂力過人」，人稱「飛豹」，而且頭腦好用，不管做什麼事，都要好好地思考一下才行動。他接過劉伯根的全部遺產之後，稍作整頓，就又高調而出，連續打了幾個勝仗，連殺了長廣太守宋羆、東牟太守龐伉，回師西南，連下青、徐二州，誅殺官吏，直逼兗州。

當時兗州的第一把手還是苟晞。兩人一交手，王彌又被苟晞「大破之」。王彌只得又撤退回去。這傢伙組織能力很強，再加上這時天下太亂，到處是饑民，因此，沒幾天王彌就又把部隊擴充起來，聲勢比以前更浩大。

苟晞知道後，心裡很氣惱，覺得不把王彌一仗扁死，他就活不下去了，帶部隊前來挑戰。哪知，這時的王彌不是以前的王彌，兩人交戰多次，結果都是不分勝負。

王彌站穩腳根之後，迅速開啟局面，「進兵寇泰山、魯國、譙、梁、陳、汝南、潁川、襄城諸郡，入許昌，開府庫，取器杖，所在陷沒，多殺守令，有眾數萬，朝廷不能制」。沒幾天，王彌的部隊就逼近洛陽。

司馬越急忙派「司馬王斌帥甲士五千人入衛京師」。涼州刺史張軌也督護北宮純帶兵來到洛陽，參加保衛首都的戰鬥。

不久，王彌在轘轅把那裡的晉軍打得大敗，弄得「京師大震，宮城門晝閉」——連城裡的皇宮都不敢開門，可見當時洛陽的恐懼程度。洛陽近

第五章　司馬高層還在亂　劉漢朝中起血腥

年來，多次被那些強人當成殺敵的好戰場，刀槍之聲，年年不絕於耳，因為那時都是「自己人」在打，雖然場面慘烈，但大家好像也沒有很大的恐懼，不像現在，圍城的不是自己人，而是王彌。

五月十九日，王彌來到洛陽的地盤，駐紮在津陽門，部署對洛陽的軍事行動。

洛陽已經拉響了警報。

司馬熾任命王衍為都督征討諸軍事，全權負責對王彌的軍事行動。

王彌近來取得令人矚目的軍事成就，也跟很多指揮官一樣，鼻梁有點高起來，心裡也開始驕傲了，以為苟晞都不是他的對手，王衍這個耍嘴皮出身的人算什麼？

哪知，王衍這一次卻做得很不錯，接到命令後，一點沒有浪費時間，馬上就跟王斌一起帶兵出戰。北宮純帶著一百多個敢死隊，向王彌的陣營狂殺過去，竟把王彌的部隊打得大敗。王彌危急之中，只得放火燒建春門，然後向東邊撤退。王衍派左衛將軍王秉追擊。雙方在七里澗又打了一場。王彌又打了個敗仗。

王彌想不到他會在洛陽碰上硬骨頭，連打了兩個敗仗，不但場面很難看，而且前途也有點難看起來了。他清點了一下家底，知道再這樣下去，他的活路可就沒有了。他冷靜作了一次全方面的分析，對晉政府的實力進行了一次全新的了解，知道他們的力量還是很強大的，他的這點部隊跟他們比起來，根本不是一個等級。他對他的同夥劉靈說：「目前晉朝的實力還是不少。我們再打下去，可就死無葬身之地了。現在劉淵的事業已經做得很大。我以前在洛陽玩時，跟他很談得來。現在我想去投靠他，度過這個難關。」劉靈除了舉雙手贊成外，沒別的意見。

兩人帶著部隊渡過黃河，歸順劉淵。

第五節　內部分裂

　　劉淵高興得要命，派侍中兼御史大夫郊迎到城外舉行隆重的歡迎儀式，並寫一封信給他：「以將軍有不世之功，超時之德，故有此迎耳。遲望將軍之至，孤今親行將軍之館，輒拂席洗爵，敬待將軍」，把王彌高度地讚揚了一番，還說要親自到他下榻的賓館裡為他鋪好床、掃好地、洗杯子倒茶，當一下服務生，弄得王彌讀著這幾個字，感動得差不多快變成劉備。

　　劉淵和王彌以前是好朋友，常在一起喝酒泡妞，知道他是個難得的人才，因此他一進城，馬上就把一張嶄新的委任狀親手送給他，任命他為「司隸校尉，加侍中、特進」。王彌從此成為劉淵的得力助手之一。

　　這時劉淵的那個猛男兒子劉聰也率軍與晉軍展開激戰，卻被北宮純打敗。

　　王彌一入夥，就勸劉淵說，你現在的實力應該比李雄的雄厚吧？雖然不如司馬氏的強悍，可是司馬家的強悍是暫時的，大家都知道他們遲早會變成垃圾股，而我們是潛力股，因此老大完全可以當皇帝。劉淵一聽這話只是把王彌又狠狠地誇獎一番，卻沒有當場稱帝──這傢伙現在還很冷靜，還在搞「廣積糧、不稱帝」那一套，反正稱不稱帝，也是這麼多人的老大，何必那麼浮躁。

　　劉淵經過近兩年的發展，這時覺得自己可以向南進攻，進一步發展自己的事業了。這年的七月，劉淵親率大軍指向平陽。平陽太守宋抽也是個軟腳蝦，一看到劉淵大軍的腳步把平陽跑成一陣揚沙，腿就軟了下來，覺得如果敵軍到城下了才跑，肯定跑不過人家，宋抽就會變成「送抽」，也不宣布一聲，丟下城池搶在前面跑開了。河東太守路述倒是緊守職位，叫喊著與城池共存亡，口號沒喊幾句，最後城還在那裡，他卻亡了。劉淵把總部遷到蒲子。上郡鮮卑陸逐延、氐酋單徵看到劉淵的大漢越來越強大，不等劉淵來收編，就趕緊跳槽過去，當劉淵的部下。

第五章　司馬高層還在亂　劉漢朝中起血腥

第六節　目標洛陽

　　司馬越也感受到了壓力，意識到劉淵才是最危險的敵人，需要集中精力認真對待了，他也不斷地把總部向西移動，先是從鄄城移到濮陽，打算在這裡展開大打一場的宏偉藍圖，哪知才到濮陽，藍圖的草案還沒有完成，有人報告，鄄城的城牆原來是豆腐渣工程，老大一離開，馬上垮了七十幾丈。司馬越一聽到這個消息，並沒有派相關部門和專家去調查一下工程的問題出在哪裡，而是滿腦子的迷信意識，覺得老子才一走開，城牆就倒下來，這個兆頭不好啊！這麼一想，就心虛了起來，認為老天不讓他在濮陽居住下來，便又向西移，最後到滎陽落腳。

　　在司馬越像搬家公司一樣不斷地移動著總部的時候，劉淵的部隊也快速向南行軍。九月，王彌和石勒向鄴城進攻。鄴城的第一把手叫和鬱，原來是個司馬越很看好的人才。可和鬱對前景卻一點都不看好，看到敵人氣勢洶洶前來，就「以人為本」，保命要緊，棄城而走。司馬熾趕緊派豫州刺史裴憲率部到白馬對付王彌，派車騎將軍王堪到東燕（河南延東縣）跟石勒對壘，平北將軍曹武到大陽布防，以防備劉淵在莆子的部隊。

　　劉淵透過王彌和石勒狠狠地鉗制住了晉國的首都，心裡很高興，這才覺得自己可以不把晉國放在眼裡了，可以讓自己的屁股享受一下坐在龍椅上的良好感覺了。這年十月的三日，劉淵正式把自己從漢王的位子提拔成大漢國的皇帝，規定大漢國今年叫永鳳元年，十一月，封他的兒子劉和為大將軍、劉聰為車騎將軍、姪子劉曜為龍驤將軍。

　　可是沒幾天，那個長期力挺他的叔祖劉宣就掛了。

　　石勒和劉靈帶著三萬部隊攻打魏郡、汲郡和頓丘。這一帶的百姓對晉國早已喪失信心，看到漢國的部隊前來，不用開會商量就達成共識，集體

第六節　目標洛陽

向石勒表示，從今以後當大漢國的良民。因為長期處於混亂狀態，這幾個郡的很多地方，為了自保，此前都修築了堡壘，發展自己的武裝。石勒一看，馬上就任命這些堡壘的第一把手當將軍，個個都發一顆沉甸甸的將軍印，然後從這些武裝裡選出五萬個壯丁去參軍，而「老弱安堵如故」。

十二月，劉淵進行了一次大規模的人事安排。當然，他的這個安排也沒有什麼新意，除了他的兒子們以及外戚都當上大官外，其餘「宗室以親疏悉封郡縣王，異姓以功伐悉封郡縣公侯」，讓人覺得這個大漢帝國真的有模有樣起來，是那麼一回事了，原來匈奴的痕跡已經徹底弱化。

在劉淵的事業不斷狂漲的時候，他的敵人晉國的內部卻又進入一場混亂的前夜。

這次混亂的挑動者是司馬越。

第二年，也就是永嘉三年，司馬越覺得在滎陽住得久了，也沒有意思起來，就突然決定回首都去。他一到洛陽，王敦就知道有好戲要上演了。

原來司馬熾當皇太弟時，跟繆播是很好的朋友，後來當了皇帝，就大力提拔了一下這個朋友：「以播為中書監，繆胤為太僕卿，委以心膂」，還讓自己的舅舅散騎常侍王延、尚書何綏、太史令高堂衝，並參機密。逐步形成自己的核心集團。司馬越知道後，心裡就開始懷疑起來──這傢伙半輩子都生活在內部政變中，對付外部敵人是一點創意也沒有，但對內部的人很敏感，只要眼皮有點跳，腦子就短路起來，覺得有人要跟自己過不去，要在背後踢自己一腳、捅自己一刀，就恨得咬牙切齒，一定要把這些傢伙砍光殺光。

司馬越現在把要搞自己小動作的人認定為繆播和繆胤。這兩個人其實跟他關係也很好，在為他最後搞定河間王時立下了汗馬功勞。可那功勞是過去，而人是活的，說得好一點是與時俱進，說得不好聽就是時刻都在變

第五章　司馬高層還在亂　劉漢朝中起血腥

化的，昨天還是朋友，說不定今天早上一起來他就成了你的敵人。因此，司馬越一點不顧念以前的事，把他的那兩個首席智囊劉輿、潘滔叫來拿個主意。這兩個傢伙一到，馬上就勸他乾脆把這幾個傢伙搞定，免得以後被他們搞定，而且還可以用血的事實警告那些有想法的大臣們，誰不跟老大保持高度一致，這兩個傢伙的今天就是你們的明天。

司馬越大為贊同！

當然，殺人也得找個藉口。在這個年代，其他藉口不好找，找殺人的藉口實在太容易了。司馬越叫幾個跟班祕書來，發揮想像，創作了兩個倒楣鬼準備反叛的情節，告發上去。這種有預謀地製造冤假錯案，成功率當然很高。司馬越馬上下令對叛國分子要從嚴從重查處，不管靠山多大、後臺多硬，也要抓起來。

執行抓捕任務的是平東將軍王秉。王秉高興地拿著司馬越的手令，帶著三千士兵雄糾糾地進入皇宮。這時，繆播等人正跟司馬熾在那裡談論天下大事，正講得激情飛揚，突然一堆士兵蜂擁進來，一邊宣布他們的罪名，一邊就把他們捆起來，扭送司法機關，走了一下程序，就立刻被殺掉。司馬熾就這樣眼睜睜地看著自己的親密戰友被幾個士兵抓走，連他的意見也不徵求一下。他這個皇帝現在能做的只是「嘆息流涕而已」，完全淪為弱勢群體中的一員。

司馬越殺了這幾個有謀反嫌疑的人後，對這許多年來發生的事進行了一次全面的總結，得出一個規律：每一場政變的帶頭大哥雖然不同，搞定的目標不一樣，但每次當打手的都是金殿裡的那群衛隊。因此，他認為，這些金殿衛隊是動亂的根源，只有除掉這些人，國家才能保持安定團結的大好局面。

你一看他的這個推理，就知道這傢伙腦袋裡裝的就是豬的腦汁。自己

第六節　目標洛陽

就是靠政變搞掉政敵的，是幾場動亂的帶頭人，居然不知道那群金殿衛士雖然經常在政變中扮演打手的角色，其實全是他們的重量級工具，是屬於不明真相的那一類人，卻硬是把他們當作罪魁禍首來處理。別人處理一些事，還能治標不治本，這傢伙在處理這件事時，連誰是標誰是本都弄不清，最後是標本都不治，白白處置了金殿那一批人。讓這種人掌握國家大權，想讓國家長治久安，恐怕連做夢也做不到。

他依據他的認真分析，很快就作出決定：宿衛有侯爵者皆罷之。金殿中有侯爵的人全部免去職務，然後回家當貴族，從此只能從事吃喝業務，當個豪華版的造糞機器，不得參與其他事務。金殿裡的所有人都有侯爵，詔書一下，大家就都得捲起包袱，從威風凜凜的皇家衛隊變成退休人員，誰都捨不得離開，都一邊收拾行李，一邊抹著委曲的淚水。

但皇宮卻不能沒有衛隊。司馬越在把這些人遣返之後，就叫右衛將軍何倫、左衛將軍王秉領東海國兵來填補這些空缺。這傢伙以為這樣一來，皇帝就牢牢地控制在自己的手裡，牢牢地控制了皇帝，就等於牢牢地控制了大權。

看到司馬越越來越不遺餘力地推行黨同伐異的政策，左積弩將軍朱誕在家裡掐著手指算了大半天，不管怎麼算，覺得自己都算不上司馬越的親信，只怕司馬越再伐異下去，那把刀就會落到自己的頭上，於是一咬牙，決定不當晉國的官員了，跑到劉淵那裡，老子同樣有飯吃。他馬上投到劉淵的陣營，而且還很積極地把洛陽城裡城外的防務情況如實向劉淵作了彙報，並建議：「現在洛陽的軍事力量薄弱得很，老大趕快出手，拿下洛陽沒有問題。」

劉淵認為朱誕的建議很好。

他任命朱誕為前鋒都督，以滅晉大將軍劉景為大都督，帶兵攻打黎

243

第五章　司馬高層還在亂　劉漢朝中起血腥

陽。你想想，現在司馬越正把精力放在內部鬥爭，哪有時間去管黎陽？而且又有硃誕這個內奸當先鋒，黎陽能不破嗎？劉景部在占領黎陽之後，又與晉國的車騎王堪將軍在延津發生戰鬥，結果把王堪打得大敗。劉景這傢伙雖然會打仗，可人卻跟張方一樣很殘忍，在打敗王堪之後，並沒有像別人那樣，來個安民告示，為大漢國打造一下形象工程，卻把這一帶的三萬老百姓集中起來，不分年齡、不分性別，像趕鴨子一樣全趕到黃河裡面，把他們活活淹死，自己在岸上當觀眾，看到這些人一個個在水裡掙扎之後，全都沉下去，覺得心裡超爽。

可劉淵聽到這個消息卻很生氣，大罵：「我想搞定的只是司馬氏一家而已，你這傢伙一點也不懂我的用意，殺人殺到這個地步，天下還有什麼道理？」馬上把這個只有殺人手段，沒有腦袋的傢伙降為平虜將軍。

這時，石勒已攻占鉅鹿、常山，部隊迅速發展壯大到十萬人。這傢伙雖然沒讀過什麼書，但卻深深地懂得要把事業做大，必須網羅人才的道理，所以，手頭一寬裕，馬上把一批有名望的人都請來當他的手下，而且還把他們集中在一起開火，享受特殊待遇，稱為「君子營」。從他的這個行動就可以知道，這傢伙的野心是不封頂的。可他的上級劉淵卻沒有看出來，以為這傢伙跟劉景不一樣，不光會打仗，而且懂政治，尊重人才，是自己的好幫手。可是他卻沒有深入去思考一下，如果石勒是為了他才尊重和引進人才的，就會把人才推薦給他，讓他去重用，現在石勒卻把人才全安排到自己那裡，這些人才全成了他的心腹——一個甘心當員工的人需要這麼多有能力的心腹做什麼？這種做法，其實就是另起爐灶的前期準備。

石勒在手下有很多人才後，也逐步形成自己一個班底，以張賓當他的首席顧問——這個張賓不是一般人物，這傢伙在很小的時候就有遠大理想。不過他的這個遠大理想比不過劉淵。劉淵想隔代接過劉邦的槍，橫掃

第六節　目標洛陽

天下，打敗所有人，然後自己當皇帝。張賓的理想低了一階，終極目標只是想當一下劉邦的首席顧問張良，覺得到老的時候，能摸著那幾根白鬍子說一聲：「能為帝者」之類的話，就極大地滿足了。這傢伙看到石勒之後，就覺得這個文盲將軍的前途很光明，說：「吾歷觀諸將，無如此胡將軍者，可與共成大業！」這傢伙雖然是個讀書人，手上沒幾斤力氣，可他去應徵時，卻把豪放的一面表現得很到位。他提了一把寶劍，來到石勒的軍營門口，大叫：「我要見老大。」

可他的這個行為並沒有引起石勒的注意，沒有立刻重用他。後來，他多次在石勒面前貢獻了很多謀略，且「已而皆如所言」。石勒的眼睛這才睜大起來，知道自己遇上人才了，馬上讓他當自己的軍功曹，不管大事小事都跟他一起商量。

劉淵這時的模樣也自信了起來，底氣十足，再次發動對晉國的戰爭，任王彌為侍中、都督青、徐、兗、豫、荊、揚六州諸軍事、征東大將軍、青州牧，跟他的兒子劉聰一起進攻壺關，石勒為前鋒都督。王彌和石勒現在是劉淵手中的兩張王牌，現在把兩張王牌同時推出，主要有兩個原因，一是他的決心和信心已經漲到最高點，另一方面是晉國壺關屬於并州第一把手劉琨的轄區。石勒此前曾多次跟劉琨交手，都是勝少敗多，沒討到一點便宜。使得劉淵不得不把他最看重的王彌以及他的猛男兒子也集中到這個戰場上來，想一舉把劉琨打敗。

劉琨派護軍黃肅、韓述去救壺關，但都打得大敗，兩人都被殺死。

司馬越這時不得不把注意力集中起來，放到漢晉交兵的戰場上，派淮南內史王曠、將軍施融、曹超帶兵去對付劉聰。王曠不是個軍事人才，但看到自己每天指揮著幾萬部隊，浩浩蕩蕩，走在路上橫無際涯，煙塵滾滾，全都聽從自己的命令，自己讓他們吃飯他們才吃，讓他們走路他們就走，就覺得自己是個軍事家了，信心猛漲起來，覺得如果不與敵大戰一

第五章　司馬高層還在亂　劉漢朝中起血腥

場，實在太辜負了這個「軍事家」的名號了，因此，一渡過黃河，就決定長驅直入，趕快去大敗敵軍，取得輝煌勝利。施融覺得這樣做等於蠻幹，就對他說：「老大，你要看清楚了再決定啊！現在敵人占據有利地形，占據有利地形就等於占據了主動權，完全可以選擇在正確的時間發動正確的進攻。我們雖然有幾萬人，可卻不能一下子全部投入啊，算起來，仍然是一支孤軍去面對強大的敵人。我認為，目前的作戰方針是，先依靠黃河形成保護，然後看準時機，再大規模進攻。」

王曠正在發揮自己的想像力，想像著自己指揮部隊橫掃千軍、橫刀躍馬氣吞萬里的張揚姿態，這個傢伙突然向他潑冷水，他哪能聽得進去？你以為你厲害，你厲害你為什麼不當主將而讓我當主將？當下馬上把主將的派頭亮出來，指著施融的鼻子罵道：「你是想擾亂軍心？」王曠別的能力沒有，但對人扣帽子的能力卻不差，一下就把施融推到可以殺頭的地步。

施融只得緊急閉嘴，退了出來，對著大家說：「敵人都是戰場老鳥，而王曠卻是戰場菜鳥。我們跟著菜鳥去跟老鳥對決，肯定死光光。」

王曠命令大軍繼續前進，務必找到敵人，狠狠地打他個一敗塗地。沒多久，就在長平與劉聰的主力相遇，大戰一場，結果，是自己一敗塗地，而人家卻橫掃千軍，施融和曹超都光榮犧牲。

劉聰打敗王曠後，立即乘勝擴大戰果，攻破屯留和長子，「凡斬獲萬九千級」，聲勢大震。上黨太守龐淳的精神徹底崩潰，把曾經苦守多日的壺關交給了漢國，自己也老老實實地當了投降派。

劉琨馬上任命張倚為上黨太守——這個上黨太守現在只是個空頭支票，還得先去跟敵人死拚，打贏了才能當。現在張倚只能在襄垣辦公。

這時，劉琨親自出馬，去攻打漢國的劉虎部隊——這個劉虎原來也是匈奴的一支，號鐵弗氏，是後來夏國的先祖。劉聰好不容易看到劉琨出

第六節　目標洛陽

戰，以為晉陽已沒什麼力量了，就派兵去襲擊一下，但襲擊不出什麼戰果來。

劉淵生了幾個兒子，但到目前為止，他最看好的兒子就是這個劉聰。在他決定對晉國發動全面戰爭的時候，就把王彌、石勒這兩個他最強的手下交給劉聰，讓這個猛男兒子指揮，把滅晉戰爭進行到底。

劉聰成為漢國僅次於老爸的強人。可這哥兒們近來的競技狀態卻不佳。

這年八月，劉淵向劉聰發出向洛陽進軍的命令。

劉聰率部向洛陽進軍。

晉國高層派平北將軍曹武帶兵抵抗，連續打了幾仗，卻連續打了幾個敗仗，算是節節抵抗，節節敗退。

沒幾天，劉聰的部隊就直抵宜陽，風頭銳利得很。

劉聰想不到自己的進展那麼快，只打了幾仗，沒費什麼力量，就聞到洛陽的氣味了，這晉國也太沒實力了，這麼大的一個國家，居然經不起打幾仗。心裡這麼一想，驕傲的心態就瘋狂膨脹。你是知道的，在戰場上有這個心態，是最危險的心態。這個心態一產生，警惕性就完全喪失。

果然，在劉聰活在驕傲裡的時候，被敵人抓住了一個大好的機會，最後徹底翻盤。

晉國方面抓住這個機會的人是弘農太守垣延。

垣延派人對劉聰說：「我決定投降。」

劉聰的心情正超級得意，這時聽說有敵人的太守來投降，就以為敵人被自己打怕了，現在正掀起投降的狂潮，垣延一開啟這個缺口，後面來降的就源源不斷了，當場就批准，叫對面的垣延快快地看過來。一點也沒有想到，戰爭年代，也有傳說中的詐降。

247

第五章　司馬高層還在亂　劉漢朝中起血腥

垣延率部輕鬆地靠近了劉聰的部隊。

劉聰只在那裡等著受降，而人家卻在做著夜襲他的準備。

夜裡，垣延命令部隊向劉聰部發動突襲。劉聰部從元帥到士兵，誰也沒有防備，被垣延狠狠痛扁一頓，「大敗而還」。

而這時，石勒的遭遇也跟劉聰沒什麼區別。

石勒並不像劉聰那樣取得了一點勝利就產生驕傲的心態。石勒是碰到了真正的硬骨頭對手祁宏。祁宏在打倒河間王的戰爭中就有絕佳的表現。這時王浚看到石勒實在太囂張，就派祁宏帶著鮮卑老大段務勿塵去找石勒打一架。雙方在飛龍山會戰，祁宏取得大勝。石勒終於退回黎陽。

漢軍雖然遭到兩次失敗，但劉淵卻一點不灰心，又在十月派劉聰、王彌、劉曜、劉景「帥精騎五萬寇洛陽」，命令呼延翼帶著步兵當後續部隊跟在屁股後面。

大軍於十月二十一日又抵達宜陽。

晉國的高層原先以為敵人剛剛失敗，要打也得過一段時間，乘著這段戰爭淡季，我們可以玩幾天名士派頭，再準備一下也不遲。哪知，敵人不是他們想像的那樣，才退回去又大舉進攻而來，一時都慌成一團。

劉聰卻不因為對方慌成一團就停止行軍。二十六日他就到達西明門，準備部署對洛陽的軍事行動。劉聰這時仍然覺得洛陽沒什麼力量了，只要他一聲令下，士兵們幹勁沖天，猛衝幾下，洛陽就「唾手可得」。

可他忘記了那個北宮純。

北宮純是個搞突擊的專家。這次面對強敵壓境，他仍然採取這個辦法。他在半夜裡，組織一千名敢死隊，突然向敵營發起進攻，而且戰果輝煌，把漢國征虜將軍呼延顥的頭也砍了下來。劉聰又把大本營移到洛水邊上。可在這時，那個帶著步兵日夜趕來的呼延翼卻大倒其楣，率部出征，

離戰場還有一大段距離，連敵人長的是什麼樣還沒見過，卻被他的手下一刀砍來，死在自己人的手裡，那群趕了許多天路的士兵沒了老大，就都自由活動，全都逃回老家。劉淵接到報告後，知道這樣下去，這仗沒辦法打下去了，叫劉聰回師。

可是劉聰卻很有信心，認為晉國現在弱得很，為什麼因為只死了兩個人就撤兵？戰爭哪有不死人的？

劉淵一聽，覺得有道理，又讓他繼續圍攻洛陽。

第七節　政變反被政變害

司馬越看到敵人沒有一點撤軍的跡象，就上到城樓，親自鼓勵大家堅守到底，說了一大篇百姓不會忘記你們、皇帝不會忘記你們、我也跟你們一起同生死、共存亡的話。

劉聰大概看到城裡的士氣還沒有跌下來，要在短時間內取得勝利有點難，就上嵩山去燒一柱香，求神仙幫一下忙，保佑自己取得洛陽之戰的最後勝利，只留下平晉將軍劉厲和冠軍將軍呼延朗留守著軍營。

司馬越的參軍孫詢知道劉聰去燒香了，馬上對司馬越說：「這是個大好機會。要好好痛扁對方一頓啊！」

司馬越大表贊同。

孫詢帶部隊出城，向呼延朗的大營發起衝鋒。呼延朗一點準備也沒有，連組織抵抗都來不及，就被衝上來的敵人砍掉了腦袋。劉厲更是衰得要命，聽說敵人打了進來，而且勇不可擋，連呼延朗都被殺了，就到處亂跑，找

第五章　司馬高層還在亂　劉漢朝中起血腥

不著路，最後跑到洛水裡，讓平晉將軍變成了水鬼。

王彌看到這個陣勢，也覺得前景不樂觀，就對劉聰說：「現在我們連吃了幾次敗仗，損失不少，而洛陽的城牆一點也沒有破損。更要命的是，我們的後勤補給也發生了困難。糧草都得從陝縣那裡運過來，麻煩得很。現在軍中的糧草也撐不了幾天了。我建議，老大和劉曜帶主力部隊回去首都，再做準備，然後再次前來。我也帶一部分部隊到兗、豫一帶，隨時待命，配合行動。」

劉聰也覺得王彌這話是正確的，可因為是自己堅決留下來要進攻洛陽的，現在又收兵回去，覺得不好交待，就不敢下令撤軍。

後來，太史令宣於修之幫劉聰找了個臺階讓他撤了回來。宣於修之是個星相專家，他利用自己的特長，對劉淵說：「我連續認真仔細地研究了一下天象，要到後年才可以攻下洛陽。現在晉國的氣勢還是很強大的，如果大軍還停留在那裡，肯定會大敗特敗。」

劉淵一聽，原來這是老天爺的意思，難怪劉聰加上王彌都搞不定司馬越那個豬頭。那就按老天爺的意思辦，撤軍！

劉聰他們這才把部隊從洛陽撤了回來，而且撤得很有面子。

劉聰和劉曜帶大軍回平陽，王彌繼續他的老本行，南出轘轅，去組織動員這一帶的流民。這時，在潁川、襄城、汝南、南陽、河南等地的流民有幾萬家，弄得到處是外地口音，成為社會不穩定的主要原因，而流民們都是無業遊民，除了骨瘦如柴的身體外，什麼也沒有，天天被本地的居民欺負。這時王彌一號召，大家就都行動起來，到處放火，殺政府官員，跟王彌一起反叛。

劉淵還真的尊重老天爺的意見，在新的一年到來後，也沒再下令發動滅晉戰爭，而是開始為漢國的長遠利益作打算，打造第二代領導集團，決

定命梁王劉和為接班人，長樂王劉洋為大司馬。

不過，在前線的幾個強人卻取得了很大的戰果。石勒渡過黃河，攻占白馬之後，王彌帶著他剛組建的流民部隊前來會師。兩支軍隊合在一起，向徐、豫、兗州繼續擴張。二月，石勒再次向晉國發難，猛攻甄城，在殺掉兗州刺史袁孚之後，又攻占倉，把王堪也搞定，然後又向北攻冀州，當地的民眾都跑過來投奔。

在石勒和王彌於南部取得輝煌戰果時，劉靈卻倒楣到了極點。這傢伙現在的職務是大漢國冀州刺史，而冀州刺史的轄區正好與王浚的勢力範圍接壤。王浚看到劉淵的主力不在這個地方，就派祁宏出馬，向劉靈叫板。劉靈不知祁宏的厲害，一打之下，全軍覆沒，劉靈也跑不掉，成了祁宏的刀下鬼。

劉靈死後不久，劉淵也感到自己的健康狀況在明顯走下坡，他知道再這麼下去，沒幾天就走到坡底了，於是急忙做好善後工作，把一大批自己的兒子親人提拔到管理職位來：以陳留王歡樂為太宰，長樂王洋為太傅，江都王延年為太保，楚王聰為大司馬、大單于，並錄尚書事。置單于臺於平陽西。以齊王裕為大司徒，魯王隆為尚書令，北海王乂為撫軍大將軍、領司隸校尉，始安王驪為征討大都督、領單于左輔，廷尉喬智明為冠軍大將軍、領單于右輔，光祿大夫劉殷為左僕射，王育為右僕射，任顗為吏部尚書，硃紀為中書監，護軍馬景領左衛將軍，永安王安國領右衛將軍，安昌王盛、安邑王飲、西陽王璿皆領武衛將軍，分典禁兵。

劉淵做了這一系列的後事安排之後，就到了七月。他把劉歡樂他們叫到宮中，向他們宣布，自己快不行了，我死了之後，你們一定要緊密團結在劉和的周圍，把事業進行到底。說完他的生命也到底了。

劉淵的能力很不錯，可是他選接班人的眼光卻不比司馬炎高明多少。

251

第五章　司馬高層還在亂　劉漢朝中起血腥

他看好的這個劉和，雖然不像司馬衷那樣是個腦殘人士，但卻是個既沒能力，又不厚道的傢伙。司馬衷上臺後，還過上幾天幸福生活，而劉和一成為第二代接班人，沒幾天就釀成歷史上有名的流血事件。

當然，跟所有的宮廷流血事件一樣，總有一些別有用心的人在其中挑撥離間。

這一次做這事的是劉和的舅舅呼延攸。劉和別的能力跟曹操差得很遠，唯獨在懷疑別人這方面大大超越了曹操。不過，他也沒有達到懷疑一切的地步，他對他的這個舅舅就特別信任。

劉淵因為發現呼延攸的人品很壞，因此，在世時只讓他吃白飯，從沒有重用過他，沒交付過他什麼重要工作，他心裡很不平衡。於是他又找到另外兩個心裡也不平衡的傢伙做他的同黨：一個是劉乘，現在職務是侍中，已經是高層人物了，他的不平衡是看劉聰不順眼——一個老打敗仗的人，卻成為大司馬、大單于；另一個同夥是衛尉劉銳，他雖然掌管著皇城武裝部隊，但看到很多兄弟都成為託孤大臣，自己卻連邊都沾不上，心裡十分惱火，覺得這個世界不亂就不順心。

三個人一談，馬上就得到共識，很快聯合成一個小團體，一齊到劉和面前說：「先帝晚年頭腦有點短路，犯了跟司馬炎一樣的錯誤，讓三個親王帶著槍桿子在首都城裡，而讓劉聰當大司馬，帶著十多萬部隊在附近，牢牢地控制著大局。老大只當著個空頭皇帝。如果不盡快採取行動，恐怕以後連這個空頭皇帝也當不下去了。」

劉和本來就是個疑心病特別重的人，這時被這幾個傢伙一說，就更加不得了，覺得不馬上把這幾個人解決掉，他這個皇帝也是晉國現任皇帝的翻版。他知道，呼延攸等人雖然團結一致，但手中卻沒什麼實力，因此就在半夜裡把劉盛和劉欽找來，直接就跟這兩個人說：「我決定解決掉那四

第七節　政變反被政變害

個親王，你們幫忙想個方案。」

劉盛一聽，就覺得壞了──這傢伙向來人緣不錯，他雖然不愛讀什麼書，但老愛讀《論語》和《孝經》，認為，書不用讀得那麼多，重要的是實踐。御史中丞李熹對他評價說：「剛開始跟他接觸時，以為他很隨便，什麼都不放在心上。久了你才發現，劉盛的態度才是最端正的。這種人就是傳說中的君子。」這話傳到劉淵的耳朵中，劉淵認為他人品好，就讓他加入第二代領導集團之中，叫劉和有什麼事都要跟他商量一下。

他一聽到劉和這話，就知道，如果這事一爆發，大漢帝國馬上就亂成一團麻，局面很難收拾，後果很嚴重，因此馬上義正嚴詞起來：「現在先帝的屍體都還沒有下葬，四個親王也在勤勤懇懇地工作，誰也沒做過什麼違法亂紀的事，皇上卻要對他們採取行動，百姓會怎麼想？現在我們的事業還遠遠沒有完成，皇上不要相信那些別有用心的人的話啊！如果兄弟都不能相信了，這個天下還有誰可信？」

呼延攸他們想不到劉盛居然是這種想法，一點也不同意，馬上就大罵起來：「今天的決定，已經沒有商量的餘地。你竟然敢說這樣反對的話。」說完馬上叫站在旁邊的刀斧手當場把劉盛殺死。劉欽一看到這個血淋淋的場面，知道再爭下去，他肯定也會跟著血淋淋，就趕快表態：「我聽老大的話。」

這幾個傢伙一番密謀策劃之後，於七月二十一日終於採取行動。劉銳帶馬景去攻打劉聰，呼延攸帶劉安國去進攻劉裕，劉乘跟劉欽合夥去打劉隆，而派尚書田密和武衛將軍劉璿去控制劉乂。他們以為這個方案做得很嚴密。可哪想到那個田密和劉璿跟他們不是同路人。這兩個傢伙看到這幾個人個個是菜鳥，手中的力量根本不是人家的對手，那個劉聰是什麼人？本來就是個猛男，而且又在戰場上打了多年，敗仗勝仗都打過，跟這種人作對，能有什麼好果子吃？兩人這麼一想，當場做出決定，帶著劉乂劈開

253

第五章　司馬高層還在亂　劉漢朝中起血腥

城門，跑到劉聰那裡去了。劉聰馬上命令部隊做好戰鬥準備。

劉銳正急行軍到半路，知道劉聰已做好了迎戰的準備。這傢伙的腦袋也不算太傻，馬上就知道自己這點本事，哪是劉聰的對手，便又急行軍回去，與另外幾個同夥一起去攻打劉隆和劉裕。到了這時，你就知道，劉和肯定會以失敗而告終。他們最強大的敵人是劉聰，其他人雖然職務高，但實力有限，你就是全部擺平了那三個王，局面是沒有多大的改觀的。而且這幾個呆頭鵝在跟敵人展開爭戰，還不知道誰勝誰負的時候，內部卻發生了巨變。呼延攸和劉乘不知哪根神經突然發生故障，居然懷疑劉安國和劉欽有別的想法，突然出手，就把兩人殺掉了。第二天，他們殺死劉裕，接著又殺掉劉隆。城內的三個王，除了劉又逃出外，全都掉了腦袋，可劉聰卻還活著，而且正帶著野戰部隊衝殺了過來，已殺到西明門，只一下就開啟前進的道路。

劉銳他們都慌了手腳，逃入南宮。可這時他們只要還在城裡，不管逃到什麼地方都逃不過劉聰的大刀。在他們進入南宮的時候，劉聰的先頭部隊也緊貼著他們的屁股殺了進來，在光極西室找到無路可逃的劉和，也不問一聲就一刀劈過去。大漢國的第二任皇帝才當了七天國家第一把手，就死在自己親自發動的流血政變中，成為史上在位時間最短的皇帝。其他人看到劉聰的部隊連劉和都毫不猶豫地下刀，都嚇得軟了腿。劉銳、呼延攸、劉乘通通放下武器，轉換身分成為階下囚。劉聰是什麼人？他能讓這幾個人只當階下囚嗎？他下令將這幾個傢伙綁起來，拉到大街上遊行一圈，讓大家看一看發動流血事件者的嘴臉，然後再讓大家看一下他們的下場：梟首通衢。

亂子就這樣平息。

大家要求劉聰你就當我們的老大吧——如果你不當，誰敢當？

第七節　政變反被政變害

　　劉聰當然知道，到了這個時候，大漢國的大權他已經牢牢抓住，即使他不當這個皇帝，也是實際領導人，而且他不接這個手，別人就更不敢接，因此，就來個高姿態，表示自己沒有這個能力也沒有這個資格當。

　　人家問，連你也沒有能力和資格了，那誰有資格？我們當然知道，你的老爸有能力有資格，可他能活過來嗎？

　　劉聰說，劉乂有資格。我力挺劉乂。他是單太后的兒子，是嫡子。我是小妾生的，是庶子啊！

　　劉乂當然知道，劉聰這話是屁話，他要是相信這話，他就比司馬衷還豬頭，因此馬上表示反對，而且態度十分堅決，哭著說自己沒有這個能力啊，為了國家的前途，為了百姓的幸福，還是你當這個老大吧！

　　劉聰這才在那裡做了個沉思良久的樣子，說：「好吧！現在國家剛發生這個災難，我的年紀大，社會經驗豐富一點，那就暫時當一下這個老大。不過，我先申明，這個位子仍然是劉乂的，等他再成熟一點，就讓他來當。我再官復原職當他的手下。」於是就當了皇帝。改元光興。

　　劉聰在處理劉淵遺孀的事上，耍了個花招。讓那個美麗的單太后當皇太后，而他的母親當帝太后。這傢伙在這方面做得絕吧？把皇帝兩個字分開來，讓兩個女人共同分享，並列當上頭號寡婦，在管理後宮上表現得很天才。接著，他讓劉乂當了皇太弟、領大單于、大司徒，表示自己說過的話是算話的。立呼延氏為皇后。不知是呼延家盛產美女，還是他們祖墳風水寶地特別好，讓劉淵家父子兩代都讓他們家的美女當第一夫人，而且勇於打破常理。劉家父子在這方面是很有開拓精神的，老爸娶了堂姊，兒子又討了堂妹，真正做到阮籍所說的「禮儀豈為我而設」這句話。

　　不過，劉聰跟「亂倫」兩字有些瓜葛的行為，這僅僅是個開頭而已，後來他在這方面改革的膽子更大，步伐更快。

第五章　司馬高層還在亂　劉漢朝中起血腥

第六章
八王終於玩完　亂世還在繼續

第六章　八王終於玩完　亂世還在繼續

第一節　機會不是誰都能抓住的

在漢國高層互相大砍大殺的時候，司馬氏連觀眾都不做。現在晉國高層的這個攤子也太爛了。司馬越拿著國家大權，自己能力不高，雖然有幾個得力部下，卻又不能很好地利用。而王浚的兩眼在骨碌轉動，尋找獨立的機會，跟他根本不是一條心；苟晞雖然可以打仗，但行政能力太差，只相信血腥可以立威，要把「屠伯」封號進行到底，更要命的是，現在兩人離反目成仇也不遠了。

只有劉琨，還在并州為晉國的未來努力奮鬥。可并州不但地處邊遠，很難得到中央的直接支持，而且之前的并州第一把手在離任南移時，把很多人力物力都打包帶走，劉琨管理下的并州只是一個空殼，一直處於要兵沒兵，要將沒將的地步，而且根據地不斷地縮小。但他還在那裡苦苦支撐，多次把石勒打敗，讓石勒一直高興不起來。

劉琨也知道，現在中央高層亂得不成樣子，靠他們來支援跟等死沒什麼差別，因此他就聯合當地的少數民族，結成同一戰線來自救。在劉琨準備去收拾劉虎的時候，就派了個能說會道的人去見鮮卑的老大拓跋猗盧，請他加入，一起去搞定劉虎。拓跋猗盧歷來跟晉國的關係都不錯，以前就多次幫過晉國的忙，這時接到劉琨的請求，就派他弟弟的兒子鬱律帶二萬騎兵來幫助劉琨。劉琨得到這支生力軍的幫忙，把威風的劉虎和匈奴白部扁得哭爹叫娘，然後大開殺戒，「屠其營」，做了一件殘忍的事。劉琨得到了好處，就想著更好地把鮮卑的子弟兵利用下去，決定跟拓跋猗盧結拜為兄弟，並要求中央讓他的這個新兄弟當大單于，並「以代郡封之為代公」——後來的事實證明，劉琨的這個動作是一招臭棋。

因為這個代郡是在王浚的轄區內，屬於幽州地盤。王浚本來就在時時

第一節　機會不是誰都能抓住的

刻刻準備進行擴張，看到劉琨居然敢動他的地盤，哪會答應？這傢伙如果不答應，玩個不軟不硬的手法，叫中央另找一塊地方，比如在劉聰的地盤裡劃一大塊，有本事你去搶過來，估計劉琨和拓跋猗盧也沒什麼話說。可是王浚心裡越來越不爽，最後不爽到非要搞定拓跋猗盧的地步，派兵去攻打拓跋猗盧，卻被拓跋猗盧打得大敗。

從此，晉國北方的兩個強人劉琨和王浚又產生了不可調和的矛盾。

而拓跋猗盧又認為，劉琨為他討到的封地離他的根據地太遠，他哪管得著？就放棄了代郡，帶著他的一萬多戶人民，從雲中南下，移民進入雁門關，向劉琨請求改他的封邑在徑北地區。劉琨一聽到這個要求，心裡有點不爽，但為了鞏固這個來之不易的盟友，讓這個傢伙再為自己利用，只得答應了他。這樣拓跋猗盧的勢力就得以在徑北地區站穩腳跟，迅速發展壯大。

這時，正好漢國高層發生奪權流血事件，劉琨認為這是攻打劉漢政權的大好時機，派人向司馬越提出建議，可以馬上向劉漢政權宣戰，即使不能將漢國滅掉，也可以使他們的元氣大傷。哪知，司馬越是個豬頭，明明知道劉琨這個建議很正確，卻硬是不採納。這傢伙現在居然不把勢力強盛的漢國視為第一號敵人，而是把那雙眼睛死死盯著他以前的親密戰友苟晞。他怕自己一出兵向漢，苟晞會在他的屁股後狠狠地捅上一刀。

劉琨只有在并州過著鬱悶的生活。

而這時，洛陽因為近來遭受天災，再加上附近地區戰亂不斷，到處是殺人的戰場，首都的糧草越來越缺乏，到了現在情況越來越嚴重。司馬越沒有辦法，只得派人出城，要求各地大員趕快派人帶糧帶兵到首都支援。司馬熾還在使者動身時，對他們說：「你們一定要對各級政府官員說明現在的情況，要告訴他們，如果現在不趕快來增援，以後再來就趕不及

第六章　八王終於玩完　亂世還在繼續

了。」這話的意思就是皇帝和首都已到了最危險的時候。可是中央政府這些年來的動亂像長江後浪推前浪一樣，一波更比一波猛，從沒有騰出一點功夫來管理一下地方事務，因此，地方大員們只是在名義上接受中央的領導，實際上是各管各的，有點理想的，就擴充勢力，打算來個混水摸魚，沒有抱負的人，就趁著上級監督力度進入谷底，抓住百年不遇的時機，加大腐敗的步伐，夜以繼日地搜括錢財，生活得越來越幸福，哪管別的事？這時聽說皇帝和首都到了最危險的時候，連理也不理一下。

征南將軍山簡派督護王萬帶了點部隊過去，可才到涅陽，還沒有看到首都，就被當地流民老大王如一頓好打。王如打了勝仗之後，覺得原來政府軍很好欺負，就放手「大掠沔、漢，進逼襄陽」，弄得山簡也不敢動彈，躲在城裡，緊閉城門。還有那個荊州刺史王澄，雖然很腐敗，當了這麼久的刺史，幾乎把所有的時間和精力拿來喝酒過日子，可這時還是很有危機意識的，接到皇帝的求援書後，二話不說，帶著部隊高喊「保衛首都」的口號去支援洛陽。可才到沔口，山簡部隊被王如打敗的消息傳來，士兵們覺得大勢已去，就停喊口號，把兵器當著破銅爛鐵，賣給收破爛的，然後跑得路都不見。王澄眼睜睜地看著士兵們集體就地復員，連警衛連的士兵也走了，知道靠他一個人去支援洛陽是支援不了的，只得獨個兒回到江陵，繼續喝酒的日子。

這時，洛陽城內的人看不到一個救兵前來，人心也浮動起來了。很多人都建議來個中央機關大移民，遷移到安全地帶，讓皇帝重新組織力量保家衛國。可王衍卻堅決反對，並把他的專車賣掉，表示死也不離開首都。這個老帥哥現在是太尉，晉國軍事的主腦人物之一。大家看到他都這樣了，就都不做聲。

而這時洛陽地區已經亂得很熱鬧。現在這一帶有幾股流民武裝很活躍。這些流民沒什麼政治綱領，沒什麼遠大理想，做的都是打劫的行為，

第一節　機會不是誰都能抓住的

只要覺得有利可圖，就大打出手，弄得敵無常敵，友無常友。

勢力最大的還是那個王如。這傢伙把山簡搞得很被動，就覺得自己很了不起，居然動起石勒的腦筋來。

這時，這一帶有幾股流民武裝都在混動亂的飯吃，除了王如之外，還有侯脫、嚴嶷這兩支力量比較強大。這三個傢伙就在這一帶玩三國演義，而且不許別的力量進入他們的這個地盤。而這時，石勒正準備南下，進軍洛陽。

這三個傢伙以為石勒也跟山簡和王澄一樣，只能拚酒量，不能上戰場，便聯合起來，在襄城布防，要拒石勒於國門之外。石勒放馬過去，就把這群業餘子弟兵打了個落花流水，剩下的全都做了俘虜，變成大漢國的子弟兵。

王如跟侯脫向來不合，兩人常常暗中陷害對方。這時，王如看到石勒很凶悍，就眉頭一皺，計上心來，覺得為什麼不利用石勒來搞定侯脫？於是送給石勒大量的錢財，要求跟石勒結為兄弟。石勒當然同意。王如就叫石勒去攻打侯脫。石勒只發動一次衝鋒，就把侯脫盤踞的宛城拿下。那個嚴嶷還算夠點朋友，聽說侯脫被扁，帶著部隊亂哄哄地跑過來支援，可他趕到時，侯脫已經不是昨天的侯脫——昨天的侯脫是宛城的老大，現在的侯脫是石勒的階下囚。嚴嶷這才知道，自己這麼冒冒失失前來，等於是來送死的。可要逃跑已經來不及了，只得宣布投降。石勒把侯脫殺掉，把嚴嶷關了起來，然後把兩家的部隊全部收編，南向襄陽，連續拿下晉國的三十多個軍事基地，然後又回襄城。

王如跟石勒結拜是想利用一下石勒，這時目的達到，王如認為，結拜的目的已經達到，該搞定石勒了。他當然知道，憑他的力量和打仗的能力，遠不是石勒的對手，因此，他就想來個突然發難，解決石勒。他派他

第六章　八王終於玩完　亂世還在繼續

的老弟石璃去襲擊石勒。哪知，這傢伙沒學習過突襲戰術，帶部隊衝過去，一點襲擊的樣子也沒有，完全就成了陣地戰，被石勒打了個屁股朝天，一下從一方老大變成貧農。

本來，在洛陽周圍出現了許多成員複雜的力量，正是晉國高層有機可乘的時候。如果這時晉國的決策者，使出一點花招，安撫一下這些流民，統一領導，在外圍打游擊，來個敵進我退、我退我擾，完全可以牽制一下石勒，等救援部隊的結集。可是司馬氏的高層都是出身貴族的名士，向來遠離草根，看不起民間力量，認為連政府軍都沒有用，這幾支土槍土炮能打出什麼名堂來？

在石勒的力量越來越強大的時候，司馬越也感到了不安。這傢伙因為掌權以來，對內部的整頓毫不留情，而對外部的敵人卻沒一點辦法。這時想想，也覺得自己在內部已越來越不得人心，再這樣下去，哪天也會被哪個強人突然登高一呼，自己的腦袋可就危險了。於是，就脫下舊時裝，著我戰時袍，一身軍裝跑到司馬熾面前，叫司馬熾命令他去向石勒單挑，順便兼顧一下兗、豫，把這些力量都調過來。司馬熾卻說：「現在敵人都到首都的家門口了，城裡的人都怕得要命。大事小事都要依靠你來拍板。你不要離開這裡，讓城裡的力量更加薄弱啊！」

司馬越卻說：「臣出，幸而破賊，則國威可振，猶愈於坐待困窮也。」你一看這話，就知道這傢伙根本沒什麼好的策略戰術，而是想搏個僥倖，目的是讓部隊當自己的保鏢，離開首都這個是非之地，讓自己的安全更有保障一點，至於國家安全那是另一回事，跟他的關係越來越不緊密了。

他說過這個理由之後，於十一月帶著四萬精銳部隊開到武昌。這傢伙不但把精銳部隊帶走，而且在走之前，還做了個完全是為自己打算的人事安排：讓他的老婆和法定接班人以及死黨龍驤將軍李惲、右衛將軍何倫主管首都的警備，主要任務是監視朝廷，不要讓以司馬熾為首的這些傢伙亂

第一節　機會不是誰都能抓住的

發表什麼不同政見的話，命潘滔為河南尹，全權處理政府的日常工作。而且他還要求設立了個「行臺」——相當於前敵總指揮部，是戰時最高權力機關，讓這個行臺隨他行動，還叫王衍當他的首席顧問，目的是利用王衍的名氣，把幾個名士拉攏過來，成為他的手下。這樣一來，有能力的人都成了他的部下，精銳的士兵也都成了他的保鏢，弄得連宮廷裡都找不到侍衛了。這時，洛陽城內的糧食更加缺乏，形勢一天比一天嚴峻，「殿內死人交橫」——皇帝也得天天和死人打交道。現在洛陽城內最熱門的職業就是當小偷，只要身體條件允許，許多人就到處去偷竊，而且公開透明，一點也不覺得是在做缺德的事。政府機關和有錢人家，都得在自家周圍修築工事，武裝保衛自己的家園。現在洛陽城的形勢是，外面臨大敵，城內防小敵。

在這樣的氣氛下生活，司馬熾再怎麼冷靜也冷靜不下去了。而大家又都把這個結果歸罪於司馬越。司馬楙更是激進，認為不搞定司馬越，大家就沒有活路可走了。可現在司馬越帶著幾萬精兵在城外，誰能搞定他？搞不定他，也要把首都控制住啊！要控制首都就得解決司馬越的心腹。司馬楙對司馬熾說：「老大，我們把何倫搞定，先把首都全面控制。要不，我們除了可以有埋葬死人的權利外，別的一點都不能作主。」

司馬熾早就對司馬越恨得想生吃了老傢伙的肉，可自己這個皇帝手中就只有一顆皇帝的公章，別的一樣也沒有，哪能把司馬越怎麼樣？這時聽到司馬楙的話，就說：「這事就交給你了。」

哪知，司馬楙辦事也是毛躁得很，一點也不能讓人放心，連個方案也沒有，就派人帶兵去襲擊何倫，沒過一會兒就吃了敗仗。

司馬越一看，果然要拿老子開刀，馬上派人去問司馬熾，這個責任誰來負？

第六章　八王終於玩完　亂世還在繼續

　　司馬熾當然不能說自己來負，而是說：「司馬楙負全部責任。」

　　司馬楙打仗的能力雖然很菜，但對打敗仗的後果估計得很準確，知道這仗一敗，這個弱勢皇帝肯定保不住他，因此早就提前逃跑了。

　　經過了這一個事件之後，司馬越更加強了對內部的控制。揚州都督周馥認為，現在洛陽太危險了，堂堂晉國的皇帝為什麼要住在這樣危險的地方？建議把首都遷到壽春。司馬越知道後，馬上就大怒了起來，你這個周馥不是腦殘，不知道現在這個國家是老子說了算，就是根本不把老子放在眼裡，這樣的大事居然不跟我商量，卻直接向皇帝反應。老子要是不跟你算帳，以後誰都可以來這一招，老子還有什麼威信。他馬上下令把周馥和淮南太守裴碩調過來——誰都知道，這是在玩明升暗降的花招。周馥是什麼人？他本來就覺得司馬越不是個東西，根本不把他放在眼裡，哪會聽從他的調遣？他只派裴碩帶兵先過去，自己卻一點動作也沒有。

　　這個裴碩也不是個好人，知道周馥得罪了司馬越——他知道，現在傍上司馬越就是傍上了權力，就可以又升官又發財，因此就決定送給司馬越一個隆重的見面禮。他帶上部隊後，突然宣布，接受司馬越的密令，要拿下周馥，然後命令部隊把槍口轉向他們的老上司周馥。哪知，周馥比他有經驗多了，早就有所準備，一下就把他打得大敗，退到東城那裡，屁不敢出。

第二節　八王之亂劃上句號

　　這一段時期似乎特別宜於混亂。現在中國大地上出現的三個政權，互相打得不亦樂乎，而政權內部也是時時迸出動亂的火花，弄得好戲連臺。

第二節　八王之亂劃上句號

晉國這邊在繼續發揚傳統的亂子時，漢國的劉聰又製造了一件血案。

這傢伙雖然做足了推辭秀才當上皇帝，可穿上龍袍後，那個「立長立嫡」的傳統思想又老是作怪，覺得自己是庶出的，實在沒有資格當這個皇帝，因此就懷疑他哥哥劉恭要對他不利，想要奪權。可是懷疑了很長時間，卻又找不到劉恭想奪權的證據，無法公開地解決他。他跟所有疑心重的人一樣，一旦懷疑之後，越找不到證據，就越覺得對方在進行祕密活動，在耍陰謀詭計，就覺得呼吸越來越困難，環境越來越恐怖，覺得這樣的人如果再讓他活下去，自己就沒辦法活下去了。他終於忍不住了，明著沒藉口搞定你，那就來個暗中下毒手吧！

他派人拿著鋤頭連夜挖開劉恭房子的牆進入劉恭的臥室。這個劉恭也是睡得太死，人家從牆外挖進來，工程雖然不大，但動靜還是不少的，可是他居然一點也沒有感覺，繼續睡他的大覺。刺客進來之後，一刀就了結了他，順利完成皇帝交代的任務。

劉聰殺了劉恭之後，心情還沒有放鬆幾天，單太后就死了。按道理說，單太后不是他的母親，能當這個太后，完全因為她是正室。可因為這個單太后硬是長得漂亮動人。劉聰覺得老爸為什麼這麼有福氣，討到這麼一個漂亮老婆。現在老爸死了，這麼個漂亮的女人留在世上，也太浪費資源了吧？他就去找單太后，兩人一拍即合，開始了亂倫的浪漫歲月。史書上說到這件事時，描述得很簡短：「單氏姿色絕麗，聰烝焉」。你知道這個「烝」字吧，據說是專門為帥哥與女性長輩亂倫而造出來的。後來，隋煬帝楊廣趁他老爹病重，多次代替老爸行使丈夫義務時，史書上也這樣寫「烝淫母后」。劉聰和單太后這麼「烝」來「烝」去，覺得幸福得很，很想繼續深入地「烝」下去。可單太后的兒子劉乂卻一點也不感到幸福，他覺得羞愧得要命，最後忍不住多次責備他的母親。這個單太后既不是個無恥的人，又是個渴望幸福的寡婦，一邊跟劉聰泡下去，一邊又不斷地被兒子責備，

265

第六章　八王終於玩完　亂世還在繼續

過著羞並快樂的日子，最後羞的比重越來越多，人也就越來越憔悴，越憔悴身體就越來越差，最後一口氣接不上來，死了。史書上說是「慚恚而死」。慚愧到讓人丟掉性命的地步，可見這個慚愧的程度實在太高了。

單太后一死，她的兒子劉乂鬆了一口氣，覺得自己再不用為這事羞下去了。可另一件更嚴重的事卻又發生在他的身上。

劉聰對單太后比他老爸對她更有感情。單太后一死，他就覺得自己的生活空虛起來，覺得心情鬱悶。他知道單太后的死，是劉乂這個傢伙不斷施加道德壓力的結果，因此對劉乂開始有看法，不像以前那麼親熱了。雖然還沒有把他廢掉，但離這個程度也不遠了。劉聰的大老婆，也就是呼延皇后，看到這個情況，知道為兒子謀福利的時機已經來臨，就在一個黑暗的晚上對劉聰說：「兒子繼承老爸的位子是歷來的傳統。你繼承了你父親的這個位子，接下來應當是你兒子繼承，跟劉乂一點關係也沒有，為什麼要來個皇太弟？翻開歷史，有過皇太弟這樣的稱號嗎？要是有，也只有晉國才有。可晉國算什麼？他們是我們的敵人啊！你要是讓皇太弟繼承皇位，以後我們的兒子肯定都死光光。要是那時都死光光，你不如不生下這些兒子啊！堂堂一個皇帝，兒子是生來讓人家殺的，我就不知道說什麼了。」劉聰一聽，在黑暗中哼了一聲，說：「妳說的不錯。不過，這事得慢慢來。」

呼延氏看到自己的說辭已把劉聰打動了，知道離最後勝利只差那麼一點點，馬上又說：「現在我們的兒子一天天地長大，皇太弟的心裡肯定不好受，一定會時時刻刻想著謀害我們的兒子。你要是不趕快下決心，兒子可就危險了。」

劉聰雖然不說話，但覺得這話很有道理。

很多人都看到劉乂的危險已經來臨。

第二節　八王之亂劃上句號

　　劉乂的舅舅找到劉乂，流著淚對這個外甥說：「大家都已經看得出來了。皇上已經有把位子傳給他兒子劉粲的強烈想法。我看你最好在皇上沒有動手之前，主動辭去皇太弟的職務。只有丟掉這個職務，你才有好日子過啊！」

　　對劉乂來說，這話很正確。

　　可劉乂卻聽不進去，說：「七月事件，哥哥本來是讓我當皇帝的。是我主動讓給他，他才當的。誰說哥哥傳給弟弟的事是違法的？我不相信皇上會有別的想法。只是你們沒事做，把很多事情越想越複雜。」

　　到了這個時候，他還覺得這事一點也不複雜，後來的結局可想而知了。

　　晉漢兩個敵對集團的高層雖然都在發生著流血事件，但雙方的高層還是有著本質的區別。晉國這邊的大權掌握在司馬越這個自私而沒有能力的傢伙手裡，注意力全集中在對付內部的政敵上，不斷地製造並擴大內部矛盾，對不把自己放在眼裡的人進行無情打擊，堅決報復，而對外敵卻無計可施。漢國的大權卻緊緊地握在劉聰手裡，動亂平息之後，能迅速穩定局面，而且不影響那幾個帶兵的將領。能讓他們繼續開啟局面，為大漢帝國的版圖擴張英勇奮鬥。石勒這時已經戰果豐碩，即使在大瘟疫流行，戰鬥減員達到半數而且軍糧短缺的情況下，還是能夠攻占江夏。在休整一個多月之後，於永嘉五年二月，繼續開展軍事行動，連陷晉國的新蔡、許昌，斬了晉國的兩個親王。

　　司馬越的日子越來越不景氣。

　　這傢伙繼續奉行他的老政策，老覺得苟晞有反骨，再加上河南尹潘滔、尚書劉望等幾個善於挑撥離間的傢伙不斷地在他耳邊說苟晞的壞話，讓他越來越想把苟晞搞定。可現在的苟晞不是憤青，而是有槍有兵的大將，並且又是個能打硬仗，以殺人為樂的強人，要擺平這樣的苟晞容易嗎？幾個

第六章　八王終於玩完　亂世還在繼續

人除了在嘴裡和心裡罵苟晞該死之外，卻想不出如何真讓他死的辦法來。

苟晞是什麼人？也知道司馬越他們在認真研究搞定他的事，知道再不下手，自己可就遭殃了。這傢伙對付老百姓雖然動不動就大刀闊斧，像李逵一樣，排頭砍去，活脫脫一個殺人狂，可在對司馬越這幫人時，卻很注意其合法性。他上書中央，要求交出潘滔，而且不是全部交出，只交出一部分，這一部分就是那顆腦袋。然後貼出公告：司馬越是什麼東西？是一個使國家大亂的反動分子。老子從現在開始高舉打倒司馬越的偉大旗幟。不打倒司馬越，決不收兵！接著向各州發出倒越倡議。

這個倡議最先的擁護者就是司馬熾。司馬熾早就對司馬越的獨裁有很大的意見，而且連那個何倫現在也囂張得很，仗著手中的槍桿子，仗著是司馬越的死黨，在首都城裡為所欲為，不但連三公的財產都敢沒收，就連長得好看點的公主他居然也要泡一下。你想想，做到這個地步，估計連司馬衷也會憤怒起來。

司馬熾看到苟晞公然高舉倒越的旗幟，心裡當然高興，有了這麼一個實力派大員出面，還怕什麼司馬越？他寫信給苟晞，要求苟晞討伐司馬越，讓苟晞的倒越行動合法化。

司馬越聽說司馬熾和苟晞的使者往來頻繁，就懷疑兩人已經勾結上了，就派巡邏隊在洛陽、成皋一帶設關卡盤查，沒幾天果然查到司馬熾給苟晞的密詔。不用說就知道他一看到這個密詔的生氣程度。他馬上公布苟晞的罪狀，任命從事中郎楊瑁為兗州刺史，讓他跟徐州刺史裴盾一起共同完成搞定苟晞這個光榮而艱鉅的任務。

司馬越和苟晞這兩個曾經最親密的戰友，就這樣徹底攤牌。

不過，苟晞一點都不把楊瑁和裴盾放在眼裡，而是派出騎兵部隊，衝進首都，執行抓捕潘滔的任務。潘滔不知從哪裡得到情報，連夜摸黑逃

跑，這才保住一命。最後，只抓到司馬越另外兩個死黨，一個是尚書劉曾，一個是侍中程延，處理結果是「斬之」。

司馬越得到這個消息之後，只是發呆。這傢伙雖然參加多次政變，很有經驗，可也是個意志不堅定的人，以前雖然幾次跟人家對決，也是事前大喊大叫，好像底氣很足，可前方稍一失利，他就跑得比誰都快。這一次看到苟晞發難，而且手下沒一個是他的對手，時時刻刻擔心苟晞的部隊打過來，讓他變成「屠伯」的刀下鬼。連續鬱悶了幾天，身體就吃不消了。他覺得自己這回真的活不下去了，就把王衍找來，把這輩子最後的話跟這個老帥哥講一講，要老帥哥去完成他未竟的事業。當然，他未竟的事業到底是什麼，連自己也說不清楚。

不久，也就是這年的三月十九日，司馬越在項縣兩腿一蹬、雙眼一閉，走完了他人生中的最後一步，同時也走完了「八王」之亂的最後一步。至此，歷史上著名的八王之亂，就在他們創造的亂世中徹底終結。

這八個王雖然留下了一堆豐富的歷史資料，把當時的中國鬧得一片大亂，可這八條好漢中，沒有一個是高智商的。司馬倫和司馬穎，老早就被定性為「不慧」。至於曾經被稱為「一代豪傑」的河間王，從他的所作所為當中，也沒留下什麼精彩的東西，跟司馬越的等級也差不多，只有攪亂局勢的手段，沒有穩住大局的能力。司馬乂算是有點作為，可惜年紀輕，起點太低，根基薄弱，居然把司馬越這樣的人當成朋友，最後也是自尋死路。

司馬越掛掉之後，整個司馬越陣營就更加不穩定。誰也不想當這個陣營的老大。先是按照司馬越臨死的既定方針，一致推舉王衍當第一把手。可王衍卻聰明得很，知道這個時候當這個老大，是件吃力不討好的事，因此極力發揚謙讓的美德，堅決推辭，而且還推薦襄陽王司馬范來挑這個擔子。可是司馬范也不是個呆子，同樣表示不接受。你不要我也不想做，最

第六章　八王終於玩完　亂世還在繼續

後就形成了一個以王衍為核心的集體領導。這個集體領導團隊做出的第一個決定，就是把前任老大司馬越的屍體運回東海，讓他在封國裡入土為安。

而司馬越團隊裡的實力派人物何倫和李惲聽說老大已經與世長辭，知道他們的事業已經完蛋，他們頤指氣使的路也到了終點，再在這裡待下去是不可能的了，就帶著司馬越留下來的裴妃和繼承人離開洛陽，向東而去。這幾個傢伙經過這段時間不懈地努力，已經搶到很多財產，因此他們一出發，很多人也跟著過去。

司馬熾想不到，平時在他面前霸道得要命的司馬越居然這麼容易搞定，心裡很高興，對搞定司馬越立下最大功勞的苟晞大力提拔，任命他為大將軍、大都督，督青、徐、兗、豫、荊、揚六州諸軍事，成為軍隊最高領導人。對司馬越的處置也算寬大，只是追貶為縣王。

可是司馬越的那群死黨就倒了大楣。他們帶著司馬越的屍體向東而行，一路哀歌一路行，都以為沒人會再跟一個死人為難了，而且隨行的不是一般的三軍儀仗隊，而是十多萬晉國最精銳的大軍。哪知石勒卻不是這麼想，聽說這一幫人正向東而去，馬上就帶著騎兵從許昌包抄過來。到苦縣的寧平城，終於把晉國這支目前最強大的武裝力量截住。

如果是劉琨或苟晞在這支隊伍中，石勒這一次狂追而來，肯定是送死。可你知道，司馬越在他拿著大權的時候，重用的都是王衍之類的名士──如果石勒這次只跟這夥人進行口水大戰以辯論分勝負，他們肯定談笑間強虜灰飛煙滅，可石勒卻跟他們刀槍相見，是性命相搏。王衍他們正痛哭流涕，把名士風範表演得十分到位，突然看到敵人的鐵騎衝過來，都傻了眼，不知該如何是好，你看我我看你，每個人這時都迫切希望對方能組織部隊進行一戰驚天動地的保衛戰。可誰都知道自己不是上戰場的料。於是，十多萬大軍就處於無組織、無紀律的狀態──這樣的軍隊，本身戰鬥力再強，裝備再厲害，也跟一群烏合之眾沒兩樣，而且連基本的

第二節　八王之亂劃上句號

抵抗能力也沒有，完全處於被動挨打的狀態。

　　石勒知道，這是晉國最後的強兵，這時居然沒有一個帶頭大哥，十萬精銳之師的身分全部轉換成十萬個活動靶子，實在是機會難得，馬上命令部隊把這支敵人包圍起來，然後放箭。本來一場好好的戰鬥，就變成了一方對另一方的屠殺。晉國部隊在石勒軍的攻擊之下，「將士十餘萬人相踐如山，無一人得免者」。

　　以王衍為首的名士們，這時一點也風流不起來，在士兵們都被屠殺光之後，他們也全都做了俘虜。

　　石勒雖然是個大老粗，可看到這麼多的名士在一起，也覺得很好玩，便把他們集中起來，在現場開了個名士大會，討論的議題是，晉國為什麼會變成這個樣子？

　　王衍雖然軍事能力等於零，但口才卻好得很，一聽到這個問話，馬上就英姿颯爽地站了起來，一番抑揚頓挫，把晉國高層這些年來你爭我奪，大家在腐敗的道路上接力賽，只管自己的利益，不管國家的安危、不理老百姓的疾苦，弄得天怒人怨，亂匪如毛，內憂外患，沒一刻停息過的情況一一道來，最後得出結論：這樣的政權哪能不亡？能拖到現在還奄奄一息，已經是個偉大的奇蹟了。這傢伙口才實在強悍，說了大半天，條分縷析，頭頭是道，把事情的前因後果，講得發人深省，讓人覺得教訓深刻。最後，話鋒一轉，很有力地強調，像我這樣的人，雖然拿著全國最高薪資，其實一點權力也沒有，完全是政治花瓶。老大你也可以問在場的各位先生，我在很小的時候，就無心做官。後來，被逼到官場上混，但只領薪資，從不過問政事。這一點，在座的完全可以證明。我當了這麼多年的官，在朝廷上講過幾句話？他這麼推卸責任之後，一看石勒臉上的表情沒什麼變化，覺得有點不妙，便又說，老大你威震四海，完全可以當上皇帝，一統江湖千秋萬載。

第六章　八王終於玩完　亂世還在繼續

石勒問他：「你說完了沒有？」

王衍當然說該老大發話了。

石勒說：「君少壯登朝，名蓋四海，身居重任，何得言無宦情邪！破壞天下，非君而誰！」只一句話，所有責任全都推到王衍的身上。王衍本來還筆挺地站著，不管遠看近看，都一副帥呆酷斃的樣子，突然聽到這麼一句話，那副明星身材馬上就垮了下來，軟在地上。石勒叫身邊的工作人員把他扶出去。其他人也都跟王衍一樣，說晉國發生這樣的事，都是當權派們搞的鬼，自己從不參與——即使參與了，也是被動參與，不應該負主要責任啊，更不能因為這樣就拿他們開刀啊！只有那個曾經力辭司馬越接班人的司馬范做出一副大義凜然的姿態，看到大家都在努力推脫責任，以求活命，就大聲叫起來：「你們說夠了沒有？事情都到了這個地步，再多嘴有什麼用。」

石勒一聽，就對孔萇說：「老子見的人也算不少了，可很少見到這樣的人。我想留下他。」

可孔萇卻堅決反對，說：「這些人都是晉國的貴族，什麼本事也沒有，而且又清高得要命。到頭來誰也不會為老大所用的。」

石勒覺得這話也不錯，就說：「也好。不過，這些人都是文明人士，因此在處理他們的時候不必用刀。」

王衍他們被帶出來關在屋裡的時候，老帥哥就知道，不管他再怎麼拍石勒的馬屁，石勒再怎麼覺得馬屁舒服，也不會放過他們了，就對大家說：「我們的能力雖然比不過古代那些大政治家，可也不算很垃圾。如果我們以前都努力工作，嚴格要求自己，當好人民公僕，盡力盡心盡責，今天肯定不是這個下場。可我們卻天天喝酒，以耍嘴皮子為第一要務，工作不積極，什麼事都高高掛起。這個名士啊，不光害人，也害己。後悔啊，

第二節　八王之亂劃上句號

後悔得腸子都發青了。」

這傢伙這輩子中，發表了無數次演說，只有最後這次算是說了人話。可鑄成大錯之後才知道自己錯了，又有什麼用？

半夜的時候，石勒派兵過去，推倒屋子，把這群名士全都壓死在那裡，然後劈開司馬越的棺木，拖出司馬越的屍體，當場焚燒，還罵道：「亂天下者此人也，吾為天下報之，故焚其骨以告天地。」

司馬越的下場跟司馬穎一樣，死後屍體都不得安息。

隨著石勒的這把火，晉朝八王之亂的主角們，全部退出歷史舞臺，接下來動亂的規模更大更隆重。

大家肯定還記得，司馬越還有兩個死黨，一個是何倫，還有一個是裴盾。這兩個傢伙原本是司馬越的實力派人物。可現在實力派也沒什麼實力了，都在拚命狂奔，去找安全的地方活下去。何倫還不知道安全地帶在哪個方向，在洧倉就碰上了石勒。這個何倫欺負本國那些文官同事，很有一套，可一碰上石勒，就只有大敗了。最後，何倫逃到下邳。裴妃雖然很幸運地逃脫，可卻四處流浪，成為人販子手裡的商品，轉讓來轉讓去。這位曾經享受過世界上最幸福生活的寡婦，突然間一腳落進人生的谷底，淪為世界上生活在最底層的人，為奴為僕，受盡其苦。當然，這都是司馬越一手造成的。不過，這個寡婦也是幸運的，她在被轉讓的過程中，並沒有精神分裂，而是死死地記得自己的身分，記得自己是裴妃。後來，她輾轉逃到江南，找到另立門戶的司馬睿。司馬睿能在江南開闢出新的天地，就是因為當初她對司馬越吹枕邊風的結果。因此司馬睿又讓這個滿臉風塵的裴妃過上了幸福新生活。

裴盾這時守在彭城，也被漢國的越固和王桑一頓猛打，落得個城破人亡的結局，最後為司馬越集團劃上了一個血淋淋的句號。

273

第六章　八王終於玩完　亂世還在繼續

第三節　洛陽淪陷

司馬越一垮臺，司馬氏的強人也全部死光，按照常規，司馬熾可以放手行使皇帝的職權了。如果在和平時期，司馬熾肯定大大地鬆一口氣了，可現在這個局勢，他能鬆口氣嗎？全國亂成一團麻，兩個新生政權公開向他叫板，那個成都李雄雖然小動作不斷，自搗蛋以來，從來沒有停過，但因為是外來戶，力量老是壯大不起來，經營多年，也只是在蜀中轉圈，跟羅尚展開多年的拉鋸戰，雖然處於上風，但卻搞不定羅尚，屬於場面好看，實質做不出什麼大文章來。另外的那些流民，基本也是為了一口飯吃，今天這裡搶一下，明天那裡砸一下，也是屬於地方治安性質，皇帝還可以忽略一下。

可那個劉聰就不好辦了。這個傢伙，不但機構完整，人員配備齊全，而且兵力也足，能打仗的人也多，戰鬥力強，現在主力部隊在石勒的帶領下，已經來到洛陽周圍，做好向洛陽進攻的準備。而晉國的精銳部隊已經基本上玩完，洛陽已經從全國的政治、經濟中心變成最危急的城市，時時都在拉警報。而且大部分的高官已跟隨王衍他們被壓死在破牆之下，現在連找個人商量都難。

司馬熾以前鬱悶，現在更鬱悶！

但鬱悶歸鬱悶，工作還是要做的。司馬熾馬上任命了一批新官員：以太子太傅傅祗為司徒，尚書令荀藩為司空，加王浚大司馬、侍中、大都督，督幽、冀諸軍事，南陽王模為太尉、大都督，張軌為車騎大將軍，琅邪王睿為鎮東大將軍，兼督揚、江、湘、交、廣五州諸軍事。

你一看這份人事任免名單就知道，司馬熾用人還是有點眼光的。可這個眼光到了現在才能發揮出來，實在有點太晚了。這些人雖然都可以算是

第三節　洛陽淪陷

人才，可是沒有其他資源，這些人才也就變成了無米的巧婦。

這時，苟晞認為，洛陽太危險，已經喪失作為首都的功能，應該把首都遷往倉垣——這是他的地盤，他讓皇帝遷往那裡，肯定有他自己不可告人的打算，要把歷史的車輪開進苟晞的時代。但從目前的情況來看，他的建議是很正確的。而且他已經為遷都的事做好了前期準備，派「從事中郎劉會將船數十艘、宿衛五百人、穀千斛迎帝」。

司馬熾也覺得他的這個建議很正確，但他剛掌權不久，怕人家說他獨裁，因此就請大家來討論一下苟晞的建議。這些高層都是一些極端自私的傢伙，平時當官，做的都是利用職權去發家致富的事，這時突然聽到要遷都，而且要緊急遷都，時間這麼倉促，家裡那麼多的財產哪能轉移過去？因此都紛紛表示：「不能遷都啊！這可是虎踞龍盤的風水寶地。老大要是把這個地方丟給劉聰，後果如何，我們可就不好往下說了。」

討論了幾天，就是討論不出結果。

過不了幾天，洛陽城裡的飢困程度更嚴重，已經到吃人肉的地步了，連很多官員也失蹤了。司馬熾再把大家召集起來，把當前的形勢作了說明，讓大家充分地認知目前面臨的困難，再不遷都就要亡國了！

這些貪婪的傢伙這才意識到，如果再把那些搜括來的財產看得比天大，等劉聰的部隊打進來，恐怕命也沒有了，就都表示同意皇上的英明決策。可是到了現在才舉雙手贊同，這個決策已經不英明了。因為，遷都的時機已經完全喪失。

在司馬熾宣布向垣倉開路的時候，連皇家衛隊的士兵們都失蹤得差不多了，堂堂皇帝在走出皇宮時，居然沒有帶刀侍衛跟隨，其排場還不如現在一個里長。而且連頂轎子也找不到。他只得一邊徒步行走，一邊叫傅祗抓緊時間到河陰，準備好船隻。剩下的十幾個官員就在前面帶路，履行嚮導的職

第六章　八王終於玩完　亂世還在繼續

責。可才一出西掖門，來到銅駝街，就碰到一群打劫的人。這些人可不管你是皇帝，看到這一群人衣著鮮豔，全身上下都是名牌，當場斷定這群高等難民身上肯定油水很多，就馬上先搶再說。司馬熾只得又回到宮中。

這時，度支校尉魏浚帶著幾百戶流民據守在河陰的硤石，不斷地打劫，搶得不少米食，然後轉讓給司馬熾，讓司馬熾的肚子在這個時期沒有空轉。司馬熾很感激他，又替他加了幾個職務：揚威將軍、平陽太守，而且「度支如故」。度支的意思就是主管財政，是大大的肥缺。只是現在連皇帝吃飯都有問題，這個肥缺實在是缺而不肥。

司馬熾這時已經徹底淪為弱勢群體中的一員，每天只在宮裡當著空頭皇帝，連宮門也沒辦法出去。而洛陽城這時跟一座空城沒什麼差別。

這時，劉聰認為進軍洛陽的時機已經成熟，派前軍大將軍呼延晏將兵二萬七千向洛陽出發，到達洛陽南岸時，晉國的部隊前來阻擊。兩軍在這一帶打了十二次戰鬥，漢軍取得十二連勝，消滅晉軍三萬多人。而這時，劉曜、王彌、石勒都帶兵過來會師。劉曜等人還在行軍途中，呼延晏就已經來到洛陽城外，駐紮在以前張方修築的軍營裡，並於五月二十八日進攻平昌門，兩天後破門而入。不久，呼延晏因為後援部隊沒有到達，便向張方學習，也來個「俘掠而去」。

司馬熾這時已準備了船隻，想向東邊逃命，可卻由於防火做得不好，全被呼延晏一把火燒掉了。司馬熾逃命的能力實在太菜，船隻一被燒，馬上就走投無路。司空荀藩和他的老弟看到局勢完全可以稱得上「情況不妙」這幾個字了，就找了個空檔逃出城，狂奔轘轅，居然連皇帝大人也不通知一聲。

這時，劉漢集團的各路大軍都開到洛陽城外。晉國皇帝司馬熾帶著一群弱勢官員待在城裡，完全沒有什麼動作了。他們現在唯一能做的就是坐

第三節　洛陽淪陷

在那裡懷著恐懼的心情，等著做俘虜。

六月十一日，王彌和呼延晏攻克宣陽門，進入皇宮，放開手腳，讓士兵們進行一次大規模的搶劫，把宮中的美女和值錢的東西都搶光。司馬熾之前連一群強盜都可以把他攔住，出不了洛陽，這時還能跑嗎？在一片「活捉司馬熾」的口號聲中，他從華林園門出來，計劃跑到長安。可才跑了幾步，漢國的士兵就追了上來，把他抓住，結束了他這艱難的皇帝生涯。

劉曜自西明門進入，占領了晉國的軍械庫，然後下令大開殺戒，包括太子司馬詮在內的一些官員共三萬多人，一夜之間都變成了鬼——如果劉淵還活著，這個劉曜肯定又要被狠狠地教訓一次。可現在劉淵已死。劉曜覺得殺活人還不滿足，又下令把晉國歷代皇帝的陵墓也通通挖掉，來個退墓還田，然後放火燒掉司馬氏的皇家祭廟以及所有的行政辦公處。這傢伙看到那個被廢掉多次的羊皇后，覺得還很漂亮，便馬上一見鍾情，把她娶了過來，享受一下司馬衷的帝王生活，把司馬熾送到平陽。晉國的第三任合法皇帝就這樣成為戰俘。

劉聰聽說司馬熾被活捉，高興得要死，馬上下令大赦，改元。這傢伙這時覺得臉面很足，為了讓臉上的光彩更亮麗一點，還玩了司馬熾一把，對著這個敵國的皇帝下了個任命：特進左光祿大夫，封平阿公。任命之後，劉聰心裡高興得很。

劉聰的心情很得意，可劉曜的心情卻有點不爽。

劉曜的不爽是因為王彌。本來，劉曜以為，王彌也會和呼延晏一樣，等他到來才占領洛陽，讓他成為攻占洛陽的總指揮，歸功於他，讓他向劉聰報捷。哪知王彌看到洛陽都成了這個樣子了，為什麼不進城，一定要在城外駐紮？就叫呼延晏跟他一起先占領了洛陽再說。劉曜就覺得王彌這傢

第六章　八王終於玩完　亂世還在繼續

伙根本忽略了他的存在？你一個流民老大，算什麼東西？老子是皇族的核心人員，你不把老子放在眼裡，就是不把皇家放在眼裡。大家都應當知道，不把皇家放在眼裡的人是沒有好下場的。而且王彌在進入洛陽之後，土匪習氣再次發作，叫兄弟們放膽，狠狠地搶他一頓！

劉聰一看，這王彌雖然是職業強盜出身，可現在你是大漢國的正規軍了，是仁義之師了，還做這個勾當？本來就很生王彌的氣的劉聰，終於找到一個可以指責王彌的理由，以最高統帥的名義，叫停王彌的虜掠行動。

可王彌根本不把劉聰的話當話。

劉聰是這次行動的主帥，看到王彌這麼囂張，哪還受得了？就把王彌手下那個執行打劫政策最徹底的牙門王延抓起來，就地正法。王彌知道後，也大發脾氣起來，你個劉聰，以為自己是什麼人？你要不是劉淵的兒子，憑你的本事，能領導老子？不給你點厲害，你還真的以為自己了不起。於是帶著部隊去跟劉聰討說法，終於發生了一次不大不小的軍事衝突，死傷了幾千條性命。

幸虧王彌的長史張嵩還算冷靜，對王彌說：「老大本來是為國家貢獻的，現在事業正上手，就跟上級發生這樣的衝突，以後就不好向皇帝交差了。雖然打進洛陽是老大的功勞。可是劉聰是皇家的人啊，最好讓他一點。老大還記得二王打下東吳後的爭功吧？那個經驗教訓您還不願吸取一下？現在即使爭得這口氣，與劉氏決裂到底，可在首都的親人還在人家的掌握之中啊！」

王彌一聽，說得還真對。熱血也跟著冷靜下來。這傢伙知錯就改，也不管面子了，當場叫停戰鬥，親自跑到劉聰那裡認錯，做了一次深刻的檢討。劉聰沒有辦法，只得接受他的道歉，說，這是內部矛盾，什麼事也沒有了。

第三節　洛陽淪陷

　　王彌覺得劉曜很誠懇，又對劉曜說：「洛陽處於全國的中心地帶，城池、宮殿都還好好的，不用再投資搞基礎建設，就可以住進來了，實在是做首都的好地方。老大應該建議皇帝把首都從平陽轉移到這個地方來。」

　　可劉曜對王彌的意見硬是不聽——現在王彌就是叫他去泡妞，他都不想理，何況是遷都的建議。他說：「現在天下亂成這個樣子，洛陽四面受敵，難守得很。晉國的下場才剛過去，你的記憶力不是這麼差吧？」說過之後，命令士兵們放火，把這些宮殿燒掉。

　　王彌一看，忍不住罵了起來：「屠各子，豈有帝王之意邪？」你知道這個「屠各」的意思吧？原來匈奴貴族的單于都出自「屠各」部落。王彌這話的意思就是，你們這幾個屠各崽，一點帝王相也沒有，也生了劉曜的氣，帶著自己的部隊到項關駐紮。

　　那個劉暾這時正在王彌的手下當差，看到這個形勢，立刻知道王彌的心態已經開始不平衡，便對王彌說：「現在天下形勢大亂，大家都想在亂中撈到好處，打得沒完沒了。老大幫劉漢集團立下了豐功偉業，本來就已經不安全了，現在又跟劉曜鬧出這樣的意見來，後果實在不容樂觀。依我的意思，不如現在就回到老家，累積力量，緊盯形勢，要是把握得好，碰上個好彩頭，成為一統江湖的超級老大也是有可能的。就是再不景氣，割據一方，當個地方老大也是一件好事啊！」王彌一聽，覺得這個建議不錯，老是幫人家打工——雖然是高級打工仔，要天天受劉曜這種人的氣，實在也太窩囊了。

279

第六章　八王終於玩完　亂世還在繼續

第四節　強人對決智者勝

這時，晉國因為沒有了老大，更是亂得不成樣子。大家知道，因為司馬炎當初那個一點也不英明的決策，讓很多司馬氏兄弟帶著部隊鎮守地方，保衛首都，保衛他的豬頭兒子，現在首都保衛不了，豬頭兒子更保衛不了，但是讓地方諸侯手上有著強大的實力，而在沒有部隊的地方，又到處是流民的武裝。大家都在努力鞏固自己的勢力，野心不斷地加大。以前還有個皇帝象徵一下，誰都得尊重他。現在皇帝成了人家的俘虜，中央等於已經解散。於是那幾個強人都想，得趕快另立個中央政府，否則別人把這項工作做了，以後自己的虧就吃大了。

最先行動是傅祗。這傢伙本來跟在司馬熾的身邊，在最危急的時候，奉命在河陰「治舟船」，為司馬熾做好逃跑的工具，哪知，船還沒有做成幾艘，司馬熾就被人家一把抓走，傅祗只好在河陰躲著。這時知道皇上已經變成俘虜，馬上就宣布組建「行臺」，從今天起暫時履行政府最高行政權力，等救回司馬熾，再由一切權力交給他。現在大家有什麼事，都得向他請示。傅祗的這個做法，開始時，還是有幾個擁護者：司空荀藩在陽城、河南尹華薈在成皋都支持他，而汝陰太守李矩還幫他蓋好辦公場所，為他提供後勤保障。弄得還真有幾分模樣。

可過不了幾天，荀藩突然覺得，大家都是在洛陽城破之後，僥倖逃出來的，都是漏網之魚，為什麼他可以代表中央，我就不能代表中央？這個念頭一出現，幾個人也不浪費時間，直接就把他的幾個兄弟叫來，一個是那個跟他一起從洛陽逃出的荀組，一個是他的堂弟中護軍荀崧，還有華薈、華恆兄弟兩個，在河南密縣又組成了一個中央臨時政府，而且他們這個臨時政府做得比傅祗的更像樣，人員還沒有全部到位，就輿論先行，大

量發放廣告,「傳檄四方」,讓大家都知道。荀藩比傅祗的做法更聰明一點。他還推選琅琊王司馬睿當第一把手,掛上了司馬氏的招牌,使得這個臨時中央政府比傅祗更合法,更有號召力。然後也任命了一批官員。

後來,荀晞一看,你們不就是幾個文官,連皇帝也保不住,現在居然也有膽量組成臨時朝廷。老子堂堂軍事強人,還不如你們?這時,正巧豫章王司馬端跑到倉垣避難,荀晞馬上讓他當了皇太子,也組建了個臨時中央政府。司馬端就代表皇帝任命荀晞為太子太傅、都督中外諸軍、錄尚書事,總部設在蒙城。

這幾個傢伙基本上實力有限,而權力欲望又大過手中的實力,這才急急忙忙地組成臨時政府。他們根本沒有想到,這個時候真正掌握話語權的不是誰的官大,誰的公章圓,而是誰的力量更雄厚,比拚的是綜合勢力,而不是誰搶在時間的前面。

這時,真正有實力的人物是司馬睿。

司馬睿本身能力一般,但手下的王導卻不一般,老早就建議他在江南紮下根基,打好基礎,大力引進人才,不斷加固自己的勢力,這時已初見成效。而且,北方長期戰亂,多年來沒幾天和平的日子;江南卻不同,除了幾次流民動亂外,基本上還長期處於和平時期,大家日子過得還不算差。而且由於江東處於相對的和平,很多眼光不錯的人才,也都跑到這個地方來,充當司馬睿的員工。這時,司馬睿手下最著名的員工有一百零六人,號稱「百六掾」。這個稱號一打出,大家個個都把司馬睿當成愛惜人才的明主,是個可以做大事的老大,是動亂時期可以容身的好公司,因此都願意為他效勞,江東的模樣很快做大起來了。

司馬睿也開始發揮自己的作用,任命江東一帶的官員,大家都願意聽從他的指揮。只有江州刺史華軼,一點政治敏感度也沒有,覺得自己能坐

第六章　八王終於玩完　亂世還在繼續

在刺史的位子上，完全是朝廷對他的重用，認為自己只對朝廷負責，別的人不能指揮他，因此每天只是威風地過著他的刺史生活，對司馬睿發過來的公文從不當一回事。連他手下的很多人都勸他，還是低調點好，不要得罪司馬睿。現在皇帝都沒有了，還有什麼朝廷？估計不久的將來，司馬睿就會成為晉朝的頭號強人。可是華軼卻說：「我就是以詔書為準。誰想指揮得動老子，誰拿詔書來。」

這話傳到司馬睿的耳朵裡，你想想，司馬睿能不咬牙切齒，想個辦法整治你一下？正巧荀藩推薦司馬睿當臨時領導人，可以進行人事調整，任命官員。司馬睿就公布了一個人事任免的公文。這個華軼和豫州刺史裴憲都不服從司馬睿的安排。

司馬睿大怒，老子的第一份公文一發下就卡住，以後還怎麼玩下去？馬上命令揚州刺史王敦、歷陽內史甘卓與揚烈將軍廬江周訪帶兵過去，把這兩個傢伙暴扁一頓。那個華軼只有耍威風的膽量，卻沒有打仗的能力，一仗下來就全面崩盤，最後拚掉老命跑到安城，仍然逃不過人家的追擊，連同五個兒子，全部被殺。裴憲的情況稍微好一點，打敗之後，跑到幽州，得以留下吃飯的傢伙。

司馬睿馬上任命甘卓為湘州刺史，周訪為尋陽刺史，讓揚威將軍陶侃兼武昌太守。你一看這個格局，就可以看得出，江南一帶的版圖都劃入了司馬睿的勢力範圍。

而這時，北方那些打著晉國旗號的強人們卻還在你不服我，我不服你，繼續玩另立中央的把戲。王浚看到這麼多原來一點也不強的人當上中央高級領導人，而且有的還發文任命他，心裡很不高興：老子有槍有錢，比你們強悍多了，幹嘛要由你們指揮？於是，也舉行了個儀式，設了個神壇，殺了五牲，熱騰騰地供在上面，告訴上天，老子今天也要成立個臨時中央政府，請批准為盼。然後也立了個皇太子──這個皇太子的來歷，誰也

第四節　強人對決智者勝

說不清，他只是說這個小帥哥是某親王的親生兒子，別的你們不要問，誰問誰就是跟老子過不去。然後向天下發出通告，說他現在受到皇帝的委託，可以任命百官。當場就任命荀藩為太尉，琅邪王睿為大將軍。他自己就當了尚書令，那個剛被司馬睿打跑的裴憲當尚書。

司馬熾一被俘虜之後，晉國就出現了五個權力中心，一個不服一個，你發文任命我，我發文封你的官，忙著過提拔別人的癮，卻沒有一個拿出精力來，重新整合力量，光復河山。西晉不亡，簡直沒有天理。

而這時，劉聰卻已經派出剛投降過來的趙染和安西將軍劉雅帶著步騎二萬人為先鋒，直奔長安，劉粲和劉矅帶著大軍跟著衝殺過來。這個趙染在晉國當高級軍官時，沒打出什麼戰績來，可投降之後，卻加倍賣命，在潼關硬是把他的老上司打得大敗，一直追擊到下邽。更讓晉國長安的第一把手司馬模感到鬱悶的是，那個十分會打硬仗的北宮純突然覺得前途渺茫起來，帶著自己的部下開啟城門，向漢國投降。漢國的部隊把長安圍得緊緊的。

司馬模派淳于定出城與敵人對抗，盼望能打贏一仗，挽回一下城內軍民正直線下跌的信心。哪知這個淳于定一點不爭氣。不但不能挽回一點信心，反而打了個大敗仗，讓城內的信心更加快速地向谷底跌落。

沒幾天，更糟糕的事又出現在司馬模面前，倉庫裡面只有老鼠沒有糧食了，士兵們都已經自覺的開啟城門，向漢國的圍城部隊投降了。司馬模知道打是打不下去了，衝更衝不出去了，唯一的活路就是投降。代表漢國接受他投降的就是那個曾經是他手下的趙染，弄得他一點脾氣也沒有。

趙染把他送給劉粲，說只有劉老大才有資格處理這麼高級別的戰俘。

劉粲接收司馬模之後，一點不在意他的級別，吩咐左右把他拉下去砍了。

第六章　八王終於玩完　亂世還在繼續

　　司馬模死後，接下來倒楣的就是苟晞。

　　這傢伙除了會打仗，想當大官之外，別的沒什麼能力，而且性格驕奢苛暴，自以為天下無敵，連漢國最強悍的強人石勒、王彌都多次在老子手下吃敗仗，別的人算得了什麼？這些念頭常年累月地占據著他的心頭，驕奢的性格就更加突出，殘暴的手段就更加惡劣，對手下的人，想殺就殺，從不計後果。前遼西太守閻亨實在看不過，就不斷地提醒他，要收斂一點啊！歷史已經多次證明，殺人太多可不是一個成功的老大啊！

　　苟晞聽了幾次，就覺得煩了起來，你難道不知道老子的性格？告訴你，老子的性格就是殺人。你別以為你能講點歷史故事，我就不殺你。立刻叫人把這個前遼西太守拉下去，處死！

　　別人看到閻亨人頭落地，誰也不敢吱聲。那個從事中郎明預這時正有病在家，聽到了這件事，就本著「領老大薪資、為老大著想」的原則，叫人把他抬過去，要跟苟晞面對面地談一談。可苟晞卻一點也不認錯，罵道：「我殺閻亨，關你什麼事。你不在家好好養病，居然帶著病到這裡來罵我？」

　　明預說：「老大平時對我很好，讓我在這裡過著幸福生活，所以我也要對老大負責，這才向您說一下自己的意見。老大現在這麼憤怒，但您更應該知道，現在老百姓對您憤恨的程度更大啊！老大是明白人，肯定知道那個夏桀吧？他是堂堂國家第一把手，都還因為殘暴而死。現在老大只不過是晉國眾多的強人之一啊！請您好好地想一想我的話。」

　　明預說過這話之後，苟晞居然沒有大刀向他的頭砍過去，但卻仍然一個字也沒有聽進去，繼續奉行他的殺人政策。你想想，誰願意在這樣的人手下當員工？大家看到老大天天高舉大刀，都怕那把刀不知什麼時候落到自己的頭上，便都不願再團結在他的周圍了，都想找機會跳槽，離開這個危險之地。而且這時到處鬧天災，苟晞只有對付活人的辦法，卻沒有一點

第四節　強人對決智者勝

救災的措施。石勒看到機會終於來了，馬上向苟晞的勢力發動攻擊。先是在陽夏把王贊收拾乾淨，然後果斷地向苟晞的老巢蒙城突襲。

曾經威風得不可一世的苟晞，連一個回合的抵抗也組織不了，就被石勒抓住。石勒大概覺得苟晞還算是個人才，因此捨不得一刀砍了，但又怕這傢伙強悍，哪天逃出去，可不是一件好事，因此就用鐵鏈鎖住他的頸脖，讓他當自己的左司馬。苟晞做夢也想不到，自己會成為一個被鐵鏈鎖著的人，做的雖然是高級官員的工作，可生活待遇卻跟隻寵物差不多。

石勒打敗了苟晞之後，又被劉聰任為幽州牧。

這時，石勒的力量已經很強大。而劉聰奪得帝位後，只在後宮中發揮作用，那種橫刀立刻平定天下的進取心不知丟到什麼地方去了，眼睜睜地看著這些強人的力量不斷壯大起來，卻一點辦法也沒有。

這時，劉聰手下的強人就是劉曜、石勒、王彌，本來在這個混亂透頂而無英雄的時代，這三個傢伙還算英雄，要是同心合力，劉聰想一統江湖實在不難。可這三個傢伙都覺得自己厲害得很，一個不服一個，都把對方當作潛在的敵手，由暗中較勁到公開競賽，裂痕越來越大，雖然還沒有徹底攤牌，見了面也還互相打招呼，客氣話說得還十分到位，但大家都已經知道這三個傢伙兵戎相見是遲早的事。

那個曾經勸王彌回老家積蓄力量的劉暾，這時又跳了出來，為王彌出主意，要他把曹嶷叫來，一起攻打石勒。曹嶷原來是王彌的部下。這傢伙也是個善於發展自身力量的人，這時已經是青州刺史，勢力比王彌還要大。而且曹嶷一直有自己的想法，不願為劉家賣命，想歸附於晉國。王彌覺得這個計畫很可行，就叫劉暾親自過去，寫了一封信，讓劉暾帶著上路，然後又派人去請石勒，說曹嶷不是好人，我們一起向青州進軍，把這個心懷鬼胎的傢伙解決掉，分他的地盤。

第六章　八王終於玩完　亂世還在繼續

　　這個方案其實不錯。可錯就錯在那個劉曈。這傢伙帶著那封信，做的是祕密得不能再祕密的工作，可居然也不請個化妝師替他喬裝打扮一下，硬是保持著原貌，一路走著，瀟灑得很，才到東阿就被石勒的巡邏兵抓了個正著。石勒一看信，差點上了這個王彌的當。石勒雖然一副猛男相，但做事卻能用腦，當下並沒有像別人那樣，馬上就理直氣壯地向王彌攤牌，而是祕密把劉曈殺掉，然後繼續裝傻，好像還在王彌的圈套裡。而王彌卻一點也不知道，還在那裡等著劉曈的好消息。

　　不久，王彌手下的得力助力徐邈、高梁不知哪根神經突然開竅，硬是不看好王彌，帶著部下去投靠曹嶷，弄得王彌的實力突然單薄起來。

　　王彌知道石勒活捉苟晞之後又重用這個傢伙，心裡很不爽，覺得石勒本來就不好對付，要是再加上這個苟晞，以後就更不好過了，就寫了一封賀信給石勒：「公獲苟晞而用之，何其神也！使晞為公左，彌為公右，天下不足定也。」

　　石勒收到這信之後，對張賓說：「王彌的官比老子大一個級別，現在居然說要當我的左右手。這是什麼意思？肯定是想搞小動作的意思。」

　　張賓說：「老大的判斷十分正確。不過，王彌也不是個軟腳蝦，跟他正面衝突是很不划算的。只有玩點陰謀詭計了。」

　　這時，石勒正跟從北方轉移來南方找活路而形成武裝部隊的陳午部大打出手，而王彌也正跟同性質的劉瑞打得不可開交。王彌因為幾個部下相繼離去，覺得手腳有點施展不開，就派人過來請石勒去幫一下他的忙──這傢伙到現在居然還以為劉曈還活著，以為曹嶷的部隊很快就會衝過來把石勒一扁至死。哪知道，矇在鼓裡的人不是石勒，而是他自己。他的這一次求救，正好給石勒一個絕妙的機會。

　　本來，石勒接到王彌的求救信之後，正裂著大嘴在那裡幸災樂禍，你小子不是很能打嗎？現在怎麼不威風了？你也有今天啊！讓那幾個流民把

你打死最好,免得老子動手。所以就準備斷然拒絕王彌的求助。

可張賓卻認為不可,對石勒說:「老大不是天天埋怨沒有機會收拾王彌嗎?現在可是他把機會送到面前啊!我認為,可以先放過陳午。陳午算什麼?讓他多囂張幾天,以後收拾他也不費什麼力氣。王彌可是不可多得的強人。這種人多留一天,就會多一分危險,應該盡快把他搞定才是王道啊!」

石勒是什麼人?聽到首席智囊的這番話,腦子馬上就轉了過來,帶著部隊立刻就跑過去,與王彌聯手,夾擊劉瑞。劉瑞突然受到當世兩大強人的夾攻,馬上就支持不住,全面潰敗下來,被石勒斬了腦袋。

王彌高興得臉上全是笑,對石勒的印象徹底改變,以為石勒對自己還是不錯的,這份感情只有更加濃厚了。這傢伙平時做事很小心,可硬是在關鍵時候不捨得花腦子多想一想。

石勒想不到王彌居然這樣就把自己當著他的一家人,就決定趁著王彌這個熱騰騰的信任還沒有降溫,實施他的計畫。這個計畫是在一個寒冷的冬天實施的。

冬天是個喝酒的好天氣。

石勒派人去對王彌說:「今天我在己吾擺了個酒席,老大要是沒事,就過來喝喝酒,聊聊天,一起打發一下這個寒冷的天氣。」

王彌一聽,好啊!有酒喝為什麼不去。

長史張嵩對王彌說:「我認為,這酒老大不宜去喝。」

王彌說:「要是以前,老子肯定不會過去。可現在,我們跟石勒的關係已經形同兄弟了。兄弟的酒都喝不得,誰的酒還喝得?」就一臉高興的跑過去。

兩人喝得正高興,王彌的嘴裡還在不斷地重複著「兄弟」這兩個字,石勒卻突然滿臉橫肉,撥刀而起,風一樣地砍過去。王彌的頭很響地落在

第六章　八王終於玩完　亂世還在繼續

生硬的地板上，熱血灑滿酒桌。這個靠強盜起家的強人就這樣死去，死得有點窩囊，而且中的這個圈套，實在也有點業餘，本來一個很有能力的人，生在亂世，正是有作為的時候，居然在關鍵的時候喪失了亂世英雄應有的警惕，最後在這個連張嵩都看得出的鴻門宴上人頭落地。如果這傢伙不死，肯定會在以後的歷史裡留下精彩的一頁。

王彌的死，與其說是死於石勒之手，不如說是死在自己的手裡。

石勒殺了王彌之後，知道在劉漢集團中已經沒有對手了，他也徹底不把劉聰放在眼裡了，直接就把王彌的部隊收編，實力更上一層樓，然後上了一表給劉聰，說王彌造反，我已經為你把他的頭砍下來了，徹底為老大剷除一個強大的後患。特向老大報告，以後不用再擔心這個王彌了——當然，真正擔心這個王彌的不是劉聰，而是他自己。

劉聰不是呆子，當然知道王彌沒有造反，接到報告後，也從後宮的美女堆中抽出時間來大怒了一下，派了個使者，跑到石勒那裡，代表朝廷狠狠地指責石勒：「專害公輔，有無君之心。」你一看這個指責——「有無君之心」，已經不把皇帝當皇帝了，如果是別人，估計早就逮捕法辦，判個誅滅三族，也不算量刑過重。可劉聰現在卻拿石勒一點辦法也沒有，罵過之後，又怕石勒心裡生氣，接著就提拔他當鎮東大將軍、督并、幽二州諸軍事、領并州刺史，這個任命使得石勒正式成為漢國的軍事強人。

到了這時，劉淵原先很欣賞的猛男劉聰已經成為精神完全缺鈣的皇帝了，而其手下又有石勒這樣的強人在那裡目中無人，愛殺誰就殺誰，這個國家的前途就可想而知了。

王彌被殺之後，苟晞和王贊又湊到一起，商量著造石勒的反。石勒知道後，再也不可惜人才難得了，將兩個人一起殺掉。

大家知道，石勒現在雖然是個天天喊打喊殺，敢把漢國大將軍王彌的

第四節　強人對決智者勝

腦袋砍下來，卻一點事也沒有的人，可以前他卻是個被人當商品，像狗崽豬崽一樣被賣來賣去的，因此老早就跟他的母親失散。可那個劉琨卻很有心，不惜下苦功，到處張貼尋人啟事，硬是把石勒的母親找到了。

當然，劉琨找到石勒的母親後，並沒有像項羽那樣，帶著這個老女人去要挾石勒，而是派人把她和石勒的姪兒石虎送到石勒那裡，還寫了一封信給他：「將軍用兵如神，所向無敵。所以周流天下而無容足之地，百戰百勝而無尺寸之功者，蓋得主則為義兵，附逆則為賊眾故也。成敗之數，有似呼吸，吹之則寒，噓之則溫。今相授侍中、車騎大將軍、領護匈奴中郎將、襄城郡公，將軍其受之！」

石勒一看，想叫老子跳槽？你看看你打工的那個晉國，現在是什麼樣子？還有臉叫老子跳過去。便也寫了一封回信：「事功殊途，非腐儒所知。君當逞節本朝，吾自夷難為效。」劉老大啊，還是互相學習，各做各的好。石勒順便送去幾匹好馬和很多珠寶給劉琨，還讓那個使者也得了大大的好處，算是報答了劉琨的恩情，但從此不再跟劉琨你來我往。

這時，石勒的姪兒石虎已經十七歲，不知這傢伙小的時候是喝什麼奶長大的，現在身上全是狼的性格，動不動就手起刀落，殺人殺得不眨眼。大家就把這些事向石勒反應了。石勒一聽，我好不容易把部隊打造成今天這個模樣，你一身匪氣，到處亂來，這不是故意破壞石家軍的名聲？可因為這個姪子是母親帶來的，要是馬上處置，母親那裡不好交待，於是就去跟母親說：「石虎實在太不像話了，天天在軍中惹事，跟人家打打殺殺，不知道哪天會被人家殺死。他到底是我們家的人，要是讓別人殺掉，我們石家的臉真不知道往哪裡放了。不如，現在我就把他解決了。」可他的母親卻堅決反對，說：「跑得快的牛就是很調皮，小時候往往把車拉破，等大了，你就知道牠是條好牛。你還是先別急著殺他啊！」

石勒只得放過石虎。石虎很快成長為一條好漢，「便弓馬，勇冠當時」。

第六章　八王終於玩完　亂世還在繼續

只是凶暴的性格卻不改，只要攻破一個城池，就大開殺戒，弄得所得之城「鮮有遺類」，活脫脫一個殺人狂。不過，這傢伙很能帶兵，誰都不敢不聽從他的指揮，打起仗來，個個發揚一不怕苦、二不怕死的大無畏精神，石勒便慢慢地喜歡上他了。

第五節　江東基業

劉聰的麻煩還沒有完。這傢伙還當一方大員、手裡掌握著大部隊時，是說打就打，一副不滅晉國決不收兵的樣子，弄得有點窮兵黷武起來，要不是他老爸約束，還真的死不回來。可一當上皇帝，那個猛勁就全放在女人身上，好像他這一生是這樣安排的：上半輩子是打天下的軍事強人，下半輩子是泡美女專家。你想想，就是一個和平年代的皇帝，你一酒色過度，都還有人造反，而現在是什麼時候？是天下大亂，是英雄創業的時候，連一個財主都不能過一下安穩的生活，這個劉聰居然在這樣一個血腥四濺、你死我活的大動盪時代，把征服的激情擱置起來，自覺自願地向昏君看齊，其前景就可想而知了。

當然，麻煩不會馬上就砸在劉聰的身上，而是先讓劉矅、劉粲這幾個第一線的將領領受。

自從石勒和王彌一脫離大漢的控制，劉矅對晉國的攻勢只得暫停，並且很快就轉入內線作戰。

這時，劉氏控制的地盤裡，還有很多零星的打著晉國旗號的武裝，天天在製造麻煩。首先起兵的是晉國的馮翊太守索琳。這傢伙原是司馬模手下的員工，但對司馬氏的忠心比司馬模還要高一個等級。司馬模投降後，

第五節　江東基業

他卻硬是跑了出來，與安夷護軍麴允、頻陽令梁肅一起逃到安定，投奔賈疋。賈疋現在還穩坐在安定太守的位子上，這些年來，安定倒還穩定，沒出什麼大亂子。可是賈疋的信心越來越不穩定了。他覺得自己就在漢國地界的邊緣當晉國的員工，遲早會被人家衝過來，一口吃掉的，而且晉國是不會派救兵過來，從水深火熱之中拉他一把的。他就想了個自救的辦法，跟另外幾個少數民族的老大一起，把兒子送到劉聰那裡當人質，表示以後永遠當大漢帝國的良民。可這幾個花花公子人質才到陰密，就碰上索林他們。索林他們一見，馬上就把這幾個哥兒們截留起來，然後帶回臨涇，對賈疋動之以情曉之以理一番。賈疋的信心又有了生機，激情重新燃起，決定跟大家一起「興復晉室」。

目標一定，大家就成立了個機構，共同推舉賈疋為平西將軍，帶著五萬部隊，向長安進軍。這時，另外三個對晉國的感情很頑固的傢伙看到這個形勢，也起來呼應。一個是雍州刺史麴特，一個是新平太守竺恢，還有一個是扶風太守梁綜，帶著十萬部隊前來跟賈疋會師。

這時，漢國的河內王劉粲坐鎮新豐，聽說這幾個司馬氏的死黨帶兵過來，就派劉雅和趙染去攻打新平，但打了多日，卻沒取得什麼成績。索林帶兵過來救新平。

雙方在新平大戰百多場，最後，趙雅他們的耐力不夠，支持不住，帶著剩下的部隊打道回府。而漢國的另一個強人劉曜跟賈疋在黃丘直接對壘。雙方纏鬥一場，最後劉曜大敗。賈疋看到漢兵原來就這個戰鬥力，信心更上一層樓，在把劉曜打敗之後，馬上組織第二次戰鬥，奔襲漢梁州刺史彭蕩仲的部隊。彭蕩仲想不到敵人來得這麼快，被打了個措手不及，連逃跑也來不及，被打死在現場。

與此同時，晉國的頑固分子開闢了新豐戰場，而且把劉粲也打得棄城而走，逃回平陽。從來沒有引人注目的這部分晉國勢力突然閃亮登場，而

第六章　八王終於玩完　亂世還在繼續

且戰果不俗。西北地區，一時間，「兵勢大振，關西胡、晉翕然響應」。

而這時，晉國雖然到處是臨時中央政府，但合法的中央領導人卻還沒有浮出水面，大家雖然都高舉司馬氏的偉大旗幟，高喊為司馬氏戰鬥到底，其實都在各做各的，跟獨立沒什麼兩樣。如果晉國這時有個真正雄才大略的人物，讓大家團結起來，完全可以趁著現在這個時機，把劉聰痛扁一頓，肯定大有收穫。可晉國的高層，全力以赴謀大權、一心一意發大財的人很多，就是沒有一個大英雄出來主持這個局面。司馬氏收不回半壁江山，與其說是沒有機會，不如說是沒有人能把握住機會。在這麼一個大機會面前，晉國的那些手握重兵的強人，一點反應也沒有。倒是那個閻鼎，看到東部地區雖然還地大物博，人口眾多，但自己已經沒有了門路，看到西部突然活絡起來，就想到西部謀求發展，決定帶著秦王司馬業入關，「據長安以號令四方」。

可因為荀藩、劉疇、周覬、李述等都是東部人士，不願從事這個西部大開發，才到半路，就集體逃跑。閻鼎一看，這幾個傢伙一跑，到了長安，手下還有人嗎？馬上派兵去追，哪追得上？一氣之下，把中書令李絙等幾個人當作同夥殺掉，看誰敢不跟老子步調一致？

沒幾天，閻鼎帶著他的隊伍滿懷雄心壯志走在從宛城向武關的路上，突然遇上強盜。這傢伙對自己人倒是能砍能殺，可對強盜們卻一點也強硬不起來。士兵們也是沒有一點敬業精神，看到強盜瘋搶過來，就四處逃散。閻鼎只得拚命收攏那些沒有逃跑或者來不及逃跑的人，跑到藍田，就不敢再自行上路了，派人去面見賈疋，請賈疋趕快派人來接應。

賈疋馬上派兵過來，把這一群跟流浪漢差不多的人接收了過來，進入雍城，叫梁綜帶兵充當他們的警衛團。

也是在這時候，晉國的江東集團也在加緊打造自己的形象和基礎。

第五節　江東基業

這個集團的老大是司馬睿,但大家都知道,集團的總設計師是王導。王導很有耐心,並不急於向中原進取,或者跟那些臨時中央政府爭那些虛名,而是制定了很多人才引進的政策。他堅信,人才是第一生產力。能夠把全國的人才都吸引來,他們就大功告成,以後那些威風的臨時中央政府都得成為他們的手下。所以,很多人在江東人才政策的感召下,都捲起包袱跑來當司馬睿的部下。可來到之後,突然發現,原來司馬睿的力量還弱小得很,規模一點都不大,馬上就灰心起來,覺得上當受騙了。

其中之一就是桓彝,放下行李之後,就對周顗說:「我以中州多故,來此求全,而單弱如此,將何以濟。」

後來,有人把他帶到王導那裡。

兩人一邊喝酒,一邊聊天。王導是什麼人?是個老早就人氣大漲的名士,大名士的名氣都是靠口才打拚出來的。這時王導把專業一發揮,再加幾杯好酒一灌,幾個美女在旁邊彈唱,弄得桓彝的精神馬上興奮起來,態度來個一百八十度的大轉彎,一出門就大放讚歌:「向見管夷吾,無復憂矣。」把王導比成管仲,我們來江東實在來得太對,太及時了。

當然,王導是當時難得的人才,但把他比成管仲,是有點誇張了。王導到底是名士出身,雖然現在只是占據著江東一帶,面臨的困難還很大,但大名士的派頭卻一點不縮水,常帶著那批名士同行到處吃喝泡妞,複習一下名士風範。

有一次,他們在新亭上喝酒。大家喝著喝著,周顗不知哪根神經不對,突然放下杯子,長嘆起來:「風景不殊,舉目有江河之異。」這話很有感染力,大家一聽,馬上就被周顗的悲情傳染,都放下酒杯,紛紛落下淚水,表示自己是個性情中人,對北方的家鄉感情濃厚得很。

王導看到這些名士突然都變成了劉備,覺得讓這個風氣盛行下去,沒

第六章　八王終於玩完　亂世還在繼續

多久,名士就跟多愁善感的女人沒兩樣了,搜遍全身,也找不到一絲陽剛之氣,還談什麼復興晉室?馬上就「愀然變色」起來,說出了那句後來大大有名的話:「當共戮力王室,克復神州,何至作楚囚對泣邪!」這傢伙這話說得聲音響亮,語氣鏗鏘,很有震撼力,把悲情的氛圍硬是壓了下去。大家一聽,都覺得堂堂一個男子漢,在這個新亭之下,對酒當歌,有什麼好哭的?劉備可以靠哭來打天下,可我們不是劉備啊,哪能靠哭來改變命運,於是都「收淚謝之」,感謝王老大的教導啊,以後你可要在這方面多多教導才是,否則,一不小心就會墮落下去啊!

鎮東行參軍陳頵認為晉國之所以走到今天,讓國家陷於這個難看的局面,根本原因就像王衍臨死時講的一樣,就是因為掌握權力的人都喜歡名士風度,就寫了一封信給王導:「中華所以傾弊者,正以取才失所,先白望而後實事,浮競驅馳,互相貢薦,言重者先顯,言輕者後敘,遂相波扇,乃至陵遲。加有莊、老之俗,傾惑朝廷,養望者為弘雅,政事者為俗人,王職不恤,法物墜喪。夫欲制遠,先由近始。今宜改張,明賞信罰,拔卓茂於密縣,顯硃邑於桐鄉,然後大業可舉,中興可冀耳。」

這是一次整頓這些浮華之風的大好機會,而且這封信寫得很及時。可王導看過這封信之後,卻丟到一邊,一句話也聽不進去,同時也把晉室復興的大好機會丟到一邊去。

第六節　猛男皇帝的風流事

在王導努力平息這群江東名士的眼淚時,劉聰卻在平陽的宮中把後宮玩到了極至,而且玩得很有個性。

第六節　猛男皇帝的風流事

當然，如果用名士的眼光看，這傢伙的這個作為，是很得「禮豈為我而設」的精華的。可身為一個亂世老大，這作為只能讓他的事業不斷地下跌。

如果是個有遠大理想的亂世皇帝，這時要做的是不斷地發掘人才，並讓人才成為自己的部下，不斷地讓人才為自己製造效益。可這個傢伙自從當了皇帝之後，突然覺得當皇帝真的很舒服，可以跟這麼多的美女全天候泡在一起，再去衝鋒陷陣實在是太傻太天真了。因此，他就把那雙猛男的眼光全放在美女身上，而且很善於發掘後宮人才，尤其是發掘手下家裡的美女。

永嘉六年的正月，在普天共度新春的時候，劉聰的皇后呼延氏掛掉。劉聰送了個「武元皇后」的諡號給呼延氏之後，就著手新皇后的挑選工作。

正月二十二日，他大規模地把高級官員的女兒調到宮裡，釋出了一系列的人事任免，把這些宮庭裡的新嫩美女大大地提拔了一下：司空王育、尚書令任顗女為左、右昭儀，中軍大將軍王彰、中書監范隆、左僕射馬景女皆為夫人，右僕射硃紀女為貴妃。這幾個美女一進宮，還不知道廁所在什麼地方，就全當上了後宮的高層。不久，劉聰又發現太保劉殷的女兒，長得讓全世界的男性都流口水，馬上就叫劉殷把女兒獻給他。

他的那個弟弟，也就是皇太弟劉乂不知道是吃錯了藥，還是暈了腦袋，或者是自己很想要劉家美女，硬是不斷堅決地勸他，不要娶劉家的美女啊！我們姓劉，她也姓劉啊！天下難道沒有別的美女了？這於禮不合，會讓人家笑話的。劉聰就把太宰延年、太傅劉景叫來，問：「老子娶劉殷的女兒，算不算是娶了同宗的女人？你們是明白人，應該知道合不合理，合不合法。」這兩個老傢伙一看老大那一臉的橫肉，知道現在「理」和「法」的標準全掌握在劉聰的手裡，你要是反對，估計不合法不合理的就是你。下場如何，是根本不用費腦筋去思考的，所以兩個人都說：「劉殷的這個

第六章　八王終於玩完　亂世還在繼續

劉是周朝劉康公傳下來的劉字啊！跟我們這個劉差得太遠了，簡直是一個在東一個在西。老大儘管把劉美女要過來。他要是還有別的女兒，老大也不用有什麼顧忌，免得影響情緒。」

劉聰一聽，那一臉的橫肉立刻放鬆下來，從大笑變成傻笑，叫劉殷趕快把美女送來——這種事一定要只爭朝夕，一點都不能浪費時間。浪費時間就是浪費幸福。當天就把劉殷的兩個女兒都叫了過來，一看之下，越看越覺得實在太漂亮了，當場就讓兩個人當了左、右貴妃，位在昭儀之上，相當於宮庭婦聯的首席副主席——而現在主席的位子還在空缺當中。

這個劉殷其他能力如何不清楚，但絕對是個善於生美女的傢伙。

劉聰看到劉殷這兩個女兒這麼漂亮，就做了個合理推斷，他家肯定還會有其他美女。就又把劉殷叫來：「你家還有別的美女嗎？」

劉殷說：「我的女兒就這兩個了。」

劉聰說：「你的思路要放寬一點，眼光要放遠一點，不要僅僅局限於你的女兒。比如，你的孫女啦、外孫女啦、姪女啦等等。」

劉殷被皇帝一提點，思路果然寬又廣起來，說：「老大你不提醒，我還真的糊塗了。我的幾個孫女，長得也可以參加世界小姐大賽啊！要是老大有興趣，我就把她們無私地貢獻出來。」

劉聰就這樣把劉家兩代人安排到他的後宮裡。這四個小輩的美女一來也都立為貴人，排名在她們的兩位姑媽之後，與兩位姑媽一起跟同一個男人在同一張床上和睦相處，共同打造幸福生活。

從此之後，劉聰把大部分的精力都用在六劉的身上，努力從六劉粉嫩的肉體上挖掘無窮無盡的快樂，連皇帝的本職工作都丟到一邊，很少正常上朝，大事小事都由太監們轉達。

這傢伙還做了一件讓所有皇帝都跌破眼鏡的事。

第六節　猛男皇帝的風流事

有一天，劉聰突然覺得無聊起來，想在無休止的泡妞生活中加點色彩，就把司馬熾叫過來聊天。原來他青少年時期就跟著他的老爸在洛陽生活，跟司馬熾也很熟，算是老朋友了。這時心裡空虛起來，就叫司馬熾過來一起喝酒，回憶一下當年的公子生活，順便感慨一下人生。這傢伙的記憶力不錯，把當年兩人第一次見面的時間地點人物事件幾要素全記得清清楚楚，講得條理分明，最後還問：「阿熾啊，那時你送我一支桑木弓和一方銀臺硯臺，你還記得吧？我可記得呢！」

司馬熾一聽，就趕忙拍了一個馬屁說：「怎麼不記得？只是當時我的眼力太差，看不出您是未來的皇帝。」

劉聰一聽，心情繼續興奮起來，又問：「你們司馬氏本來做得好好的，可自家兄弟怎麼老是打打殺殺，一定要把自己打垮才舒服？」

司馬熾當然無法說出這個原因——即使他能說得出，他也不能說出來，他只是說：「這是你們劉家的命運太強悍了。老天爺就讓我們來個自相殘殺，自己把自己搞垮。要不，我們都像我老爸時期那麼團結一致，上下一心，老大能坐上這個龍椅嗎？」

劉聰一聽，心情更加愉快。這傢伙一愉快，就激動起來，一激動就表現出大名士的風度來，當場對正在旁邊的小劉貴人——就是劉殷四個孫女中最小的那位美女說：「小美女，從今天起，妳就跟這位公子過去做他的小妾。」把自己的貴妃當禮物送給了司馬熾。然後還對司馬熾進行了一番教導：「這個美女也是高官的女兒，出身名門，朕曾經使用過幾天，感覺不錯，你一定要好好對待她啊！」

司馬熾一看，這個皇帝還真有個性，連自己的愛妃也送人。他在腦子裡翻了一下自己的歷史知識，好像還沒有哪個皇帝這麼大方過。再看看這個小美女，長得還真好看，就恭敬不如從命了，高高興興地帶回去。

第六章　八王終於玩完　亂世還在繼續

劉聰把這個禮物送給司馬熾之後不久，可能心裡又後悔起來，罵自己太傻了，人家多年前送你一張弓一方硯，你就感恩到這個程度。如果把個打雜的宮女送過去，那還好一點，可硬是把六劉中最年輕的美女送過去，這損失也太大了——人腦袋一發暈，損失就大。心裡這麼一想之後，就找了個機會把司馬熾殺了，然後又把美女接回來，官復原職。

不久，劉聰開始了他的另一個盛舉——大封皇后。

本來，按慣例，一個皇帝只有一位皇后，你想立另一個皇后，必須等現任皇后死了或者把現任皇后廢掉，才能再立新的皇后。

總之，皇后的編制只有一個。

現在呼延皇后死了，他就立了劉殷的長女當第一夫人——這是正常的程序。可是不久，這傢伙那雙色瞇瞇的眼睛又發現靳準的兩個女兒月光和月華長得全是明星相，馬上就召進宮來。他把月光和劉美女一比較，覺得兩個人都一樣優秀，分不出誰更好。馬上就進行一次後宮體制改革，讓月光也當皇后，大漢帝國就有了兩個第一夫人。

這後宮體制改革的口子一開，這傢伙的思路也迅速擴張。沒幾天，他覺得靳家一對姊妹花一起進宮為他服務，個個盡心盡力，工作態度積極，毫無保留，現在只讓姊姊當皇后，實在有點對不起妹妹，就改封大靳為上皇后，小靳為右皇后，使得皇后的數量增加為三個，刷新了皇后數量的歷史紀錄。

劉聰看到自己後宮有三個皇后，覺得這個皇帝當得太有創意了，是史上最創新的皇帝。

哪知他創新，那個大靳皇后更創新。才當不了幾天上皇后，就認為自己成了全國第一夫人，也來個「有容乃大」，不光跟劉聰一個人上床，還經常叫另外的帥哥過來玩點花樣。這花樣玩起來很舒服，可一傳出去就不

第六節　猛男皇帝的風流事

好聽了。你想想，做這麼一頂綠帽子給劉聰戴在頭上，劉聰能舒服嗎？

不久，就有人向劉聰報告：「老大，上皇后近來給你做了頂綠帽子啊！現在大家都看到你頭上綠油油的，綠化做得面面俱到啊！」

劉聰一聽，居然敢給老子戴綠帽！馬上下了個詔書，廢掉大靳的上皇后稱號，從今天起去當最底層的賤民。

這個大靳雖然愛風流，但更愛面子，看到一紙廢書過來，知道這輩子已經玩完了，覺得這個美麗的臉面再也見不得人了。沒多久就「羞憤而死」，用實際行動告誡後來的美女：臉面與風流，不可兼得。想風流就不要臉！想要臉就不要風流。

劉聰這時似乎封皇后上了癮，廢了大靳之後，又覺得只有兩個皇后實在太少了，他又來個不拘一格，把另一個美女樊小姐提拔到皇后的位子上，頂了大靳的肥缺。而第二年又封宣懷養女為中皇后。這傢伙又再次開啟思路——原來養女也是很漂亮。過了一段時間，他問大家，誰家還有養女？人家說，王沈有一個養女。他讓王沈把養女帶過來面試，不用再看第二眼了，過關！王沈你沒事了，可以回家了，你的養女留在這裡為朕服務。王沈的這個養女當時只有十四歲，按現在的法律來看，還未成年。可劉聰管她是不是未成年，先拿下再說。試用幾天，劉聰感到太滿意了，覺得不給她當個皇后，實在太辜負了她的工作態度和美麗的容貌，就一拍腦袋，又封她為左皇后。這時，劉聰的後宮有五個皇后並列。據相關資料顯示，這傢伙的皇后數量達到最巔峰時，有七個，不光之前的皇帝，就連他死後一千多年，都沒有誰刷新這個紀錄。

劉聰當上皇帝之後，幾乎把歷史上的宮庭緋聞都包攬了下來。先是跟老爸的老婆上床，而且上到對方羞死的地步，把貴人級別的美女免費贈送給一個亡國之君，之後又收回，做得一點不臉紅，然後把劉殷家幾代人六

第六章　八王終於玩完　亂世還在繼續

個美女來個疏而不漏一網打盡全盤錄用，離亂倫只有半步的距離，最後封了一連串的皇后，拿第一夫人的光榮稱號當玩笑。

不過，劉聰雖然很荒唐，可他的那個大劉美女還是個有能力的皇后。

晉建興元年，也是漢嘉平三年，劉聰立他的大劉美女為皇后。他覺得這個大劉皇后實在太可愛了，就決定興建一座宮殿贈送給她，而且這個宮殿的名字就叫「鳳儀殿」。很多有為之君就是在太平年代，外匯存底充足的情況下，也不敢替老婆蓋別墅。而現在是什麼年代？是戰火紛飛的年代，國土面積還算不上半壁江山，眾多士兵正在前線拚命打仗，軍費開支極其龐大，士兵們都生活得很苦，他居然拿錢來蓋「鳳儀殿」，實在讓人覺得太不像話了。

廷尉陳元達首先起來反對：「皇帝是百姓的皇帝，皇帝的職責就是帶領百姓過好日子，讓百姓的生活水準一天比一天好，而不是毫無節制地亂花納稅人的財富來滿足自己無窮無盡的欲望。老大不會忘記晉國的皇帝吧？他們就是因為人品墮落，道德敗壞，這才走到今天這個地步，讓我們撿了便宜。我們取得政權之後，老百姓都在看著我們，盼望能減輕他們的負擔。所以光文皇帝（即劉淵）在世的時候就很節儉，床上從不鋪兩層被褥，后妃從不穿名牌，連皇帝的馬也從不吃糧食。可老大登基之後，已建築了四十多座宮殿。現在還要天天打仗，大軍天天出征，耗費大軍的糧草，饑荒和瘟疫年年出現，老百姓不斷地病死餓死。國家的困難越來越大。再看看我們的周邊，關中以及江表一帶還有晉國的頑固分子統治著，李雄在四川境內作威作服，王浚和劉琨就在離我們不遠的地方，天天瞪著眼睛尋找搞定我們的機會，石勒和曹嶷雖然都還打著我們的旗號，但對中央的進貢越來越少，獨立的意圖已經很明顯。可老大對這些都不在意，卻一心一意打造豪宅，在事業還屬於草創階段，就急著貪圖享受，實在太不像話了。」

第六節　猛男皇帝的風流事

　　劉聰本來興致正高，突然被這一大盆冷水猛潑下來，心裡大怒，大聲責罵陳元達：「老子堂堂一個皇帝，連蓋個宮殿都還被你這麼阻攔。你這些話都是屁話，是在挑撥老子跟百姓之間的濃厚感情。不殺你這個傢伙，老子的宮殿就做不成。連一個宮殿都做不成，老子還當什麼皇帝。來人，把這個傢伙連同他的老婆兒女一個不能少地拉出去一起砍了。」

　　發生這件事的現場是在逍遙園李中堂。陳元達大概早就預料到他說這番話之後，劉聰就會叫人把他拉出去，因此事先居然用鐵鏈一頭綁住自己的腰際，然後一頭繫在堂外的大樹上。那些侍衛過來拉他去砍頭，卻拉不動。

　　這時，大司徒任顗等幾個人在旁邊，看到陳元達的生命已到關鍵時刻，再不出面求情，陳元達的腦袋可就落地了，都一起跪下來，把頭叩得血流滿面，說：「陳元達是先帝最看重的部下之一。他是個忠心耿耿的人，有什麼說什麼，說的全是良心話。比起他來，我們差得遠了。每次看到他，我們都覺得有點臉紅。這次他說的話雖然有點過分，但卻是忠言。請老大原諒他啊！如果因為說幾句不帶一點私心的反對意見就被殺頭，以後我們怎麼做事？後世的人會怎麼樣評價老大？」

　　劉聰雖然怒氣勃勃，把泡妞當作當皇帝的第一要務，但頭腦也還不算殘到底，也知道陳元達說的沒什麼錯，這幾個傢伙的話也很對，一時無話可說，漲紅著那張臉看著大家，不知如何下臺。

　　幸虧劉大美女的人品還不錯，聽到這個消息後，馬上派人去祕密阻止行刑，再寫了一張字條給劉聰說：「現在這麼多的宮殿已經夠用了，哪用得著再建設？目前全國還沒有統一，應該把一切力量放在統一大業上。廷尉能夠說出這樣的話，實在是國家之福，皇上應該大力提拔他才對，想不到居然要殺掉他。如果真的殺了他，百姓會怎麼看您？而且皇上建造宮殿，又是為了我，為了我而殺勇於直言的臣子，從此誰敢再說一句話？人

第六章　八王終於玩完　亂世還在繼續

家以後肯定都會怪罪到我頭上，我用什麼去承擔這樣的罪過？我知道，古代那些國破家亡的皇帝，都是因為太好色引起的，然後都把女人當禍水。我想，如果皇上再這樣下去，我也會被後世的人當作禍水。與其被人當成禍水，不如今天先死為快。我請求您就在這個園中，賜我自盡。」

劉聰把這張字條讀了一遍，臉色大變起來，老子堂堂一個猛男皇帝，鬍鬚長得比頭髮還長，見識還不及一個美女。看來，這個陳元達是不能殺了。

這時，那幾個傢伙的老頭還不斷地敲擊著地面，為陳元達求情。

劉聰舒了一口氣，慢慢地說：「這幾天工作太累，神經有點衰弱，所以情緒不大穩定。現在我的情緒穩定下來了。我認為陳元達是個忠臣，剛才錯怪了他，大家都叩頭來為他求情，用事實來證明大家深深地領會到大臣輔佐君王的大義。大家做得都很對。我現在感到心中慚愧，向大家說一聲對不起了。」

他叫那幾個跪了大半天，額頭嚴重出血的老傢伙站了起來，在座位上坐好，叫人把陳元達帶到金鑾殿上，把大劉皇后的字條給他看，說：「在外有你輔佐，在內有皇后輔佐我，我還怕什麼呢？人家是內外交困，老子現在是內外和諧得很。」這傢伙到了這時，乾脆把這個秀做到底，對那幾個跪下的大臣都大大地獎勵了一番，然後把逍遙園改成「納賢園」，把園中的「李中堂」改成「愧賢堂」。然後還對陳元達說：「本來應該是你怕我，現在倒是我怕你了。」

其實，大家都知道，他怕的可不是陳元達，而是怕大劉皇后真的一劍抹了香頸，那可是巨大的損失。這個大劉皇后如果碰上李世民，要做到名留千古，估計一點難度也沒有。可偏偏碰上劉聰這樣的人，再怎麼有能力，到頭也等於廢才一個。

第七節　葛坡對

　　石勒繼續藉機擴大自己的勢力。這傢伙知道，雖然現在晉國的勢力四分五裂，一盤散沙，好像經不住一扁，可江東的司馬睿勢力不可忽視。現在司馬睿雖然勢力弱小，一點強人相也沒有，而且手下全是一幫名士，看過去倒像是一群文化人在那裡聚會一樣，天天喝酒，可他從大批人才都往江東狂奔過去這事上看，這個集團就是個很有反彈力量的潛力股，因此，他決定首先選擇司馬睿當他的突破口，打過長江去，先占領江東，然後經營江東。一旦成為江東第一把手，把江東一大片人力、物力資源控制在手中，就有了向任何勢力叫板的資本。

　　石勒的打算很不錯。

　　到了永嘉二年二月，石勒就開始了向司馬睿進攻的前期準備，先是在葛坡設立總部，把大部隊集中下來，像當年的王浚那樣，大量發展造船業。

　　司馬睿看到石勒這麼大張旗鼓地造船，就是只用屁股去思考也能猜得出，石勒是在打他們的主意，否則造這麼多船做什麼？

　　司馬睿馬上號召江南全部武力向壽春集中，要求大家誓死保衛建業，與石勒霸權血戰到底。

　　這段時期以來，在王導他們的努力之下，司馬睿已經把自己打造成江南各族人民的領袖。這時他的命令一發出，各地人馬就向壽春夜以繼日地狂奔。

　　司馬睿任命紀瞻為揚威將軍，全面負責針對石勒的軍事行動。

　　石勒本來對司馬睿並不看在眼裡，雖然知道現在江南的全部武力已經集結，但他對這些狂奔而來的部隊仍然不很在意。因為，這些部隊來得雖然很積極，但到底也是一群沒有經過戰火洗禮過的部隊，哪比得上他帶來

第六章　八王終於玩完　亂世還在繼續

的鐵騎，個個從北到南，勝仗敗仗都打過，戰爭經歷比別的什麼經歷都長，戰鬥經驗比別的什麼經驗都豐富，說是全國戰鬥力最強的部隊也沒誰敢不同意。用這樣的部隊跟江東那批接近業餘的部隊對戰，誰勝誰負，實在沒有一點懸念可言。

可是有時候天下的事就是不讓你如意。

在石勒信心滿滿的時候，老天爺卻向他開了個玩笑，突然下起大雨來，而且這大雨下的不是一天、兩天，而是很有耐力地下了三個多月，弄得石勒和他的部隊都得在帳蓬下躲雨，難以行動，而後勤部門的負責人卻天天報告，老大，糧食有點困難了。更要命的是衛生部門的負責人也跟著跑了過來，老大啊，現在部隊裡出現了流行病啊！別的時尚流行一下，那是一件好事，這病一流行，我們的部隊就得天天減員啊！

石勒一聽，這個形勢真是嚴峻！拍著腦袋要想個對策才好啊！哪知，腦袋還沒有想出對策，那邊統計出來的數字先把他嚇了一大跳，差點跳進長江裡了：據統計，連日來，我軍餓死和病死的戰士已達全軍的百分之五十以上。

戰鬥還沒有開始，部隊就損失一大半，而且剩下的一半裡面還有很多病患，軍營裡的咳嗽之聲，此起彼伏，響成一片，誰要是蒙著眼睛進到這個地方來，你就是打死他他也不會猜得出這個地方應該是最有活力的軍營，而以為自己是到醫院參觀來了。石勒知道，這仗要是打下去，麻煩就大了。

而這時，前方報告，江南晉軍已開始行動，向我們打過來了。

石勒一聽，這是真正的內外交困。他馬上通知所有高層集中開了個緊急會議，一齊想出一個對策來。

這次會議一開始，就充滿了悲情的氛圍。

右長史刁膺這時的悲觀已經探底，對前途看得比黑夜還黑，說：「老

第七節　葛陂對

大，我認為，我們已經撐不下去了。現在就派人帶著現金去向司馬睿投降，請求他讓我們去掃平河朔，立功贖罪，等他退兵，我們恢復力氣了，再跟他較量。」

石勒一聽，讓老子去對司馬睿投降？

他什麼話也不說，只是冷著臉長嘆一聲，所有的人都從這聲長嘆中體會到一種刻骨的痛苦。

中堅將軍接著發言：「現在最要緊的是把軍營搬到高處，先避開洪水。要不，天天泡在水裡，大家都成了水軍。」

石勒這時再也忍不住了，大喝一聲：「長得這麼一個大個兒，膽子卻這麼小。這點水就把你嚇住了？」

其他人一看，石勒原來不想退兵，便都說：「老大，讓我帶著部隊打到壽春去，殺了那幾個江東鼠輩，占領他們的地皮，吃他們庫存的糧食，怕什麼！」

石勒一聽，臉上才露出笑容，說：「這才像個樣子。」當場獎勵了這些人各「鎧馬一匹」。然後回過頭對張賓說：「你覺得怎麼辦才好？」

張賓說：「老大以前威風的時候，攻破洛陽，讓皇帝變成戰俘，殺了很多高官，還霸占人家的妃子和公主當小妾。現在就是數老大全身上的毛髮，毛髮數完，老大的罪惡也還沒有數完。你想想，這樣去投降，有好日子過嗎？去年老大殺王彌之後，就不應當到這個地方來了。現在老天下這麼大的雨，就是在警告老大趕快離開這個地方。我認為，鄴城有三臺之固，我們可以轉移到那裡，用心在河北發展勢力。如果能將河北全部控制住，那誰也不是我們的對手了。現在司馬睿集中了這麼多兵力在壽春，其目並不是想打過來與老大決戰，而是怕老大進攻他們，因此來保衛壽春而已。他們要是聽說我們撤軍了，除了高興之外，不會有別的行動，更不會過來追擊我們。所

第六章　八王終於玩完　亂世還在繼續

以，現在我們當前工作的重中之重是，先把後勤人員和物資向北轉移，等這些物資離開得很遠了，主力部隊再撤，什麼事也不會發生。」

張賓的這一番理論，不但為石勒解決了目前的困難，而且那個「經營河北」的對策也為石勒後來的發展提出了一個可行性極強的長遠規畫，被稱為「葛坡對策」，在歷史上跟〈隆中對〉有得一比。

石勒一聽，突然茅塞頓開了，像吃了高劑量的興奮劑一樣，又是挽衣袖，又是翻衣襟，然後猛拍著桌子，大聲說：「張賓這話厲害！」轉過頭對刁膺說：「你是首席顧問，職責就是幫我一起把事業做大。現在居然建議老子投降？這種議論在這個時候發表出來，就應該殺頭。不過，我知道你歷來沒有膽量，所以就原諒你一次。不過，你不宜當這個右長史了。隨便去當一個將軍，領薪資過日子算了。」然後當場宣布，從今天起，張賓當右長史，大家都叫他「右侯」。

散會之後，石勒馬上執行「葛坡計畫」，命令石虎帶著二千騎兵向壽春進軍。石虎才到半路，正好碰上晉軍的運糧船隊。這傢伙一看，老子的部隊都餓了這麼多天了，現在軍中最缺的不是美女，而是糧食。先把這糧食弄到手，解決了肚皮問題，什麼也都解決了。

他一聲令下，大家都去爭搶糧食。哪知，卻被紀瞻的部隊趕到，被扁了個一塌糊塗。紀瞻取得了一次勝利，命令部隊繼續追擊，追得石虎一口氣狂跑百多里，一直跑到主力部隊那裡。

石勒趕快全軍出動，做了個嚴陣以待的架勢。

紀瞻看到對方軍容整齊，石勒親自穿著軍裝騎在馬上，隊形嚴謹，就心虛了起來，不敢再前進，帶著部隊返回壽春。他看到石勒沒有追來，心裡鬆了一口氣。其實石勒鬆的那口氣比他還要大。

如果是別人，肯定會知道，石勒是個十足的好戰分子，如果手中的實

第七節　葛坡對

力允許，他還能放過敵人嗎？不全力以赴追擊過來才怪。而現在只是「結陳待之」，別的動作都沒有，分明是在唱空城計，完全可以衝過去，把他痛打一頓，如果機會把握得好，不能拿下他的人頭，也能讓他的元氣大傷，退回到強盜等級，從此不能再囂張也是有可能做到的。可惜，紀瞻沒有這個能力，只顧自己能全身而退，讓歷史又走了一段彎路。

紀瞻一退，石勒在鬆了一口大氣後，就向北撤退。本來，屁股後面沒一個追兵，撤軍應該進行得很輕鬆才對。

可這一次石勒卻一點也不輕鬆。

因為現在他軍營裡的糧食已經到了十分緊張的時候，各部隊的伙夫都差不多變成失業人員了。他本來打算一邊撤退一邊打劫，解救一下燃眉之急。哪知，這一帶的老百姓都知道，大軍殺了過來，他們要是把糧食放在家裡，肯定會被搶光。因此，早就把糧食藏得好好的，執行堅壁清野的政策。石勒部隊的打劫不見一點成效。弄得「軍中飢甚，士卒相食」的地步。幸好這時沒哪支敵對勢力對他來個痛打落水狗，否則，後果就不堪設想。

好不容易來到東燕一帶。尖兵班的戰士跑過來向他報告，前面有汲郡的地方武裝向冰的部隊盤踞在枋頭那裡，人數幾千人。如果是在威風歲月，石勒早就放馬過去，把這個向冰一把扁到位。可現在他卻連黃河也不敢渡過，怕向冰在他渡河未濟時向他宣戰。

張賓說：「老大，聽說向冰的船都還泡在水裡，還沒有拖到岸上。現在我們馬上派個小分隊衝過去，把那些船隻弄到手，然後把主力部隊運送過去。主力部隊一到達，還怕什麼向冰？」

石勒說好！馬上派支雄和孔萇從文石津用簡易竹筏偷偷渡河過去，把那些船隻全部偷了過來。石勒帶著部隊自棘津渡河過去，直接對向冰發動攻擊，把向冰殺得大敗。向冰此前累積在這裡的物資全成了石勒的戰利

第六章　八王終於玩完　亂世還在繼續

品。飢腸轆轆的石家軍突然解決了吃飯問題，馬上就威風起來，差點集體寫了一封熱情洋溢的感謝信給向冰。

石勒帶著部隊再一路狂奔，按照張賓的計畫，來到鄴城城下。

這時，鄴城的第一把手是劉演。劉演看到石勒氣勢磅礡地到來，卻一點也不害怕，修築工事，想依靠三臺的地利，固守鄴城。

石勒部下的很多將領都要求馬上向劉演進攻，完成「葛坡對策」第一階段的工作任務。

可張賓卻不贊同，說：「別看這個劉演好像很菜，可他手下也有幾千人馬，而且依靠三臺的天險。我們要把他打跑，確實是一件不容易的事。我認為，我們現在完全可以不管他，先離開這個地方。他的部隊看到我們揮一揮衣袖走了，內部就會分化，不久就會自己崩盤。老大啊，不管什麼時候，都要分清，誰是我們最主要的敵人，誰是次要的敵人。現在，我們最大的敵人是王浚和劉琨。因此，我建議先把王浚和劉琨搞定，再去處理別人。這個劉演什麼時候處理都可以。老大更應當看清楚一點。現在天下到處是饑荒。老大雖然帶著一支龐大的武裝力量，天天打打殺殺，顯得很威風，可到現在還沒有一塊屬於自己的地盤，沒有一塊可以養戰的根據地，還是個標準的游擊隊長，弄得大家的底氣一點不足。這可不能成就大事業啊！不如先占領一塊地盤，打好物質基礎，先依靠平陽的幫助，隨時找機會把幽、并兩州劃入我們的勢力範圍。這才是王道！現在，擺在我們面前的地方有邯鄲、襄國，都是形勢特殊、地理位置很好的地方，請老大決定，占領其中的一個地方。」

石勒說：「好。就照你的意思辦。」於是帶著大家向襄國出發。這時襄國沒別的勢力，因此得來很輕鬆。

在石勒這段辛苦的日子，張賓不斷地發揮著他的聰明才智，而石勒也不

斷地聽從他的意見。占領了襄國之後，張賓又建議：「現在我們以這裡為根據地，王浚和劉琨肯定會覺得彆扭，只怕我們還沒有修好工事，磨好刀，準備好吃的東西，做好防範工作，他們就會攻打過來。現在我們應該馬上大量收購糧食，即使高價搶購，抬高物價也不要怕，同時，派使者到平陽，向劉聰說明我們在這裡鎮守是為了他，而不是為了別的。」石勒當然沒有意見，一面派手下心腹向冀州進攻。冀州各地方武裝哪是石家軍的對手？沒幾天，就都爭著打著他的石字旗號，並且把糧食運到襄國。劉聰接到石勒的上表後，也不花點腦筋想一想，這個石勒的真實意圖是什麼，一看到石勒還把他當老大，有困難就毫無保留地說出來，心裡很高興，馬上就任命石勒為：都督冀、幽、并、營四州諸軍事、冀州牧，而且進封上黨公。

石勒在本身事業進入谷底的時候，硬是在劉聰那裡屢屢得分，在漢國內部的勢力越來越大。

第八節　劉琨的失誤

而張賓所顧慮的兩大對手王浚和劉琨，卻依然很活躍，這兩個人現在肩上雖然都扛著司馬氏的大旗，成為晉朝在北方最強悍的強人，可兩個傢伙卻心思各異。你想想，如果這兩個強人能夠聯合起來，榮辱與共，定下先打石勒，再扁劉聰的方針政策，估計北方的局勢還是樂觀的。可這兩個傢伙卻硬是各做各的，自負盈虧。

劉琨這傢伙拉人入夥很有一套，可又不善於團結內部的人，搞得每天有幾千人入伍，又有幾千人離開，軍營成了人口流動最活躍的地方。因此，他雖然一年四季都在徵兵，可實力就是壯大不起來。

第六章　八王終於玩完　亂世還在繼續

劉琨這時又犯了個大錯。他突然頭腦發熱，向各級政府發出通告，要求大家在今年十月份同時向平陽發動聯合軍事行動。可大家都知道，以劉琨現在的實力，要跟劉聰的主力決戰，是遠遠不夠的。他所依靠的那些郡縣武裝，加起來數量雖然龐大，可從來沒有協調作戰過，而且很多人並不聽從他的指揮。更要命的是，這期間他的內部還冒出了一個叛徒內奸。

這個叛徒叫令狐泥。

令狐泥本來不是叛徒，而是劉琨的護軍令狐盛的兒子。

他後來成為叛徒，跟劉琨也有關係。

原來，劉琨跟很多大富豪一樣，不但講究名牌，而且超級喜歡泡妞，並且有「同志」的傾向。徐潤是個很厲害的歌手，劉琨就愛聽這傢伙嘹亮的歌聲，聽得多了，覺得老是免費聽人家的歌，實在有點對不起人家，就讓他當了晉陽令。如果這個徐潤只愛唱歌，不愛管別的事，領著個晉陽令的薪資，那也還罷了——現在當官不做事的大有人在。可這傢伙卻把唱歌當成巴結上級的敲門磚，當了晉陽令之後，鼻梁就高了起來，不把人放在眼裡，好像他就是上級，上級就是他一樣，天天到這裡發表重要談話，到那裡指手畫腳，要多過分就有多過分。令狐盛於是建議劉聰趕快把這傢伙殺掉。

可劉琨能殺徐潤嗎？在這個寒冷的北方，好不容易物色到這麼一個人，哪能輕易下得了手？

劉琨不聽令狐盛的勸告，本身就是一個失誤。可這失誤還繼續加深。徐潤不久就知道令狐盛的建議，心裡當然惱火，找了個機會，對劉琨說：「老大啊，你知道令狐盛要跟你過不去了嗎？」

劉琨那顆本來很聰明的腦袋這時完全短路，智商降低為零，喪失了基本的分析能力，百分之百地相信了徐潤的話，派人把令狐盛抓起來，當場殺掉。他做了這件事以後，連他的母親都知道他犯了個大錯，對他說：「阿

第八節　劉琨的失誤

琨，你不能帶領英雄豪傑做大事業，卻專門做殺掉比你有能力的人的傻事。我以後一定也無法逃脫你給我帶來的災難。」

令狐盛的兒子令狐泥看到老爸被殺，覺得只有傻子才繼續留在這裡混飯吃，就跑了出來，投奔劉聰，徹底地當了叛徒，並把劉琨的虛實很詳細地告訴了敵人。

劉聰一聽，這個劉琨一天到晚那麼囂張，天天不可一世地要進攻平陽，原來就那幾個兵。現在老子要搞定你了。於是派劉粲和劉矅帶上部隊去攻打并州。讓令狐泥當帶路人。

劉琨得到情報後，知道晉陽的部隊是擋不了幾天的，馬上跑到常山和中山，召集部隊，派郝詵和張喬過去跟劉粲對抗，還派人去向代王猗盧求救。哪知，猗盧的部隊還沒有出發，郝詵和張喬已經玩完，雙雙戰死。劉粲和劉矅便帶著部隊向晉陽發動進攻。

你想想，就連劉琨都知道，晉陽的力量太過薄弱，根本無力抵擋漢兵的攻擊，別的人還能堅守得住嗎？代理晉陽第一把手的高喬看到敵人奔跑過來，二話不說，開啟城門，宣布和平解決，投降了事。

這時，劉琨母親的預言徹底成真。

令狐泥進城做的第一件事，就是把劉琨的老爸和老媽抓了起來，你殺了老子的老爸，現在老子就殺你的老爸和老媽！

劉琨雖然帶隊前來營救，可哪趕得及，最後，只得「帥左右數十騎奔常山」，本來就很微弱的元氣傷得更重。

在劉琨元氣大傷的時候，猗盧的部隊終於來到。

猗盧派他的兒子六修帶著幾萬部隊做前鋒，自己再帶二十萬部隊當第二梯隊，向晉陽發起猛烈進攻。六修和劉矅在汾東遭遇，雙方拉開架勢，大打一場。結果，劉矅敗得很慘，連自己都落下馬來，中了刀傷。劉矅手

第六章　八王終於玩完　亂世還在繼續

下的討虜將軍傅虎是個捨己為人的好部下，看到老大受了傷，馬上就跳下馬來，把自己的馬轉讓給劉聰。

劉聰說：「你是個傻子，自己的馬讓給人家做什麼？我受了這麼重的傷，估計也活不了多久了。你趕快跑吧。再不跑就跟我一個樣了。」

傅虎一看，人家都說捨己為人是好事，可這時居然也遇到阻力，難怪這一輩子老是當不了大官，便又說：「我長期得到老大的提拔，才有今天。做夢都還想著怎麼做才報答得了老大的恩情——好不容易等到今天才有這個機會。而且，這個國家可以沒有我這號人，但不能沒有老大啊！」然後把劉聰扶上了馬背，自己來個反衝鋒，以步兵的姿態加入戰鬥，最後戰死。

劉聰逃回晉陽，跟劉粲一起商量了一下，知道就這幾個兵，打一下劉琨是沒有問題的，可跟猗盧的幾十萬部隊是沒法打的，得趕快離開這個地方。這兩個傢伙的分析絕對沒有錯。可錯就錯在兩人的貪心太重，硬是花時間把晉陽洗劫一遍之後才離開。可猗盧的部隊已追了過來，在藍谷追上他們。劉聰他們沒有辦法，只好硬著頭皮打了一場，結果毫無懸念地大敗。猗盧取得了生擒劉豐、斬邢延等三千多人頭、伏屍數百里的成績。猗盧發現這一帶的野生動物很多，就展開了一次史無前例的打獵活動，一時間，「陳閱皮肉，山為之赤」。

這一仗為劉琨大大地報了一次仇，使得劉琨大為感激，才到軍營門口，就下馬，步行到猗盧的司令部，向猗盧表示衷心的感謝，而且一再要求猗盧乘勝進軍，把漢國搞定。可猗盧卻不答應，推說劉聰還是很有實力的，自己還沒有滅掉他的能力，等以後實力再壯大一點，再把劉聰搞定。還送給劉琨很多物資，自己返回老窩，卻留下手下的兩個死黨箕澹、段繁在晉陽當衛戍部隊的負責人。

第八節　劉琨的失誤

劉琨看到晉陽城已經很殘破，實在不宜在這裡泡妞了，就把總部遷到陽曲，繼續徵兵，發展勢力。

劉琨剛倒大楣，一口氣還沒有鬆下來，賈疋又遇到了意外。

本來賈疋的事業很興旺，西部的局面正逐步開啟，可硬是犯了一個小兒科的錯誤，把老命也送掉了。

把賈疋解決掉的人是彭天護，這傢伙是彭仲蕩的兒子，他的老爸就是死在賈疋的手下，因此現在最大的願望就是殺死賈疋。他手下雖然沒幾個兵，但很會鼓吹少數民族，沒幾天就動員當地很多少數民族武裝向賈疋叫板。

賈疋當然不把這些少數民族的部隊放在眼裡，親自出戰，而且發揚衝鋒在前的大無畏精神，打在最前面。彭天護假裝失敗，掉頭就跑。賈疋這時的老眼有點發暈，看不出臭小子是在騙他，跟著往下追過去。這時天色已晚，賈疋的馬一不小心，落進山澗，把賈疋的那副老骨頭摔了個不分方向。

彭天護要的就是這個結果，馬上跑回來，在黑暗中把賈疋抓住，一刀砍下去，為老爸報了大仇。

賈疋一光榮犧牲，本來初具規模的晉國西部地區的發展又進入谷底。

晉朝權謀錄——八王之亂與石勒崛起：
司馬氏內鬥、洛陽淪陷、饑荒橫行、劉淵崛起……從富麗皇朝到亂世廢墟，一步步走向崩塌的晉室王朝血淚史

作　　　者：	譚自安
發　行　人：	黃振庭
出　版　者：	崧燁文化事業有限公司
發　行　者：	崧燁文化事業有限公司
E - m a i l：	sonbookservice@gmail.com
粉　絲　頁：	https://www.facebook.com/sonbookss/
網　　　址：	https://sonbook.net/
地　　　址：	台北市中正區重慶南路一段61號8樓 8F., No.61, Sec. 1, Chongqing S. Rd., Zhongzheng Dist., Taipei City 100, Taiwan
電　　　話：	(02)2370-3310
傳　　　真：	(02)2388-1990
印　　　刷：	京峯數位服務有限公司
律師顧問：	廣華律師事務所 張珮琦律師

-版權聲明-

本書版權為淞博數字科技所有授權崧燁文化事業有限公司獨家發行電子書及紙本書。若有其他相關權利及授權需求請與本公司聯繫。

未經書面許可，不得複製、發行。

定　　價：420元
發行日期：2024年10月第一版
◎本書以POD印製

Design Assets from Freepik.com

國家圖書館出版品預行編目資料

晉朝權謀錄——八王之亂與石勒崛起：司馬氏內鬥、洛陽淪陷、饑荒橫行、劉淵崛起……從富麗皇朝到亂世廢墟，一步步走向崩塌的晉室王朝血淚史 / 譚自安 著 . -- 第一版 . -- 臺北市：崧燁文化事業有限公司，2024.10
面；　公分
POD版
ISBN 978-626-394-979-9(平裝)
1.CST: 魏晉南北朝史 2.CST: 通俗史話
623　　　113015660

電子書購買

爽讀APP　　　　臉書